IRMÃ DULCE, A SANTA DOS POBRES

IRMÃ GRACILIANO ROCHA
DULCE,
A SANTA
DOS POBRES

Como uma jovem que era louca por futebol descobriu a fé, largou tudo para ajudar os pobres, fez alianças com políticos e empresários e se transformou na primeira santa brasileira

Planeta

Copyright © Graciliano Rocha, 2019
Copyright © Editora Planeta do Brasil, 2019
Todos os direitos reservados.

Preparação: Karina Barbosa dos Santos
Revisão teológica: Luiz Baronto
Revisão: Carmen T. Costa e Project Nine Editorial
Diagramação: Project Nine Editorial
Capa: Rafael Brum
Imagem de capa: alexblacksea / Alamy Stock Photo

DADOS INTERNACIONAIS DE CATALOGAÇÃO NA PUBLICAÇÃO (CIP)
ANGÉLICA ILACQUA CRB-8/7057

Rocha, Graciliano
    Irmã Dulce : a santa dos pobres / Graciliano Rocha. – São Paulo: Planeta do Brasil, 2019.
    296 p.
 	
ISBN: 978-85-422-1699-8
 	
1. Não ficção 2. Dulce, Irmã, 1914-1992 I. Título	

19-1352	CDD 922.2

2019
Todos os direitos desta edição reservados à
Editora Planeta do Brasil Ltda.
Rua Bela Cintra 986, 4º andar – Consolação
São Paulo – SP CEP 01415-002.
www.planetadelivros.com.br
faleconosco@editoraplaneta.com.br

SUMÁRIO

INTRODUÇÃO   A SANTA DOS POBRES 7

• PARTE 1 •

CAPÍTULO 1   ORIGENS E TRAGÉDIA 19
CAPÍTULO 2   O DESPERTAR DE MARIA RITA 28
CAPÍTULO 3   UM CERTO FREI ALEMÃO 33
CAPÍTULO 4   MERGULHO NO SILÊNCIO 42
CAPÍTULO 5   CRIANÇA ESPIRITUAL 48

• PARTE 2 •

CAPÍTULO 6   OS OPERÁRIOS 55
CAPÍTULO 7   A DITADURA, UM GOLPE DE SORTE 61
CAPÍTULO 8   "IRMÃ, NÃO ME DEIXE MORRER NA RUA" 67
CAPÍTULO 9   A GUERRA CHEGA À BAHIA 73
CAPÍTULO 10   EMPAPELANDO O BANCO DO BRASIL 77
CAPÍTULO 11   MOEDA ELEITORAL 83
CAPÍTULO 12   O GALINHEIRO DO CONVENTO 88
CAPÍTULO 13   ESMOLA E HUMILHAÇÃO 93
CAPÍTULO 14   NOS ALAGADOS 97
CAPÍTULO 15   A CADEIRA 103
CAPÍTULO 16   VOO SOLO 108
CAPÍTULO 17   OS DÓLARES DE KENNEDY 113
CAPÍTULO 18   NO CORAÇÃO DA AMÉRICA 119
CAPÍTULO 19   TERREMOTO NA IGREJA 122

• PARTE 3 •

CAPÍTULO 20	"GENERAL, EU PRECISO DESTE MÉDICO"	129
CAPÍTULO 21	A GRANDE SOLIDÃO	133
CAPÍTULO 22	FOME E FILHO PRODÍGIO	140
CAPÍTULO 23	HOSPITAL DE GUERRA	142
CAPÍTULO 24	O CARDEAL ENSABOADO	147
CAPÍTULO 25	ANTONIO CARLOS NA TERRA	151
CAPÍTULO 26	A CONTROVÉRSIA COM TERESA DE CALCUTÁ	158
CAPÍTULO 27	A MULTIDÃO ACLAMA IRMÃ DULCE NA FRENTE DO PAPA	163
CAPÍTULO 28	OS FILHOS DA FREIRA	170
CAPÍTULO 29	AS SEMENTES DE MOSTARDA	174
CAPÍTULO 30	O TELEFONE VERMELHO DO PLANALTO	178
CAPÍTULO 31	DEUS E O RAIO X	182
CAPÍTULO 32	O SOFRIMENTO DOS INOCENTES	189

• PARTE 4 •

CAPÍTULO 33	O HOSPITAL PRECISA DE UMA SANTA	199
CAPÍTULO 34	OS CAÇADORES DE MILAGRES	208
CAPÍTULO 35	CLÁUDIA	212
CAPÍTULO 36	A NUVEM DE FUMAÇA COMEÇOU A DISSIPAR	221

EPÍLOGO	225
AGRADECIMENTOS	227
NOTAS AOS CAPÍTULOS	231
CADERNO DE FOTOS	289

INTRODUÇÃO

A SANTA DOS POBRES

Irmã Dulce já havia sido canonizada no coração dos brasileiros muito antes de maio de 2019, quando o Vaticano anunciou ter atribuído a ela um segundo milagre e que a transformaria oficialmente em santa. Para aqueles que têm essa religiosa baiana nas suas preces, o reconhecimento do Papa Francisco só confirma a santidade que eles já sabiam que existia desde que ela rodava Salvador com seu inconfundível hábito azul e branco.

Irmã Dulce, cujo nome de batismo é Maria Rita de Souza Brito Lopes Pontes, granjeou fama de santidade ainda em vida, por causa de sua dedicação aos pobres. Para muitos, ela é santa porque deixou entrar na própria alma o eco das angústias de quem via faltar o alimento, a roupa, a casa, a instrução, o trabalho e os remédios. Num mundo onde o sucesso costuma ser medido pelos sinais exteriores de riqueza e abundância, sua renúncia ao conforto material e o sentido de amor ao próximo – o mais bonito mandamento cristão – formam a base do fascínio que sua figura desperta.

A adesão de Maria Rita à fé católica viria poucos anos após uma tragédia pessoal. A morte a surpreendera precocemente. Quando ela tinha 7 anos, o destino lhe tirou a mãe, chamada Dulce, que sangrou até morrer após um parto. Da mãe, a menina emprestara o nome com o qual se tornaria famosa como religiosa.

A formação em um convento de Sergipe no início dos anos 1930 fermentaria esse caráter ao ensiná-la a sofrer em silêncio e com dignidade, além de ter inoculado nela uma severa disciplina para o trabalho.

Amigos, parentes e pessoas que conviveram com Irmã Dulce dizem que ela tirava sua força da oração e da penitência. Na lógica da freira, a oração precedia a ação, e este é um conceito fundamental para entender o que foi a sua vida. As preces em qualquer lugar e a qualquer momento foram um hábito de toda a história como noviça, freira e líder de entidade assistencial. Ela rezava sempre que tinha um momento livre, quando ia à capela do convento, quando voltava para sua cela e, mais tarde, durante as visitas aos pavilhões superlotados de seu hospital. Embora fosse uma pessoa mirrada, ela possuía extraordinário vigor espiritual.

Com dois dedos aquém de um metro e meio de altura e pesando cerca de 45 quilos na maior parte da vida, Irmã Dulce era uma criatura dotada de uma surpreendente resistência física. No hospital, era muito ativa. Viciada em trabalho, ocupava-se com os doentes do raiar do sol até tarde da noite. Pelos padrões normais, isso seria excessivo para qualquer pessoa, mas ninguém jamais a convenceu a encurtar a jornada de trabalho, mesmo quando ela já era sexagenária e a saúde fraquejava. Era a última a dormir e uma das primeiras a acordar no convento colado ao hospital.

A combinação do altruísmo com sua figura de índole frágil foi o motivo da admiração que ultrapassou os limites da Igreja Católica. Na sincrética Bahia, Irmã Dulce cultivou boas relações com representantes do candomblé. Nisso, ela representou um contraponto nítido à política oficial da Igreja de condenação às manifestações religiosas não católicas. Assim como seus ambulatórios, por mais precários que fossem no início, tinham por critério somente a pobreza e a necessidade de cuidados do paciente.

A expressão desse diálogo inter-religioso vem à tona ainda hoje, de maneira singela, durante a majestosa festa da Lavagem do Bonfim, a mais impressionante celebração mística da Bahia. Como a associação filantrópica Obras Sociais Irmã Dulce localiza-se no Largo de Roma, a pouco mais de um quilômetro da histórica igreja do Senhor do Bonfim, a mais famosa de Salvador, é comum ver mulheres ornamentadas na tradição do candomblé – trajadas com pesados vestidos brancos de armação de arame, turbantes e carregando seus vasos de água de cheiro (alfazemas e ervas) – prestarem tributo à freira quando passam em frente ao santuário dedicado a ela.

***

Irmã Dulce foi um produto do conturbado século XX no Brasil e no mundo. Sua existência física coincidiu com dois marcos que transformaram a história do mundo. Ela nasceu em 26 de maio de 1914, trinta e três dias antes de um obscuro estudante chamado Gavrilo Princip assassinar o arquiduque do Império Austro-húngaro Francisco Ferdinando. O atentado terrorista em Sarajevo foi o bilhete de embarque da Europa rumo ao apocalipse da Primeira Guerra Mundial.

Ela faleceu em 13 de março de 1992, poucos meses após o colapso definitivo da União Soviética, marcando o fim do terremoto político que rebaixou o "socialismo real" à mera condição de consequência acidental e passageira da História.

Os reflexos dos acontecimentos históricos moldaram as circunstâncias que Irmã Dulce encontrou na Bahia. Na Salvador em que ela viveu, a urgência da pobreza sempre fez da caridade um bem de primeira necessidade. A antiga capital da colônia reagiu com dificuldades aos desafios impostos pela crise econômica dos anos 1930. Após a diminuição das exportações baianas, que dizimou as divisas do Estado, ocorreram sucessivas secas no interior que deportaram para a capital o sertanejo pobre. Essa nova massa migratória, somada ao enorme número de descendentes de escravos que já vivia na penúria, incorporou à paisagem da cidade favelas cada vez maiores. Foi nesse ambiente que as obras sociais da freira floresceram.

O pensamento social de Irmã Dulce correu nos trilhos da *Rerum Novarum* [Das Coisas Novas]. A encíclica de Leão XIII, seminal em seus termos, foi pioneira na doutrina social da Igreja por tratar das relações entre o capital e o trabalho na sociedade industrial. O documento defendia a propriedade privada e condenava veementemente o comunismo. Ao considerar as desigualdades sociais um fato natural, a encíclica de 1891 prescrevia a cooperação entre classes como contraponto à luta de classes, um dos cânones do marxismo. Irmã Dulce permaneceu fiel a essa visão de mundo durante toda a vida. Para ela, o rico e o pobre eram ambos "filhos de Deus".

Sua obsessão era que os desfavorecidos tivessem, no seu hospital, acesso ao mesmo tratamento oferecido aos pacientes de hospitais privados. Como ela não recusava ninguém, os corredores viviam lotados de doentes. O trabalho ganhou importância no vácuo dos serviços públicos de saúde e assistência social incapazes de fazer frente à miséria onipresente na cidade onde 80% dos habitantes descendem de ex-escravos abandonados à própria sorte após a Abolição. O que evidenciou sua prática de caridade foi o grau de dedicação pessoal. Ela era famosa por amparar doentes e pobres que não tinham mais a quem recorrer. A qualquer hora do dia e da noite.

A fama de santidade de Irmã Dulce evoluiu com as transformações da vida pública e social da Bahia e do Brasil entre duas ditaduras do século

XX: o Estado Novo (1937-1945), quando o trabalho social da religiosa nasceu impulsionado pela repressão ao sindicalismo independente, e o Regime Militar (1964-1985), época em que sua fama ultrapassou a Bahia, com sua obra social sendo maciçamente divulgada no Brasil e conquistando prestígio internacional.

O tempo fermentou a versão segundo a qual o povo baiano, com suas contribuições espontâneas, construiu o hospital. Essa é apenas uma parte da verdade. Dizendo-se apolítica, Irmã Dulce sempre interpretou com competência a direção dos ventos políticos e, assim, cativou poderosos para ter acesso aos cofres públicos, sobretudo, nos períodos em que o anticomunismo foi mais estridente no país.

Foi Eurico Gaspar Dutra (1946-1951) o primeiro presidente a financiá-la diretamente. Nos conturbados anos de João Goulart (1961-1964), a freira obteve centenas de milhares de dólares de organizações americanas afinadas com a estratégia de contenção da influência comunista no hemisfério durante a presidência de John Kennedy (1961-1963). Seus laços com o poder público se fortaleceram enquanto os generais se sucediam no Planalto e Antonio Carlos Magalhães estabelecia o seu mandarinato na Bahia.

Logo após deixar o posto de ministro da Indústria e Comércio do general Ernesto Geisel, o banqueiro Ângelo Calmon de Sá passou a acumular a presidência do Banco Econômico e da entidade mantenedora das Obras Sociais Irmã Dulce. Ele só deixou o comando do banco em 1995, quando o Banco Central interveio na instituição em meio a um escândalo político e financeiro, que alimentou jornais e ações penais durante anos. O ex-banqueiro continuava presidindo o conselho de administração das Obras Sociais Irmã Dulce duas décadas e meia depois do escândalo.

Já faz parte do folclore o dia em que João Figueiredo (1979-1985), possivelmente o segundo maior casca-grossa a já ter ostentado a faixa presidencial, chorou ao ver doentes alojados com defuntos no hospital. Na sua rusticidade habitual, o último general-presidente prometeu arranjar recursos para o hospital nem que tivesse "que assaltar um banco". A freira não perdeu a deixa: "Me avise que vou com o senhor".

Nenhum presidente teve uma relação tão próxima com Irmã Dulce quanto José Sarney (1985-1990). A freira era uma das pouquíssimas pessoas que tinha o número do telefone vermelho, que ficava na mesa de Sarney no Palácio do Planalto e que lhe permitia acessar diretamente o presidente sem passar por assessores e secretárias. Cada vez que recebia um pedido dela, o então presidente mandava um assessor palaciano liberar dinheiro imediatamente para atendê-la. O presidente deixou o cargo de maneira melancólica, com um país açoitado por uma inflação delirante de mais de 80% ao mês e rejeitado até pelo candidato à sucessão de seu próprio partido.

Para Irmã Dulce, o maranhense foi um benfeitor e um amigo. Pessoas próximas pediram que não desse o nome de Sarney a um ambulatório do complexo em Salvador, inaugurado quando ele ainda estava no cargo e era bem impopular. "Essa injustiça eu não cometo", disse, imperturbável. O prédio ganhou o nome do presidente.

Sarney é devoto a ponto de andar com uma medalhinha da freira no bolso.

Entre 1989 e 2014, nenhum candidato chegou ao Planalto, ou pelo menos ao segundo turno da eleição presidencial desde a redemocratização do país, sem ter dedicado algumas horas para tirar fotos no hospital ou no santuário de Irmã Dulce: Collor, Fernando Henrique, Lula e Dilma, os vitoriosos; Serra, Alckmin e Aécio, os perdedores.

É a força do símbolo.

***

Irmã Dulce representou renovação para a Igreja na Bahia, mas foi banida da sua própria Congregação. Em 1964, poucos meses depois do golpe militar, uma ordem superior a emparedou: ou deixava o hospital que criara do zero, ou teria de abandonar a vida religiosa. A Congregação tinha medo de dívidas. O ultimato pôs a Igreja em um impasse. Recém-instalado como interventor na Arquidiocese de Salvador, dom Eugenio Sales temia que o caso resultasse em escândalo e acabou promovendo uma saída salomônica: Irmã Dulce seria afastada da Congregação, mas continuaria usando o hábito azul e branco que a celebrizara na cidade e responderia diretamente a ele. No direito canônico, essa "licença" recebe o nome de exclaustração.

Com a ruptura, a Congregação chamou de volta as religiosas que viviam no convento de Irmã Dulce, deixando-a sozinha. Foram os anos mais amargos da sua vida. A situação durou até meados da década seguinte e cobrou seu preço. Correu o boato de que a freira que ajudava os pobres havia sido expulsa. Ela revia as colegas de hábito apenas de vez em quando, e muitas delas consideravam-na bastante abatida no período. Depois da reconciliação, sobraram os estilhaços: nas décadas posteriores, Irmã Dulce não era considerada um exemplo de vida religiosa porque se recusara a seguir a determinação de sua superiora. O tempo, contudo, estava ao lado da teimosia da freira.

Madre Teresa de Calcutá (1910-1997), com quem Irmã Dulce se encontrou em Salvador, em 1979, também passou por um afastamento idêntico, mas jamais voltou à sua ordem de origem. Para beatificar a baiana, teólogos do Vaticano passaram uma borracha sobre o fato de Irmã Dulce ter quebrado o sagrado voto de obediência.

A primeira santa nascida no Brasil compartilha alguns traços pessoais com Francisco de Assis (1181 ou 1182-1226), talvez o mais carismático ícone católico. O santo medieval teve berço em uma das famílias de comerciantes mais abastadas da cidade de Assis e, quando despertou sua vocação mística após uma suposta visão de Jesus, passou a dedicar sua vida à caridade e aos pobres. Assis também foi um renovador da prática religiosa e representou um desafio à autoridade da Igreja ao preferir percorrer as pequenas comunidades do centro da Itália para fazer seus sermões em vez de orar no claustro dos mosteiros, como era de praxe na época. Irmã Dulce era uma freira que causava espécie nos anos 1930 por só viver na rua, e não fechada no convento.

O padroeiro da Itália, canonizado apenas dois anos após sua morte, foi o fundador da Ordem dos Frades Menores, iniciando a longa tradição dos frades franciscanos. O mentor da baiana foi um franciscano alemão que, durante a Segunda Guerra Mundial, sofreu a acusação (sem provas) de ser simpatizante nazista. Fundou com o frei Hildebrando Kruthaup um movimento operário católico, ajudando a desidratar o que restava do movimento sindical durante a ditadura do Estado Novo. Juntos, os dois construíram cinemas e ergueram do nada a mais eficiente rede de assistência social que a capital baiana conheceu no século XX.

Para entendê-la, é preciso refazer os passos de Maria Rita de Souza Brito Lopes Pontes. Ela tinha origem em uma família de classe média-alta, bem-relacionada com os poderosos da Bahia. Foi uma moça de temperamento afável e era louca por futebol. Retraída em público, tinha um senso de humor que florescia em ocasiões privadas.

Pelo que contam pessoas que conviveram com ela, o brilho travesso de seus olhos renascia quando praticava o popular esporte baiano de pespegar apelidos nem sempre lisonjeiros aos outros. Só chamava de "Esqueleto" uma funcionária do hospital que era uma negra gordona. A Emerência, uma colega de hábito que já havia passado dos 90 anos, Irmã Dulce só se referia como "a garotinha".

Uma operação da garganta em 1939 reduziu sua voz, já baixa, a algo próximo do sussurro. Sua fala mansa e a figura amável traziam conforto aos que batiam à sua porta em busca de comida, tratamento médico ou pequenas ajudas em dinheiro. Muitas vezes, essa suavidade foi o instrumento de persuasão dos homens mais poderosos (e controversos) da República.

Se na esfera privada sua vida foi marcada pelo sofrimento, Irmã Dulce exerceu uma vida pública bem-sucedida ao tecer alianças e angariar proteção nos mais altos níveis da política e do empresariado. Ano após ano, um contato foi puxando outro naturalmente até formar uma poderosa rede de influência em torno dela. Sua personalidade foi fundamental nesses relacionamentos, sem os quais teria sido impossível criar seu complexo de saúde e assistência social. Norberto Odebrecht (1920-2014), bilionário fundador de um dos maiores conglomerados do capitalismo brasileiro, foi seu amigo próximo de meio século.

Na entrevista que concedeu para este livro em 2012, Norberto Odebrecht descreveu Irmã Dulce como uma administradora de mão cheia, que definia prioridades claras, tomava decisões pragmáticas e trabalhava de maneira intensa para tirar projetos do papel. Percorria pessoalmente o hospital todos os dias e, conhecendo as receitas e despesas do hospital, inspecionava como os pacientes estavam sendo tratados. No orfanato que fundou, conhecia pelo nome centenas de crianças. Cobrava o desempenho nos estudos, o comportamento na casa e a dedicação aos deveres religiosos.

Quando algo a contrariava, ela não alterava o tom de voz, mas não deixava o local do problema até que o responsável resolvesse tudo diante de seus olhos. Ou então ela própria fazia, porque dizia que o melhor ensinamento é o exemplo. Isso valia tanto para um doente que tivesse deixado de receber a medicação quanto para a limpeza do orfanato onde abrigava mais de 200 crianças.

Dava bastante trabalho, mas funcionava.

***

Num nível mais profundo da personalidade de Irmã Dulce, como uma placa tectônica, havia uma espiritualidade messiânica. Essa parte obscura do seu caráter abrigava uma sede infinita de sofrimento. O dos outros e o seu próprio.

Se fosse possível dissociar Irmã Dulce de sua fé (o que não é), o que sobraria seria somente uma masoquista desconcertante. Nos anos 1950, quando seu trabalho social dependia essencialmente das esmolas que arrecadava na rua, ela costumava voltar sempre aos lugares onde havia sido maltratada.

A leiga Iraci Lordelo, talvez a pessoa mais mística da *entourage* da freira, contou que ela levara uma cusparada na mão quando pedia donativos a um comerciante. Sem se abater, a freira limpou a saliva no hábito e voltou a estender a mão: "Isso foi para mim, agora o que o senhor vai dar para os meus pobres?".

Essa pequena mulher dizia ver nos mais pobres entre os pobres a figura do Cristo a ser acolhido. Todo santo dia, ela percorria todos os pavilhões do hospital, incluindo enfermarias com pacientes com doenças contagiosas, como tuberculose. Conversava com os doentes, confortava-os e tocava neles. Recusava-se a usar luvas ou tomar qualquer precaução para se proteger do contágio por infecções.

Mesmo quando a Congregação trocou o hábito quente e inadequado para o calor baiano por uma versão mais leve e confortável, ela se recusou a aderir à novidade. Diversas vezes, o pai dentista a repreendeu por usar o escapulário (espécie de longo colete azul que cobria o hábito) tão apertado no rosto que acabaria por deformar a mandíbula. Ela fingia que não escutava.

Além da jornada extenuante, ela comia pouco e quase não dormia. Durante três décadas, passou as noites sentada em uma cadeira de madeira, ao lado da cama, como penitência pessoal. Para evitar qualquer possibilidade de conforto, não permitiu que o encosto da cadeira fosse estofado. Freiras que a acompanharam nas últimas décadas de vida dizem, com um pouco de exagero, que a madeira do encosto da cadeira ficou com a forma dos ossinhos das costas dela.

Jejuava não apenas em dias religiosos, mas com uma frequência espantosa. Ficava sem comer em silêncio e, muitas vezes, isso só era descoberto quando seu médico particular percebia os sinais de anemia. Inquirida, a freira admitia o jejum, mas custava a encerrá-lo. Era de uma teimosia proverbial, segundo aqueles que conviveram com ela.

Essa sede de sofrimento pessoal foi cuidadosamente cultivada a partir dos anos em que Irmã Dulce viveu enclausurada em Sergipe. Do ponto de vista da sua espiritualidade, o modo como vivia evidenciou dramaticamente a crença de que sofrer é uma dádiva de Deus. A penitência tinha significado espiritual. O conjunto desses comportamentos cobrou um tributo pesado na saúde: ao final da vida, seus pulmões operavam com menos de um terço da capacidade.

Sua morte foi precedida por um ano de muita dor em uma UTI instalada em seu quarto no convento. A lenta agonia foi o destino de sua busca incessante pelo martírio tão valorizado na tradição dos santos católicos.

"Este é o sofrimento do inocente. Igual ao de Jesus", comparou o Papa João Paulo II (1920-2005) ao visitá-la em seu leito de morte, em 1991.

Este livro é sobre uma mulher de exceção, sua época e suas circunstâncias.

• PARTE 1 •

Maria Rita

CAPÍTULO 1

ORIGENS E TRAGÉDIA

As origens de Irmã Dulce estão profundamente enraizadas na história da Bahia. Maria Rita de Souza Brito Lopes Pontes – seu nome civil – foi a segunda filha do dentista e professor universitário Augusto Lopes Pontes e da dona de casa Dulce de Souza Brito. Maria Rita nasceu em uma família de classe média-alta e com sólidas conexões na política baiana. Essa influência política começou a ser delineada ainda no século XIX.

O avô paterno de Irmã Dulce, a quem ela não conheceu porque ele morreu em 1899, é geralmente retratado como um benfeitor local que idealizou o monumento ao Dois de Julho, obelisco plantado no Largo de Campo Grande, no centro de Salvador, que homenageia a luta do povo baiano pela Independência do Brasil. Foi também professor e fundou o Colégio Santo Antônio, o santo da devoção familiar que acompanhou Irmã Dulce por toda a vida.

Sem jamais ter sido militar de carreira, Manoel Lopes Pontes ganhou o título de coronel na política. A patente era comumente distribuída pelo governo imperial a políticos ou fazendeiros que tinham poder para organizar milícias, quando necessário, para defender a ordem.

O coronel foi ligado ao Partido Liberal durante a Monarquia. Quando o vento da República varreu o Império em 1889, Manoel Lopes Pontes logo se converteu ao grupo que ficou conhecido como os "republicanos de última hora".[1] Era afilhado político de Luiz Viana, governador eleito em 1896 e sob o qual a Bahia viveu seu episódio mais sangrento, a Guerra de Canudos.

Após 3 incursões das forças federais serem batidas pelos aldeões comandados pelo líder messiânico Antônio Conselheiro, Exército e homens de tropas realizaram um novo cerco que culminou no extermínio do movimento popular em 1897. Conselheiro, que pregava um cristianismo baseado numa experiência de vida coletiva, era a favor da restauração da Monarquia.

Por onde passava, Conselheiro instigava as comunidades a se recusarem a pagar impostos. O que jogou o poder constituído no seu encalço, no entanto, foi o rápido crescimento do arraial de Belo Monte com fluxo de ex-escravos e sertanejos pobres. Donos de terras na região exigiam de Viana providências para detê-lo por incitar os trabalhadores rurais a abandonarem seus postos. O arraial virou uma ameaça à ordem estabelecida.

Nos momentos finais do arraial, quando os sertanejos – já cercados por um contingente muito superior e bem armado – começaram a ser executados pelos homens da polícia estadual e do Exército, a selvageria foi tanta que muitos foram degolados. O próprio Conselheiro, morto antes da derrocada completa do arraial, foi desenterrado e decapitado. A cabeça foi levada a Salvador. A guerra foi descrita por Euclides da Cunha em *Os sertões*.

Em pelo menos uma ocasião, o coronel Lopes Pontes foi festejado como "patriota" que combateu em Canudos, mas jamais chegou perto do front.[2] Lopes Pontes foi encarregado pelo governador Luiz Viana de organizar a segurança da capital, desfalcada por causa do deslocamento maciço de militares e policiais que foram combater no sertão. A pedido do governador, o coronel foi nomeado pelo governo federal comandante do batalhão de infantaria da Guarda Nacional, que assegurou a ordem pública em Salvador durante a guerra de Canudos.[3]

O coronel recebeu a sua parte do saque que coube aos vencedores. Em 1898, num possível gesto de gratidão de Viana, Lopes Pontes foi eleito deputado estadual. Nos primórdios da República, vigorava o famoso voto a bico de pena, não secreto, que mantinha o eleitor vulnerável ao desejo dos chefes políticos.

As atas da Câmara Estadual dos Deputados, ancestral da Assembleia Legislativa da Bahia, mostram que Lopes Pontes foi um deputado apagado, que não apresentou projetos de lei nem discursou no primeiro semestre de 1899, segundo as atas da Casa.[4] A fidelidade absoluta ao governador nas votações foi a marca de seu mandato curtíssimo: na madrugada de 7 de julho daquele ano, aos 53 anos, o coronel morreu do coração.

Os Lopes Pontes viviam prosperamente para os padrões de Salvador. De acordo com o inventário, o coronel deixou aos herdeiros imóveis e ações estimados em 44,8 contos de réis. Para efeito de comparação, um estudo do pesquisador Jeferson Bacelar, a partir de uma amostra de 216 inventários e testamentos registrados em Salvador entre 1889 e 1919, indica que 96% dos negros e 63% dos brancos jamais conseguiram, em vida, reunir patrimônio superior a 10 contos de réis.[5]

Os 3 filhos homens do coronel receberam educação superior: um médico, um dentista e um advogado. As 5 mulheres, como era comum naquela época, foram criadas para casar e ter filhos.

***

Penúltimo da prole do coronel, Augusto Lopes Pontes nasceu em abril de 1889 e tinha apenas 10 anos quando o pai morreu. Aos 20 anos, o jovem se formou em odontologia no curso que funcionava com a Faculdade de Medicina – a mesma autorizada por dom João VI em 1808 e que hoje faz parte da Universidade Federal da Bahia.

Augusto era um rapaz inteligente que também havia trabalhado como redator e revisor de jornais em Salvador na juventude. Talentoso no trato pessoal, o jovem dentista escolheu o endereço mais badalado da capital para abrir seu consultório, a elegante rua Chile. Nos quase 500 metros de extensão da rua Chile, ligando a praça Castro Alves à praça Municipal, espalhavam-se as butiques requintadas, as lojas de tecidos caros, as livrarias onde se vendiam os originais franceses, os bons restaurantes. Numa das extremidades da rua, próximo à Castro Alves, ficava o Palace Clube, famoso por atrair as autoridades em seu baile de Carnaval.

Por servir de passagem obrigatória para o governador e o prefeito, cujos gabinetes ficavam nos arredores, a rua Chile atraía para sua órbita políticos, médicos, advogados e comerciantes no final do expediente, que se misturavam à multidão de mulheres, literatos e desocupados que flanavam diariamente pelo local. Ao descrever a atividade fervilhante da rua, o escritor Jorge Amado afirmou que, se quisesse encontrar alguém em Salvador mas não tivesse o endereço, bastava ir à rua Chile às 5 da tarde, após repartições e bancos encerrarem expediente.

"A vida alheia é passada em revista, a má língua trabalha", gracejou o autor.[6]

Pelas fotos, Augusto Lopes Pontes era um jovem sério e, embora não propriamente bonito, fazia uma boa figura. Moreno, ele usava cabelos curtos penteados para trás. Tinha um ar severo e, como mandava a praxe da época, vivia engravatado, apesar do inclemente calor soteropolitano.

Não se conhecem as circunstâncias em que o jovem recém-formado iniciou a corte a Dulce Maria, sua futura esposa. Dulce, sim, era bonita. Ela usava o cabelo repartido ao meio e preso atrás de forma impecável. A filha do médico Manoel Joaquim de Souza Brito tinha um rosto harmonioso, com espessas sobrancelhas cobrindo olhos escuros expressivos. O nariz era afilado e os lábios delgados. Media cerca de 1,60 metro e tinha a pele muito branca.[7] Nas fotos da família, Dulce aparece com vestidos sóbrios, longos e que cobriam os braços. Nas golas, apenas um ou dois centímetros do colo ficavam visíveis. Dulce seguia o figurino que a sociedade esperava das moças da época: cozinhava, costurava, bordava, pintava e tocava piano. Além do pendor musical, a freira puxara os traços do rosto da mãe.

O dentista Augusto tinha 23 anos e Dulce ainda não completara 18 quando se casaram, em maio de 1912, na igreja de Santo Antônio Além do Carmo. Os dois foram morar em uma casa na rua São José de Baixo, no bairro do Barbalho, um dos redutos da classe média de Salvador na época. O primeiro filho, batizado Augusto como o pai, nasceu em janeiro de 1913, apenas oito meses após o casamento.

Maria Rita, a segunda, nasceu em 26 de maio de 1914. A prole formaria uma escadinha: Dulce Maria (1915), Aloysio Raimundo (1918), Geraldo Majella (1919) e Regina (1921), esta última morta dois meses após o nascimento.

Os Lopes Pontes viviam uma vida bem tranquila quando Maria Rita era pequena. O dentista Augusto ia prosperando aos poucos e, a essa altura da vida, começou a cultivar um bigode que lhe dava um ar muito respeitável. Ele trabalhava muito. Em abril de 1921, foi nomeado professor de prótese da Escola de Odontologia. Dulce, que cuidava da casa, vivia atribulada com as crias. Inicialmente Maria Rita era chamada de *Mariinha*. O diminutivo infantil de seu nome a acompanhou até o final da adolescência, quando finalmente ingressou no convento.

A casa da família era religiosa, mas não opressiva. Dulce era mais fervorosa. Augusto, de temperamento moderado, estava longe de ser um devoto. Foi a mãe quem ensinou Mariinha a fazer o sinal da cruz e a rezar. As orações eram feitas todos os dias antes das refeições e antes de dormir. Aos sábados, a mãe rezava o terço para a Virgem Maria. A vida, para eles, estava ligada à igreja de Santo Antônio Além do Carmo. Naquela igreja histórica, construída numa colina com vista privilegiada para a Baía de Todos-os-Santos,[8] Augusto e Dulce se casaram e as crianças foram batizadas. Conforme o relato de Dulcinha, a terceira filha do casal, que nasceu em 1915, a mãe se confessava e comungava ao menos uma vez por semana.⁽⁹⁾ Na casa, havia imagens da Virgem Maria e uma estátua de Santo Antônio, que Augusto herdou do pai, o coronel Lopes Pontes.

A devoção ao santo casamenteiro, extremamente popular em todo o Nordeste e muito celebrado nas festas juninas, acompanhou Irmã Dulce durante toda a vida. Foi em honra a Santo Antônio que ela batizou o albergue e o hospital que construiu décadas mais tarde.

***

A Salvador em que Maria Rita cresceu era uma cidade incomum em vários aspectos. A cidade da Bahia, como era chamada, era no início dos anos 1920 (e ainda é) viva, pulsante e infinitamente interessante por sua mistura do passado colonial com o desejo de modernidade. Esses dois polos nem sempre se conciliavam e, para a tristeza das gerações futuras, parte do patrimônio da cidade fundada por Tomé de Souza em 1549 foi inutilmente destruída em nome do progresso contemporâneo.

O paroxismo mais triste é o da antiga Catedral da Sé. Igreja de pedras negras com a fachada voltada para a majestosa Baía de Todos-os-Santos, a velha Sé abrigou o suposto milagre mais saboroso do folclore baiano, que tocou um jovem nada inteligente que viria a ficar famoso.

Dono de um raciocínio precário mesmo diante das coisas mais simples, o jovem António Vieira (1608-1697), estudante do colégio que os padres jesuítas mantinham em Salvador, passava horas e horas prostrado em frente ao altar da Virgem Maria na Sé, suplicando por um pouco de inteligência. Reza a lenda que, um dia, o jovem Vieira sentiu um estalo na cabeça enquanto estava rezando. Conforme a lenda, ele desmaiou e, quando recobrou a consciência, as trevas da sua cabeça cederam lugar a uma inteligência poderosíssima. Foi nessa mesma igreja que o Padre António Vieira proferiu seus célebres sermões, que fizeram dele um dos mais brilhantes pensadores que a Companhia de Jesus já produziu.

A Sé foi derrubada a golpes de picareta, a pretexto de facilitar a circulação dos bondes nos anos 1930. Nesse episódio, o arcebispo primaz Augusto Álvaro da Silva (1876-1968), amigo muito próximo do pai de Irmã Dulce e personagem crucial na trajetória da freira, foi acusado de ter permitido a demolição da igreja histórica em troca de um novo palácio para a arquidiocese. A suspeita de suborno jamais foi comprovada.⁽¹⁰⁾

A cidade era um centro cultural e educacional importante. Forneceu intelectuais, cronistas e poetas que ajudaram a moldar o pensamento brasileiro. Tinha riqueza e aristocracia, mas uma indústria fraca e uma economia obsoleta.

Desde o princípio, Salvador foi duas cidades em uma. Fundada no alto de uma gigantesca colina, Salvador seguiu o modelo clássico da defesa militar das cidades do ultramar português no tempo em que a ameaça de invasão vinha do mar. Na parte elevada ficavam as igrejas, os prédios administrativos e os casarões. Na Cidade Baixa, estava concentrado o comércio ligado à importação e exportação de mercadorias e escravos. A ligação entre as duas era feita por pequenas vielas e becos.

O que o urbanismo fez com a realidade geográfica espelhou as diferenças sociais. Bairros da Cidade Alta sempre foram preferidos pela elite, enquanto a Cidade Baixa foi ocupada majoritariamente pelos pobres. Em 1920, Salvador tinha 283 mil habitantes – população que seria multiplicada por 7 até o final da vida da freira.

Salvador carrega a beleza e a desventura de uma rainha das peças de Shakespeare. Seu percurso rumo à decadência começou quando a capital da colônia foi transferida para o Rio de Janeiro, em 1763.

Em sua acidentada fuga das tropas napoleônicas, dom João VI (1767-1826) desembarcou, em janeiro de 1808, na Bahia e ali anunciou a abertura dos portos, sua mais importante medida durante os treze anos em que permaneceu como monarca refugiado no Brasil. Na estada de um mês, dom João autorizou a abertura da primeira faculdade de medicina do país, e os baianos apelaram, em vão, para que ele permanecesse. O monarca preferiu instalar a corte no Rio, enquanto Salvador continuou escorregando para a estagnação econômica e a perda de influência política no cenário nacional.

Em 1940, o escritor austríaco Stefan Zweig (1881-1942) explicou a semelhança do destino de Salvador com as tragédias shakespearianas: "A Bahia está presa ao passado. Há muito tempo que entregou o régio poder a uma geração mais nova e sôfrega. Todavia não abdicou".[11]

Cidade com o maior contingente de negros fora do continente africano, Salvador foi beneficiária do surgimento de uma vibrante cultura afrodescendente ao mesmo tempo que sempre conviveu com tensões raciais. Em 1835, a capital foi palco da Revolta dos Malês, quando escravos se levantaram contra seus senhores e foram esmagados.

Enquanto a futura Irmã Dulce crescia, eram muito populares teses que culpavam a miscigenação pelo atraso e pelas péssimas condições sanitárias da capital. Um setor da intelectualidade brasileira, baiana notadamente, aderiu às ideias de Francis Galton (1822-1911), formulador do conceito de eugenia como um conjunto de ideias e práticas destinadas ao "melhoramento da raça". O movimento eugênico brasileiro responsabilizava a miscigenação pelo atraso nacional. Em 1937, durante uma viagem ao Rio

Grande do Sul, o pai de Irmã Dulce proferiu uma conferência intitulada *O papel do dentista e do professor na eugenia racial* na Faculdade de Medicina de Porto Alegre. À exceção do título da palestra, que consta no currículo de Augusto Lopes Pontes, não há qualquer outro registro de seu conteúdo. Como não foi possível recuperar o conteúdo da conferência nem outros textos do pai de Irmã Dulce sobre o movimento eugênico brasileiro, qualquer ilação sobre o tema é indesejável. Familiares e pessoas que o conheceram dizem que ele tratava pacientes pobres – o que, em Salvador, implica ser negro na maioria das vezes – do mesmo modo que atendia a quem pagava. Em entrevista ao autor, o padre Gaspar Sadoc, que é negro e conviveu com Augusto Lopes Pontes ao longo dos anos 1940, disse taxativamente que o dentista jamais foi racista.[12]

Fortemente católica, a cidade da Bahia contava vantagem de ter uma igreja para cada dia do ano enquanto suas autoridades perseguiam centenas de terreiros onde a macumba era batida. No peculiar sincretismo religioso baiano, que casa divindades das duas religiões, os católicos e o povo de santo sempre confraternizaram durante as festas populares, mas a vexatória obrigação dos terreiros de estarem registrados na delegacia de polícia só foi abolida em 1976.

Irmã Dulce já tinha quase dois anos como freira quando o arcebispo Augusto Álvaro da Silva escolheu o dia 8 de maio de 1935 para os baianos repararem, com orações e atos de piedade, "as irreverências, blasfêmias e injúrias que se irrogam à Santíssima Mãe de Deus".

Numa breve carta dirigida ao clero, o primaz trovejava contra "uma das mais ridículas e injuriosas destas superstições".[13] Referia-se à Festa de Iemanjá, divindade sincretizada no candomblé com Nossa Senhora da Conceição, que continua atraindo multidões ao bairro do Rio Vermelho, todo dia 2 de fevereiro.

Institucionalmente, o *establishment* católico combatia o candomblé enquanto era simultaneamente resistente a acolher os negros nos seus templos. Monumento exemplar da determinação dos escravos durante o período colonial foi a construção da igreja de Nossa Senhora do Rosário dos Homens Pretos, no Pelourinho. A lenda é que os escravos, que não eram aceitos em outras paróquias, deram duro na obra durante a noite. Daí viria a expressão "descansar carregando pedras".[14]

Construir uma igreja com escravos voluntários que carregavam as pedras no horário de descanso levou noventa e cinco anos, mas tardaria muito mais para a igreja baiana ordenar seu primeiro sacerdote negro. Isso só ocorreu em 1941.[15]

Ecos do passado escravista ressoavam como racismo maroto: no formulário que preencheu antes de ir para o convento em 1933, a jovem Maria Rita Lopes Pontes teve de responder se era "de cor branca ou bem clara".⁽¹⁶⁾

***

A tragédia se abateu sobre a família Lopes Pontes pela primeira vez em 8 de junho de 1921, quando Dulce, a mãe, morreu, aos 26 anos. Ela teve uma hemorragia incontrolável nas horas seguintes ao parto de Regina, sua sexta filha. Durante dois dias, ela sangrou até a morte. O bebê sobreviveu ao parto, mas seguiria o destino da mãe no começo do mês de agosto.

Na biografia que escreveu sobre a tia religiosa, a jornalista Maria Rita Pontes atribuiu a morte do bebê à "falta de leite materno".⁽¹⁷⁾ Depois do funeral, Augusto viu-se sozinho com 5 filhos para criar: Augustinho, o mais velho, tinha 8 anos, Geraldinho, o caçula, ainda não soprara as velas do segundo aniversário. Maria Rita tinha 7 anos quando a mãe morreu.

Viúvo, Augusto trabalhava muito para conseguir conciliar o consultório e as aulas na universidade. Suas duas irmãs solteiras, Georgina e Maria Magdalena, foram morar com o dentista para tomar conta das crianças. Pouco depois, a família se mudou para uma casa no bairro de Santo Antônio Além do Carmo, a poucos passos da famosa igreja. Ali, no ano seguinte à morte da mãe, Maria Rita fez catequese e recebeu a primeira comunhão, aos 8 anos, do monsenhor Elpídio Ferreira Tapiranga (1863-1932) – o mesmo padre que casou seus pais, batizou a si e aos irmãos e encomendou a alma da mãe Dulce.⁽¹⁸⁾

A morte da mãe é sempre traumática para uma criança, e os filhos do dentista tiveram de se adaptar à nova realidade. As tias zelavam pela educação e pelo bom comportamento em casa. O sofrimento das crianças foi atenuado pela abnegação do pai que, mesmo trabalhando duro, era muito dedicado nas horas de lazer dos meninos.

No Santo Antônio, as crianças tinham muita liberdade e brincavam na rua, quando não estavam ocupadas com a escola e os deveres. Mais de sessenta anos depois da morte da mãe, Irmã Dulce descreveria a sua infância como alegre e brincalhona em meio a guerras de mamonas com os vizinhos e soltando pipas.⁽¹⁹⁾ O vento forte que sopra no Santo Antônio sempre favoreceu a brincadeira.

Augusto Lopes Pontes casou-se pela segunda vez em novembro de 1924 com Alice da Silva Carneiro. Georgina e Maria Magdalena mudaram-se para uma casa no bairro da Penha, na península de Itapagipe. O dentista e a nova esposa tiveram outros 2 filhos, Teresa (1926) e Ana Maria (1940). Teresa morreu em 1938, aos 12 anos, vítima de peritonite aguda, um tipo de inflamação da membrana que recobre o abdome.

A convivência de Alice com os 5 filhos do dentista era afetuosa, mas aparentemente ela não ocupou o lugar de figura materna. "Ela foi como uma amiga e uma irmã e nos tratava com muito carinho. Nós também nos afeiçoamos muito a ela", relembraria Dulcinha em depoimento que está nos autos do processo que resultou na canonização de sua irmã freira.

A família do dentista mudou-se novamente para Nazaré, bairro onde moravam pessoas ilustres da cidade. Da vizinhança faziam parte professores da Faculdade de Medicina, juízes, desembargadores e comerciantes.

Os Lopes Pontes viveram na rua Independência, primeiro na casa do número 10 e depois no número 61. A rua era muito próxima da Baixa dos Sapateiros, uma das principais artérias comerciais da cidade, e situava-se a poucos minutos de caminhada tanto da rua Chile, onde ficava o consultório de Augusto, quanto do Terreiro de Jesus, onde ele dava aulas.

Nazaré hoje retrata a degradação do centro de Salvador: a rua Independência é um amontoado de sobrados deteriorados, sujos e pobres. Colado ao Pelourinho, o bairro abrigava uma das cracolândias de Salvador quando este livro estava sendo escrito. Duas casas ao lado da família do dentista, no número 55 da Independência, vivia o médico Francisco Peixoto de Magalhães Neto.

Trata-se de uma das coincidências que sempre marcaram a vida de Irmã Dulce e de uma evidência do tamanho diminuto da elite baiana: Maria Rita era somente uma adolescente, e o segundo filho do vizinho, que se chamava Antonio Carlos, ainda usava fraldas, aos 3 anos de idade. No futuro, o acrônimo ACM designaria um dos políticos mais poderosos do país e um aliado fundamental para a freira.

CAPÍTULO 2

O DESPERTAR DE MARIA RITA

A primeira devoção de Irmã Dulce foi ao futebol. Influenciada pelo pai e pelo irmão mais velho, Augustinho, Maria Rita virou torcedora fanática do simpático clube do Ypiranga, que era uma potência do futebol baiano nos anos 1920.

Quem quer que a conhecesse no final da infância e no início da adolescência não poderia intuir que a menina levada – "muito terrível", na definição dela própria – viraria freira um dia. Nos dias de semana, quando não estava estudando no Colégio Nossa Senhora da Auxiliadora, dirigido pela educadora Anfrísia Santiago, Maria Rita era mais facilmente encontrada na rua, onde a brincadeira corria solta. Ela gostava de boneca – inclusive, tinha muita afeição por Celica, uma boneca de celulose que ganhou da avó paterna aos 5 anos após tomar um remédio amargo –, mas se divertia mesmo fazendo guerra de mamona com os irmãos e empinando pipa. Pintava e bordava a ponto de ganhar o apelido de "machão".[1]

O programa dos Lopes Pontes aos domingos eram ir ao Campo da Graça para ver o time jogar. O Campo da Graça foi a primeira casa própria do futebol baiano. Antes de 1922, as partidas eram disputadas no hipódromo de Lucaia, no então longínquo bairro do Rio Vermelho. O esporte que conquistaria o coração dos baianos vivia apenas sua infância em Salvador e ainda era extremamente elitizado.

Era um programa das classes abastadas, apinhado de rapazes bem-nascidos e senhorinhas. Muitos torcedores estacionavam os carros à beira do gramado e assistiam, de dentro deles, às partidas. Augusto Lopes Pontes, que não tinha carro na época, levava os filhos de bonde. De origem proletária, o Ypiranga rivalizava com o Vitória, clube que ganhou esse nome em alusão à sua fundação em uma mansão no aristocrático Corredor da Vitória.

Quando Irmã Dulce era garota, o Ypiranga, "o mais querido", era uma máquina vencedora que faturou 5 títulos estaduais entre 1920 e 1929. Ao lado do Bangu (time carioca), o time baiano foi um dos primeiros a aceitar negros em seu elenco. Um deles, Apolinário Santana, um capoeirista do Rio Vermelho, foi o grande craque do futebol baiano no período. Ao fazer chover na área e demolir adversários, Popó fez por merecer o epíteto de "O Terrível" dado pela imprensa: em única partida, ele marcou todos os 5 gols da seleção baiana na humilhante goleada imposta ao então poderoso Fluminense, do Rio.

Popó foi o primeiro ídolo de Irmã Dulce.[2] "Até os 13 anos, eu era louca por futebol, e o maior castigo que eu podia receber, se eu pintava muito durante a semana, aos domingos eu não ia ao futebol com meu pai", relembraria Irmã Dulce, em uma entrevista concedida seis décadas mais tarde.[3]

A espiral de decadência do Ypiranga teve início após a inauguração do estádio da Fonte Nova, que não ficou pronto a tempo para receber jogos da Copa de 1950. O décimo e último título estadual do esquadrão aurinegro foi conquistado em 1951. O jejum de vitórias fez o clube definhar e ceder o posto de time das massas para o Esporte Clube Bahia, fundado em 1931.

O historiador Antonio Risério pinçou um exemplo preciso da migração geracional dos torcedores: José Veloso e José Gil empurravam o Ypiranga, enquanto seus filhos, Caetano e Gilberto, são Bahia.[4]

***

A religiosidade de Maria Rita aflorou na adolescência. A tia Maria Magdalena indiscutivelmente influenciou nessa evolução. Magdaleninha, provável figura materna para quem a menina se voltou após a morte de Dulce, era a típica igrejeira.

Ela integrava o Apostolado do Coração de Jesus, uma organização de leigos da Igreja Católica dedicada ao trabalho social. Como as colegas do apostolado, ela costumava se vestir de preto e carregava uma fita vermelha com a medalha do Coração de Jesus – objeto de culto do grupo. Numa época em que a participação feminina era bastante restrita, organizações desse gênero permitiam às mulheres uma fé mais ativa do que apenas frequentar a missa.

Magdaleninha era uma colaboradora importante do monsenhor Elpídio Tapiranga, pároco de Santo Antônio Além do Carmo. Encarregava-se da arrumação da igreja e integrava um grupo feminino que fazia caridade. Magdaleninha arrecadava donativos e distribuía roupas e comida em bairros pobres. As voluntárias também visitavam doentes, ajudavam a marcar batizados, casamentos e identificavam crianças em idade para fazer a catequese e a primeira comunhão.

Em algum momento de 1927, Maria Magdalena pegou a sobrinha de 13 anos de supetão e levou-a consigo para uma visita ao Tororó, bairro vizinho a Nazaré, onde casinhas modestas se espremiam, parede a parede.

Na devoção ao Coração de Jesus, sempre orientada por um sacerdote que exercia o papel de diretor espiritual, enfatizava-se a responsabilidade de cada cristão de realizar o que seria desígnio de Deus e também se pregava a necessidade de se reparar, com obras, os pecados cometidos por hereges e maus cristãos.[5] Participar do apostolado, em suma, exigia um alto grau de disciplina e comprometimento com a Igreja. Estas premissas – ação e oração – guardam o DNA da religiosidade de Irmã Dulce.

"Um dia eu estava pintando muito e uma tia minha me disse 'olha, você precisa conhecer o outro lado da vida'. E me levou pra visitar os doentes e os pobres. Aí, dessa hora em diante, mudou tudo", contou Irmã Dulce.[6]

O Tororó, nos arredores do atual estádio da Fonte Nova e próximo ao dique, na época era habitado majoritariamente por funcionários públicos pobres, empregados do comércio e militares de baixa patente. Não era um bairro paupérrimo como a Liberdade nem um pesadelo insalubre como os Alagados, a gigantesca favela surgida sobre palafitas duas décadas mais tarde. Mas a pobreza também campeava em becos e ruazinhas, habitados por desempregados e doentes sem assistência alguma. Dentro de moradias diminutas, aglomeravam-se famílias numerosas. As mulheres do apostolado distribuíam alimentos, remédios e roupas.

Este foi o primeiro contato direto de Maria Rita com a miséria, e essa experiência a marcaria para o resto da vida. Pelos relatos de Irmã Dulce e dos seus parentes, a jovem começou a juntar donativos para distribuí-los a necessitados que batiam à porta de sua casa. Em alguns casos, ela limpava ferimentos e fazia curativos.

"Minha filha, isso aqui não é a porta [do convento] de São Francisco", reclamou Augusto, exasperado uma vez com o que parecia ser um exagero da filha. Mas o dentista não desestimulou a caridade da adolescente.[7]

A pobreza do Tororó foi o prelúdio de um mundo de angústia e abandono, no qual Irmã Dulce mergulharia, poucos anos depois, nas suas andanças pela Cidade Baixa.

***

O contato com os pobres e a forte religiosidade da tia mudaram Maria Rita. Subitamente, ela abandonou as brincadeiras com os irmãos e deixou de frequentar os jogos de futebol para se tornar uma adolescente um tanto soturna e distante.

Nos finais de semana, trocou a animação do Campo da Graça para acompanhar Magdaleninha nas visitas aos cortiços. Nas férias daquele ano, Maria Rita foi para a casa das tias na Penha, para poder ir à missa diariamente. Foi nessa época que ela passou a considerar a ideia de ser freira. Tentou pô-la em prática pela primeira vez ainda no final de 1927 ou no início de 1928, quando pediu para ser admitida no Convento do Desterro e foi rejeitada por ser jovem demais. Augusto ficou sabendo de sua tentativa de se internar no convento, mas não se inquietou.

O pai não gostava da possibilidade de a filha virar freira, mas tampouco interveio para demovê-la disso. Pensou que podia ser uma bobagem de adolescente. Já Magdaleninha dava corda.

A vontade de ser religiosa ficou fermentando lentamente na cabeça da menina, que ia mergulhando, cada vez mais, na religião. O desejo irromperia novamente com força quando ela tinha 15 anos – momento em que a própria Irmã Dulce situava o despertar de sua vocação. No final de 1929, quando já cursava o primeiro ano na Escola Normal da Bahia para se formar professora, Maria Rita voltou a procurar o Convento do Desterro em segredo.

"Eu tinha um desejo ardente de ser freira. Como nesse tempo eu era muito jovem, a Superiora declarou-me que iria fazer o possível a fim de eu poder entrar para o Convento com a idade que tinha. Motivos diversos impediram a minha entrada", escreveu a freira em um documento anos mais tarde.[8]

Foi o filho Geraldinho que alertou o pai que Maria Rita havia escrito uma nova carta para ir ao convento. Dessa vez, Augusto ficou alarmado.

O dentista procurou um amigo para se aconselhar. Epaminondas Bebert de Castro, casado com uma das irmãs de Dulce (a primeira esposa de Augusto), sugeriu que o mais provável era que a história tivesse a ver com alguma desilusão amorosa de Maria Rita. Ele aconselhou o amigo a ganhar tempo para que o desejo dela de virar freira desaparecesse naturalmente.[9] Embora nunca tivesse ouvido falar do interesse de Maria Rita por qualquer rapaz, Augusto considerou o conselho sensato.

Ao chegar em casa, o pai disse à filha que permitiria que ela ingressasse no convento assim que se formasse professora. Escaldada pelas duas tentativas frustradas, Maria Rita provavelmente se deu conta de que não conseguiria ir para um convento sem o apoio do pai. Sem outra saída, ela acatou a vontade dele. A conversa terminou com ambos convencidos de coisas opostas.

O dentista tinha certeza de que o tempo a faria se interessar por algum rapaz e esquecer aquela história de ser freira. A adolescente sabia que sua vocação era verdadeira, mas compreendeu que o caminho para consagrar a vida a Deus levaria um pouco mais de tempo. Maria Rita estava decidida a não se desviar por nada e, em silêncio, continuou na sua rota.

O dentista pensava que a filha, pela pouca idade, não fosse capaz de distinguir o apelo romântico da vocação genuína para ingressar na vida consagrada.

Ele não sabia, nem teria como saber naquele momento, o quão obstinada era a filha.

CAPÍTULO 3

UM CERTO FREI ALEMÃO

Irmã Dulce sempre encontrou protetores em momentos críticos de sua vida. Em um momento ou outro da vida, a freira sempre se valeu da relação privilegiada que mantinha com banqueiros, empreiteiros, cardeais, governadores e presidentes para obter o necessário para construir e manter funcionando seu albergue, seu hospital e seu orfanato. Afável no trato pessoal e centralizadora na administração, ela tinha na boa vontade dos homens mais poderosos da República um ativo inigualável para levar adiante seus empreendimentos. A capacidade da freira de transformar influência política em uma incrível máquina de arrecadação de dinheiro para sustentar sua obra social tem origem em um mentor: Hildebrando Kruthaup (1902-1986), um frei franciscano alemão.

Muito antes do empreiteiro Norberto Odebrecht, do banqueiro Ângelo Calmon de Sá, de Antonio Carlos Magalhães ou de José Sarney – para citar alguns dos mais notórios protetores de Irmã Dulce, que serão abordados nos próximos capítulos deste livro – foi frei Hildebrando o primeiro a reconhecer o potencial da jovem estudante normalista quando ela apenas alimentava o sonho de virar freira.

Sem frei Hildebrando, jamais teria havido uma Irmã Dulce. Pelo menos não da forma como ela ficou conhecida. Frei Hildebrando é descrito por quem o conheceu como homem de talento raro para empreender, de pensamento metódico e com um temperamento fortíssimo. Tinha um porte físico atlético, media cerca de 1,80 metro e tinha olhos azuis muito profundos.

Doze anos mais velho do que Irmã Dulce, o frade foi um amigo muito próximo da freira por mais de um quarto de século, até que houve um rompimento traumático entre os dois no início dos anos 1960. Hildebrando foi o responsável por ela ser aceita no Convento do Carmo, em Sergipe, e, mais tarde, quando ela voltou a Salvador, transformou-a em braço direito na criação de uma rede de assistência social pioneira em Salvador.

Em 1937, os dois fundaram o Círculo Operário da Bahia (COB), que rapidamente se tornou a maior organização de trabalhadores do Estado graças à ditadura do Estado Novo, que havia esmagado o sindicalismo independente.

O alemão caiu em desgraça durante o surto antigermânico que varreu Salvador na Segunda Guerra Mundial e foi acusado de ser simpatizante nazista. Anticomunista ferrenho, frei Hildebrando foi alvo de uma campanha difamatória movida por uma parte da esquerda que identificava no COB uma ameaça à sua base social. O jovem escritor Jorge Amado foi um dos depreciadores. A suposta devoção do religioso a Adolf Hitler, contudo, não passava de fofoca.

"Esse homem chamado Hildebrando, no fundo, foi o pai empresarial da Irmã Dulce e do Norberto Odebrecht. Ele mandava e nós dois obedecíamos. Esse homem pegou o operariado todo espalhado e desorientado e organizou. Conduzia todas as viúvas ricas da Bahia, dava o destino do dinheiro dessas mulheres. Mandava na Bahia mais do que governador. Ele mandava aqui com a massa operária na mão. Era um imperador", relembrou o empreiteiro Norberto Odebrecht, fundador de um dos maiores conglomerados privados do capitalismo brasileiro, em entrevista para este livro.[1]

Nascido na cidadezinha de Borringhausen, na Alemanha, em 1902, Franz Kruthaup desembarcou no Brasil em 1924 como seminarista da onda de missionários alemães que vieram restaurar a província franciscana no Nordeste (da Bahia à Paraíba), que quase foi extinta no final do século XIX por falta de religiosos.

Antes de abraçar a vida consagrada, ainda adolescente, o jovem Franz fez algum dinheiro especulando com grãos nos anos seguintes à Primeira Guerra Mundial quando seu país era castigado pelo mais assombroso processo de hiperinflação da História.

Ordenado em Salvador, Franz passou a se chamar Hildebrando e logo se tornou um dos religiosos mais influentes da Bahia graças ao seu tino para a política e negócios. Anteviu a força dos meios de comunicação social: abriu cinemas, gerenciou uma gráfica, foi um editor talentoso que tirou da irrelevância a imprensa católica na capital. Quando o rádio ainda dava seus primeiros passos no Brasil, ele fundou a Rádio Excelsior, emissora que virou uma potência em Salvador.[2] As viúvas citadas por Odebrecht eram, na verdade, mulheres da alta sociedade baiana arregimentadas por frei Hildebrando para obter doações para suas obras sociais.

Nos anos 1940, os três – frei Hildebrando, Irmã Dulce e o recém-formado engenheiro Norberto Odebrecht – se aventuraram juntos em um empréstimo bastante heterodoxo concedido pelo Banco do Brasil: levantaram uma soma milionária para construir um cinema, sem oferecer qualquer garantia real – na verdade, entregaram títulos podres ao banco. Quando chegou a hora de pagar, o trio arranjou o dinheiro com a Presidência da República. O prédio do antigo Cine Roma, que pertencia ao COB, abriga atualmente a igreja e o túmulo de Irmã Dulce.

Frei Hildebrando e a jovem Maria Rita se conheceram no ano de 1930. Pouco depois de completar 16 anos, a estudante normalista passou a frequentar a Ordem Terceira da Penitência (hoje chamada Ordem Franciscana Secular), organização que estimula leigos a seguirem uma vida inspirada em São Francisco de Assis.[3]

Frei Hildebrando era o diretor espiritual da agremiação religiosa. O engajamento na Ordem Terceira foi o caminho natural de Maria Rita em cuja vida, pouco a pouco, a religião ia ocupando um espaço cada vez maior. Frei Hildebrando sucedeu a tia Magdaleninha como referência religiosa da jovem. Em termos de influência sobre Maria Rita, o frade rivalizou com Augusto.

Enquanto o pai esperava que o passar do tempo dissuadisse Maria Rita de se tornar freira, o que aconteceu foi o contrário: ela mergulhava na religião com uma dedicação crescente. Mentor de Maria Rita em assuntos espirituais, o alemão lhe ensinou sobre o carisma de São Francisco de Assis e lhe mostraria a vida consagrada como um caminho para realizar a vontade de Deus.

O estudo da vida do santo italiano foi um prolongamento natural da devoção doméstica: Santo Antônio foi discípulo de Francisco de Assis. Nas reuniões da Ordem Terceira, Hildebrando e Maria Rita desenvolveram uma intensa relação de mestre e discípula. Não é possível creditar unicamente ao frei a decisão da jovem de ter abraçado a vida consagrada, mas a influência dele é indiscutível.

Entre o surgimento da vocação de Maria Rita aos 15 anos e o momento em que partiria para o convento, em fevereiro de 1933, ninguém foi tão próximo dela quanto Hildebrando. Era ao franciscano que a jovem revelava, no segredo do confessionário, suas falhas e inquietações.⁽⁴⁾ Em casa, ajoelhada diante da imagem de Santo Antônio, ela se perguntava se conseguiria mesmo ser freira. Com um olho extraordinário para reconhecer o talento, o frei apostou em Maria Rita e foi seu guia rumo a um profundo misticismo – e, mais tarde, ao pragmatismo na prática da caridade – que definiria por mais de sessenta anos a vida de Irmã Dulce.

Aparentemente não houve imposição, ele simplesmente facilitou o caminho que a jovem já havia escolhido.

***

Àquela altura, quase nada abalava a tranquilidade da casa dos Lopes Pontes. Augusto era um dos mais requisitados dentistas da capital. Na cadeira de seu consultório, sentavam-se políticos, empresários e o arcebispo primaz, dom Augusto Álvaro da Silva. O pai de Irmã Dulce cultivava com esmero suas relações pessoais e é possível que ela tenha aprendido com ele a arte de massagear egos.

Em 9 de novembro de 1929, Augusto era dirigente da associação dos dentistas de Salvador e, como tal, tomou parte da luxuosa recepção para o primaz, que retornava de um encontro com o papa, em Roma. No encontro com Pio XI, o arcebispo tratou de uma de suas prioridades, a construção de um seminário em Salvador, e fez um discurso repleto de elogios "às atenções dos nossos governos para com a Igreja de Deus". No ano seguinte, ele endossaria o golpe que levou ao poder Getúlio Vargas e se tornaria fiador político do interventor nomeado para governar a Bahia.

Ao descer do transatlântico francês *Lipari*, o primaz encontrou o cais apinhado por uma multidão arregimentada para aplaudi-lo. Nas palavras de um cronista, que listou as autoridades presentes, o desembarque "revestiu-se de desusada pompa": estavam lá o governador da Bahia, o prefeito de Salvador, deputados e senadores, militares, quase todo o clero e os diretores das associações de comerciantes e dos dentistas. Cinco bandas militares se revezaram para tocar músicas em sua homenagem. O préstito de 108 automóveis acompanhou dom Augusto até a Sé de Salvador, onde foi entoado o Te Deum.⁽⁵⁾ O beija-mão continuou no palácio da Arquidiocese pelas horas seguintes.

Nem tudo era bajulação. O dentista e o arcebispo se tornaram, de fato, amigos. Certa vez, dom Augusto presenteou o pai de Irmã Dulce com um relógio de mesa que comprara em Paris. Foi uma forma afetuosa de dizer que não apreciava os constantes atrasos de seu dentista nas consultas.⁽⁶⁾

Quem conheceu a rispidez proverbial do primaz vê na sutileza do presente uma prova de estima.

O pai de Irmã Dulce também ganhou alguma proeminência como filantropo. Augusto Lopes Pontes foi um dos fundadores do Abrigo Filhos do Povo, uma casa de assistência na Liberdade, bairro paupérrimo de Salvador. A entidade começou a funcionar em 1918 e oferecia ensino profissionalizante e assistência em saúde para jovens. Ele montou um gabinete dentário no local. O abrigo funcionava com dinheiro de doações e trabalho voluntário, mas, em 1926, após a morte do presidente da entidade, Raymundo Freixeiras, passou a ser bancado também com verbas estaduais.

Segundo as memórias da família, o dentista não cobrava pelo atendimento no Abrigo dos Filhos do Povo.[7] A experiência de Augusto na direção do abrigo seria fundamental para captar recursos para as obras da freira, décadas mais tarde.

O desejo de Maria Rita de ir para o convento não era a única inquietação de Augusto com o futuro da prole. Augustinho, o primogênito, tinha uma figura imponente, olhos verdes e cismou que seria ator. Pelo que contam os parentes, o rapaz levava jeito para interpretação, e a voz de barítono seria sua marca registrada de toda a vida. O pendor artístico do filho, contudo, não comoveu o pai, cujas ambições para o mais velho eram outras: Augustinho acabou por se formar dentista e também foi professor universitário, exatamente como o pai.

Augusto Lopes Pontes cumpria suas obrigações religiosas, mas o instinto de proteção o levava a se opor às pretensões religiosas de Maria Rita. O roteiro quase invariavelmente seguido por meninas de classe média-alta em Salvador era o casamento com rapazes do mesmo estrato social.

A vida consagrada era, a rigor, um método de promoção social apenas para jovens de famílias pobres, normalmente oriundos do campo. Como os pais destes tinham pouco a oferecer aos filhos – além de uma vida dura semelhante à sua própria –, o caminho da vocação oferecia a possibilidade de acesso à instrução, que era um bem bastante restrito. Nos anos 1920 e 1930, ingressar em um convento ou em um seminário poderia representar melhoria do padrão de vida para jovens muito pobres, mas, para uma menina como Maria Rita, significava exatamente o contrário: sacrifício e pobreza, talvez longe de casa.

"O papai queria que ela se casasse porque era muito bonita. Ele queria que ela namorasse, mas ela nunca namorou", esclareceu Ana Maria Lopes Pontes, a caçula, nascida em 1940, e única filha do dentista ainda viva durante a investigação que resultou neste livro.[8]

O interesse por rapazes, última esperança do dentista para que fizesse a filha desistir de ser freira, jamais apareceu. Ao contrário, na Ordem Terceira da Penitência, ela passou a considerar a castidade um dom e uma graça.

***

Enquanto as atenções de Maria Rita estavam cada vez mais centradas no futuro religioso, a Bahia atravessava mais um período de turbulência. Em 4 de outubro de 1930, enquanto o golpe militar que levaria Getúlio Vargas ao poder ganhava corpo em Minas Gerais, Rio Grande do Sul e Paraíba, explodiu em Salvador uma revolta popular contra a Companhia Linha Circular de Carros Urbanos, subsidiária da americana *Eletric Bond and Share Company*.

Segundo o historiador Luis Henrique Dias Tavares, a revolta explodiu logo de depois um aumento das passagens, quando alguém supostamente viu uma bandeira brasileira servindo de tapume num canteiro da companhia e gritou que "os gringos estão fazendo da bandeira do Brasil porta de latrina". A confusão localizada não tardou a se tornar um distúrbio de grandes proporções. A multidão crescia. Primeiro, foi atacado um bonde. A polícia, que primeiro tentou evitar, logo perdeu o ânimo diante do povo que estava furioso com o aumento das tarifas e com o suposto insulto ao pavilhão nacional. Pelas ruas, declamaram-se discursos inflamados. E, aos montes, os mais exaltados se punham a destruir o patrimônio da firma multinacional. Ao menos 84 bondes foram incendiados. Na fúria, um orador aconselhou a queimar o jornal *A Tarde*, que apoiara o aumento das tarifas. Foi aplaudido, e o grupo partiu em formação de ataque contra o prédio da publicação, que foi vandalizado. Se houve apelos por prudência, foram ignorados. Diante da polícia hesitante, a multidão partiu depois para apedrejar a Prefeitura e a Câmara de Vereadores.[9]

Enquanto os bondes ardiam em Salvador, o golpe que sepultaria a República Velha se espalhava pelo país. Na Bahia, os combates se resumiram à cidade de Alagoinhas. Enquanto o resto do país caía, a Bahia ia junto. Quando os vitoriosos chegaram a Salvador, no final de outubro, houve festa popular. Com lenços vermelhos, o povo saudava a nova ordem nas ruas da Cidade Baixa. Entre os ganhadores estava o cearense Juracy Magalhães, um dos expoentes do movimento de 1930. No dia 24 de outubro, Getúlio Vargas (1930-1937) era empossado como presidente interino após destituição de Washington Luís (1930-1937).

Diante dos panos encarnados que brotavam em toda Salvador (ainda repleta das marcas do quebra-bondes do começo do mês), dom Augusto foi um dos cautelosos que correram para renegar as antigas convicções.

Se em 1929 o arcebispo celebrou em honra ao presidente Washington Luís e ao governador Vital Soares, agora o primaz conduzia missa de ação de graças pela nova ordem.

***

Quase um ano depois, em setembro de 1931, Getúlio nomeou Juracy interventor do Estado, aliviando as oligarquias tradicionais da política baiana. O tenente era detestado por ser jovem (tinha apenas 26 anos), militar e, como insulto adicional ao orgulho baiano, era cearense.

Juracy encontrou justamente no arcebispo o aliado de que precisava. O primaz procurava abrandar os seus interlocutores na elite baiana em favor do interventor. Dom Augusto costumava dizer que ser militar não era defeito, mas profissão; o fato de o interventor ser cearense não era um problema, já que ele próprio, o arcebispo, era nascido em Pernambuco, mas havia se "naturalizado" baiano. Por fim, a pouca idade do interventor, insistia o primaz, era "um pecado do qual [Juracy] se redime um pouco a cada dia".

Como mediador, dom Augusto tentava aparar as arestas, mas não fazia milagre. Os oposicionistas apenas esperavam a oportunidade para correr com o forasteiro do palácio do Rio Branco.[10] Esta se materializaria em agosto de 1932, um mês depois de os paulistas se entrincheirarem contra Getúlio Vargas. Estudantes baianos deflagraram um movimento de apoio à reivindicação de uma nova Constituição e tomaram a Faculdade de Medicina, no Terreiro de Jesus.

Após se baterem com a polícia nas ruas, secundaristas em greve pelo adiamento das provas correram ao histórico prédio e aderiram ao movimento contra o regime. Juracy respondeu com mão de ferro: tropas cercaram o prédio e passaram a revistar todos que circulavam pelas ladeiras próximas. Segundo o relato de testemunhas, até um franco-atirador mirava a multidão do topo de uma igreja próxima. Juracy ameaçava invadir o local e esmagar o movimento. Professores da Faculdade de Medicina negociaram a rendição. O episódio terminou com 514 estudantes presos – entre eles, um desconhecido que viria a ser célebre no futuro, Carlos Marighella.

Dom Augusto celebrou missa de ação de graças pelo esmagamento da oposição.[11]

***

Em 9 de dezembro de 1932, Maria Rita formou-se professora. Embora não tivesse tendências intelectuais, concluiu o curso normal como uma das melhores da turma. Fez bonito em filosofia e didática, concluindo o ano com médias de 9,71. Teve um desempenho um pouco acima do medíocre na música (7,25), o que é surpreendente para uma menina que tocava piano e que, no futuro, aprenderia de ouvido a dedilhar a sanfona. Ficou entre as melhores da turma com média final em torno de 90% de aproveitamento.[12]

Orgulhoso, Augusto disse para a filha escolher um anel de formatura. A adolescente recusou a joia e disse que só desejava a bênção do pai para ser freira. Vencido, o dentista finalmente jogou a toalha.

No Natal de 1932, Maria Rita atingiu o grau máximo de participação na Ordem Terceira da Penitência, fazendo os votos da ordem dos leigos. Recebeu o nome religioso de irmã Lúcia em uma alusão à data de seu batismo, celebrado no dia de Santa Lúcia (13 de dezembro).

Antes disso, em 20 de agosto, ela recebera o sacramento da crisma em uma pequena cerimônia, celebrada pelo arcebispo dom Augusto em sua capela particular. Maria Rita acreditava que sua vocação era um sinal da vontade de Deus e não ousou ignorar o chamado para servi-Lo, mesmo que isso a afastasse da família.

Em vez de buscar novamente o Convento do Desterro, Maria Rita escolhera ingressar na Congregação das Irmãs Missionárias da Imaculada Conceição, um dos ramos femininos do franciscanismo. O convento ficava em São Cristóvão, Sergipe, local com o qual nem ela nem ninguém de sua família tinham qualquer relação.

Na escolha do convento havia o dedo de Hildebrando: ali, o alemão trabalhara durante três meses em 1929, em sua primeira missão como religioso ordenado, e mantinha forte ascendência sobre as freiras. Foi ele quem acertou a ida de Maria Rita para São Cristóvão em uma carta à superiora do convento, com seu estilo seco: "Tenho a honra de apresentar d. Maria Pontes, minha confessada. Julgo-a muitíssimo idônea para a vida consagrada. É o que tenho que dizer e o que basta. Reze uma ave-maria por mim".[13]

Em 8 de fevereiro de 1933, Augusto levou Maria Rita até a estação da Calçada para tomar o trem até Sergipe. Na Plataforma, última parada urbana na capital baiana, antes de o trem seguir viagem, o pai e as duas irmãs – Dulcinha e Terezinha – desembarcaram.

A jovem de 18 anos percorreu, sozinha, os cerca de 400 quilômetros até o seu destino.⁽¹⁴⁾ Segundo parentes que reconstituíram a cena décadas depois, o pai chorou na despedida. A filha, não.

Para ela, era um fim e um começo.

CAPÍTULO 4

MERGULHO NO SILÊNCIO

Diz a Bíblia que Jesus Cristo determinou que Simão passasse a se chamar Pedro para simbolizar a pedra sobre a qual seria edificada Sua igreja na Terra. Para os católicos, isso deu início à tradição papal da mudança de nome no início de cada pontificado. Muitas ordens religiosas mantêm o mesmo costume.

Na Congregação das Irmãs Missionárias da Imaculada Conceição, o momento da troca de nomes acontecia entre o fim do postulantado, a etapa preliminar de seis meses da formação das freiras, e o início do noviciado, a parte final com duração de um ano. Na missa solene, celebrada na noite de 13 de agosto de 1933, na igreja de Nossa Senhora do Carmo, em São Cristóvão, Maria Rita e outras cinco futuras freiras se vestiram de branco, com véu e grinalda, como as noivas, para celebrar o casamento com Jesus. Elas entraram na igreja, em fila, formando uma pequena procissão e entoando uma canção que louvava o "esposo que a alma procura com tanto amor".[1]

Antiquada, a definição de freira como esposa de Cristo caiu em desuso mas carregava um paradoxo interessante: ao mesmo tempo que uma freira deveria encarar seu voto de virgindade como um casamento místico com Jesus, totalmente casto, em que pensamentos impuros eram um pecado grave, havia também um certo toque de romantismo na cabeça de jovens ainda na adolescência ou mal saídas dela.[2] O padre perguntou a cada uma se queria fazer parte da Congregação. Ao ouvir o "sim" da postulante baiana, o sacerdote respondeu: "De hoje em diante não te chamarás mais Maria Rita Pontes e sim, Irmã Dulce".

As moças se retiraram para uma sala contígua, onde o rito prosseguiu com a mestra que retirou o véu de noiva e cortou seus cabelos bem curtinhos – sinal de desprendimento e consagração. Em seguida, elas vestiram o hábito de noviça.

No passado, as jovens enviavam uma lista com três opções de nome – era corriqueiro o nome da própria mãe estar entre as alternativas – e a Congregação escolhia aquele que passaria a ser usado pelo resto da vida. Maria Rita passou a se chamar Irmã Dulce em homenagem à sua mãe ainda no convento. Não há registro de quais eram suas duas outras opções ou mesmo que as tenha enviado. Com a modernização litúrgica de muitas ordens religiosas a partir do Concílio Vaticano Segundo (1962-1965), algumas freiras insatisfeitas com o nome religioso puderam retomar o civil.[3]

A transformação da identidade foi a ruptura definitiva com a sua existência passada. O pai e os irmãos nunca mais a chamaram de Maria Rita ou Mariinha. Só a tratavam por Irmã Dulce, mesmo nos momentos de intimidade. Os documentos pessoais também refletiram a mudança.

Emitida em 1971, quando a freira já era famosa na Bahia, a carteira de identidade trazia o nome civil, Maria Rita Souza Britto Lopes Pontes, seguido pelo religioso, Irmã Dulce, entre parênteses. No Cartão de Identificação do Contribuinte (atual CPF), estava gravado Irmã Dulce Lopes Pontes.[4]

Pelo direito canônico, ela passou a ser a Serva de Deus Dulce Lopes Pontes no momento em que a Santa Sé instaurou a investigação sobre suas virtudes. Quando o Papa Bento XVI a beatificou[5] em 2010, seu nome mudou para Bem-aventurada Dulce dos Pobres, em alusão ao seu trabalho social. Após a canonização em 2019, ela passa a ser Santa Dulce dos Pobres.

***

Nos arredores de Aracaju, São Cristóvão combina o peso da tradição histórica com a condição de uma das cidades mais místicas do Nordeste. No passado, foi uma povoação tumultuada do Brasil colônia.

Fundado no final do século XVI, o arraial foi atacado por índios, assediado por contrabandistas franceses e destruído duas vezes: em 1637, o Conde de Bagnuolo chegou ali, fugindo dos holandeses estabelecidos na província de Pernambuco. Permaneceu pouco tempo e, antes de fugir mais para o sul, mandou tocar fogo na cidade para que não sobrasse nada para os holandeses. Em 1645, quando foi recuperada definitivamente pelos portugueses, São Cristóvão quase foi varrida novamente do mapa porque holandeses também deixaram a terra arrasada. A cidade viveu breve apogeu entre 1820 e 1855, período em que foi capital de Sergipe até perder o posto para a ascendente Aracaju.[6]

Todos os anos, na segunda semana da Quaresma, dezenas de milhares de romeiros vão à pequena São Cristóvão para fazer e pagar promessas de Senhor dos Passos. Embora pouco conhecida na maior parte do país, trata-se de uma das celebrações religiosas mais impressionantes do Brasil.

Os peregrinos carregam nos ombros uma pesada imagem de Jesus Cristo ajoelhado, com uma cruz nas costas. A cidade enfeita-se de roxo como a túnica que cobre a estátua e os crentes descalços refazem os passos do calvário de seu messias. Alguns vestem mortalhas, outros se autoflagelam, muitos choram enquanto entoam preces e cantos.[7]

O olhar sofrido de Jesus carrega dor e exaustão idênticas às de muitos romeiros que suplicam por bênçãos nas ruazinhas de pedra. No pequeno museu de ex-votos, há milhares de objetos, como réplicas de braços, pernas e órgãos humanos que simbolizam graças alcançadas.

A vida de aspirante a freira era bastante dura quando Maria Rita desembarcou na pequena estação ferroviária de São Cristóvão em 1933 e venceu a íngreme ladeira até o Convento do Carmo, na parte alta da cidade. Começaria ali uma longa jornada de silêncio, recolhimento e fé. Logo na chegada, irmã Prudência, a superiora do postulantado (primeira etapa da formação), confiscou uma boneca de celulose que levara consigo. A boneca Celica era um presente que a menina recebera aos 5 anos como recompensa da avó materna por tomar um remédio.[8] O confisco do brinquedo era o prenúncio da nova vida em que os vestígios da fase anterior com a família seriam rigidamente controlados e, no que fosse possível, suprimidos.

Ao lado da igreja de Senhor dos Passos fica o conjunto do Carmo, formado pela igreja de Nossa Senhora do Carmo e o convento. Nas laterais do altar-mor da igreja, havia imagens de Nossa Senhora do Carmo e de Jesus crucificado.

No convento fundado em 1699,[9] há um pequeno claustro com 3 arcadas de cada lado, cercando um jardim. Uma escada próxima à igreja dava acesso ao dormitório das freiras e noviças, no primeiro andar. As postulantes dormiam em uma espécie de "puxadinho", construído no segundo andar, ao qual o acesso se dava por uma escadinha de madeira de 17 degraus. Naqueles 80 metros quadrados, havia camas espalhadas e separadas por cortinas de tecido, formando pequenas celas. Duas janelas permitiam – e ainda permitem – uma vista bonita para pomares e a mata vizinha. Dali contemplam-se revoadas de garças, bem-te-vis e sanhaçus.

O alojamento, onde Maria Rita permaneceu entre fevereiro e agosto de 1933, era insalubre: açoitado pelo vento que vinha do rio e, apesar disso, acumulava muita poeira. Era um lugar quente, exceto nos meses de julho e agosto, quando as temperaturas caem um pouco na região. O banheiro era coletivo. Ali Maria Rita foi maltratada por uma dor de garganta – causada por uma inflamação nas amídalas –, para a qual jamais recebeu cuidado médico no convento. Apesar da rouquidão frequente, cantava no coral.[10]

Em 1933, o templo tinha bancos de madeira e havia uma grade que separava o coro das freiras do restante dos fiéis que assistiam às missas. Essa segregação obedecia à lógica vigente na época em que as religiosas, principalmente as aspirantes, viviam cuidadosamente apartadas da vida comunitária ao redor dos conventos, a fim de não desviarem a atenção do espírito. Era um mundo à parte, onde as moças em formação não podiam sair nem receber visitas. Não havia telefone, e a correspondência era estritamente controlada. As postulantes e as noviças eram estimuladas a escrever principalmente para as religiosas da própria Congregação.

Para historiadores da Igreja, essa obsessão em quebrar os laços dos jovens com suas famílias de origem visava realçar a distinção entre os consagrados e as demais pessoas. Os primeiros habitavam instituições sagradas, enquanto pais, mães e irmãos continuavam no mundo secular e profano.[11] Naturalmente, as notas das postulantes não eram enviadas. Para evitar defecções, visitas de familiares eram restritas e não havia possibilidade de sair do convento em feriados prolongados ou férias fora dali.

Maria Rita era considerada por suas colegas uma menina quieta, agradável e desajeitada. Ela não reclamava, mas sua vida era bem difícil. O dia começava por volta das 5h30 da manhã e só terminava às 9 horas da noite, quando se recolhiam.

Depois de acordar, as jovens desciam para a capela interna do convento e rezavam por uma hora. A tensão começava no café da manhã, quando deveriam comer prestando atenção à leitura de trechos do livro vocacional *A imitação de Cristo*. Logo depois, as meninas iam do refeitório para um salão, onde uma freira fazia perguntas sobre a leitura do texto lido pouco antes. Quem não soubesse ou não tivesse prestado atenção levava uma descompostura.

Várias décadas mais tarde, freiras octogenárias ainda se lembrariam do clima de terror na hora de comer, quando tinham que se concentrar em textos religiosos. Após as refeições, as meninas eram reunidas numa sala, e perguntas eram feitas sobre o conteúdo da leitura. "Tinha umas que não prestavam muita atenção e falavam umas coisas erradas. Era cada bobagem que saía. Ninguém podia achar graça, mas eu achava. Levei muito carão porque eu ria demais das outras", contou a freira Maria Letícia Almeida Fontes, que esteve no Carmo na década de 1940.[12]

Depois, as futuras freiras trabalhavam na limpeza do prédio, arrumavam a igreja, fabricavam hóstias e o que mais houvesse para fazer. As roupas eram lavadas em uma pedra, o que fazia os dedos das desacostumadas com o serviço sangrarem. Maria Rita não conseguia ser pontual nos compromissos, segundo a memória de uma de suas colegas. Era comum que ela terminasse a limpeza do convento com o uniforme imundo, o que era motivo de repreenda. Uma vez ela levou uma bronca por fazer uma confusão e perder uma fornada de hóstias ao dar com um lagarto passeando tranquilamente pela cozinha.

Antes do almoço era recitado o *Miserere Nobis*, e, à tarde, elas estudavam. Muito embora Maria Rita tivesse o diploma de professora, o que era incomum entre as postulantes daquela época, ela também assistia às aulas. "Eu nunca percebi nela esse gosto pelos estudos, mas ela participava das aulas porque era de uma humildade muito evidente. Nunca vi Irmã Dulce dar uma resposta ou fazer uma defesa pessoal nas nossas falhas do trabalho e de pontualidade", disse a freira Maria das Neves, contemporânea de Irmã Dulce no convento, em um depoimento que integra os autos do processo canônico.

O dia terminava com a hora do *Angelus* às 6 horas da tarde, uma missa, o jantar e um breve recreio noturno em que as futuras freiras podiam conversar entre si. A vida dura do convento foi o segredo que permitiu a Irmã Dulce, mesmo na velhice, assombrar suas colegas da Congregação, médicos e colaboradores com jornadas extenuantes de trabalho. Ela sempre mimetizou, no comando do hospital, a rotina de São Cristóvão.

***

A atmosfera era opressiva. O véu e o uniforme das postulantes eram pretos para expressar a morte aos prazeres do mundo. Na década de 1930, as aspirantes ainda tinham ao lado da cama um pequeno caderno em que deveriam anotar as faltas que cometiam. Não se tratava dos pecados, que precisariam ser abordados na confissão semanal de sexta-feira, mas de pequenas infrações ao regulamento do convento.

Maria Rita colecionava descomposturas porque jamais se justificava. Ela apenas pedia perdão, o que era visto como um sinal de humildade e obediência – traços fundamentais de uma vocação religiosa. Os momentos de conversa eram poucos. Em geral, havia um recreio de meia hora durante as noites e tardes livres aos domingos, quando as jovens podiam visitar o sítio que ficava ao lado do convento e conversar livremente. Nesses momentos, Celica (a boneca confiscada) era restituída à dona por poucas horas.

O silêncio absoluto não era só questão disciplinar, mas fruto também de uma interpretação teológica bastante estrita segundo a qual a "conversa supérflua" é um tipo de alívio terreno muito prejudicial à "consolação interior e divina" que se alcança por meio da oração.[13]

"A Maria Rita tinha muita saudade da casa dela, mas não era queixosa, não. Ela era uma criatura que se dava com todo mundo", relembrou Olga Braga dos Santos, que foi criada pelas freiras no convento, mas jamais quis se tornar uma delas.[14]

Olguinha nasceu em 1922 e, dos 8 filhos que sua mãe pôs no mundo, só ela e uma irmã chegaram à idade adulta.

Seu pai era um vigilante que não podia trabalhar por causa de um ferimento na perna que jamais cicatrizava. Sua mãe sustentava a casa recolhendo lenha para vender. Muito pobre, Olga foi levada ao convento aos 7 anos e lá permaneceu até os 16. Quando Maria Rita chegou em fevereiro de 1933, a menina estava perto de completar 11 anos.

Buliçosa e traquina, Olguinha sacudia o marasmo da casa. Aos 90 anos, quando concedeu entrevista para este livro, ela gargalhou ao se lembrar da madrugada em que acordou o convento inteiro batendo furiosamente nas teclas do piano.

Em outra ocasião, Irmã Dulce, ainda noviça, interrompeu o silêncio para pedir socorro para acudirem a menina. Pela janela do convento, a baiana viu Olguinha dar vários tapas na testa da vaca do convento. O animal reagiu com uma chifrada e, assustada, a menina rasgou a mão no arame farpado.

"A Maria Rita não podia falar e eu dizia: 'fique calada que eu falo sozinha com você'. Eu só vivia atrás dela", contou.

CAPÍTULO 5

CRIANÇA ESPIRITUAL

As leituras de textos religiosos constituíam a principal atividade intelectual das postulantes e noviças. Elas estudavam as Constituições 9 da Congregação e a vida dos santos. A história de Teresa de Lisieux fascinou Irmã Dulce.[1] A carmelita francesa, que morreu de tuberculose aos 24 anos, em 1897, tinha levado uma vida bastante simples e dedicada à oração. Teresa foi autora de um manuscrito autobiográfico que se tornou um best-seller sobre os valores evangélicos. Publicado pela primeira vez no ano seguinte à sua morte, *A história de uma alma* trata da simplicidade interior e prega uma intensa vida de oração para acolher integralmente a vontade de Deus. Teresa de Lisieux foi canonizada em 1925 e se tornou um modelo religioso para a baiana durante sua formação em São Cristóvão.

Mas o principal livro sobre o qual Irmã Dulce se debruçou foi *A imitação de Cristo*, escrito no século XV por Tomás de Kempis (1380-1471), um padre asceta da diocese de Colônia considerado beato pela Igreja. Esse texto deixou de ser usado pela Congregação, sendo substituído pela leitura direta da Bíblia como a principal fonte de formação das freiras.

A imitação de Cristo foi a mais séria introdução de Irmã Dulce à vida que ela teria dali para a frente.

Ao sublinhar que a natureza humana é inerentemente falha, a essência do pensamento de Kempis prega que a comunhão total com Deus só poderia ser alcançada através da oração, da penitência e de uma vida santa. Em 114 capítulos curtos, o autor medieval explica que conformar a própria vida à de Jesus exigia buscar resolutamente o sofrimento, desenvolver espírito sincero de caridade e renunciar à carne.

Como em qualquer texto medieval lido hoje em dia, algumas passagens soam medonhas ao pregarem contra a "ciência vã do mundo" e que, por sua condição inescapável de pecador, o homem é merecedor de castigo, não de consolação.

A leitura e a oração ofereceram um modelo de vida evangélica bem áspero. O Cristo apresentado naquelas leituras era o Messias da renúncia ao conforto material e que conduziu seus discípulos, ensinando-lhes a humildade e como praticá-la. Foi o pregador do perdão das ofensas e que, à espera da terrível morte por crucificação, rogou ao Pai que perdoasse aos seus inimigos, tornando-se o cordeiro sacrificado em nome do amor a Deus. Foi irrecusável para Maria Rita e, sobretudo, elevou seu espírito com o exemplo de amar o Senhor com todo o seu coração e ao próximo como a si própria.

Em uma das passagens mais marcantes, Kempis escreve que muitas pessoas veneram os milagres de Jesus e O seguiriam somente até o momento de partilhar o pão, mas pouquíssimos O amariam a ponto de quererem carregar a Sua cruz. Na sua metáfora, estes seriam os homens tão espirituais que já se desapegaram de tudo:

Se o homem der toda a fortuna, não é nada. E se fizer grande penitência, ainda é pouco. Compreenda todas as ciências e ainda estará muito longe. E se tiver grande virtude de devoção ardente, muito ainda lhe falta uma coisa sumamente necessária. Que coisa será esta? Que deixando tudo, deixe-se a si mesmo e saia totalmente de si, sem reservar amor-próprio algum e, depois de feito tudo o que soube fazer, reconheça que nada fez.[2]

Esses conceitos são a base de um misticismo que Irmã Dulce demonstraria no restante da vida e que, em certo grau, também nortearam suas relações com o trabalho e com os demais – fossem os políticos e empresários a quem recorria, fossem os doentes pobres que a procuravam, fossem a própria família ou as pessoas que trabalharam com ela.

"Não é Irmã Dulce que faz nada, e a gente tem uma prova diária e real que é o dedo de Deus que trabalha aqui dentro, que é a Providência Divina. Temos 930 doentes aqui dentro e não falta nada, do remédio mais caro à substância mais barata, nem alimentação, nem cuidado médico, nem os exames (...) Nós procuramos ver no doente a presença de Deus", disse ela, em uma entrevista nos anos 1980.[3]

***

Nem a rotina dura nem o silêncio obrigatório desanimaram a jovem Irmã Dulce em seus tempos de aprendiz de freira. Ao contrário, ela se descrevia "feliz como nunca" por estar mais perto de Deus. Esse sentimento é o que predomina nas cartas que ela escreveu no período.

Na mais pitoresca delas, ela tenta consolar sua irmã um ano mais nova, Dulcinha, que andava abatida com o fim de um namoro. Na missiva de novembro de 1933,[4] a noviça reconhece que Dulcinha deveria estar "sem pé nem cabeça" com o rompimento com um rapaz chamado Alvinho.

O aparente consolo não tarda a virar uma cutucada na dor de cotovelo da outra: "Deus lhe dará luzes suficientes para compreender a falsidade, vaidade e inconstância do amor humano. Você foi tão constante com Alvinho e agora acabou-se. Vê como não há sinceridade".

Entregar-se a Deus, continuava ela, é o meio de "apagar as faltas que fizemos quando ainda não O amávamos". "Jesus não se esqueceu de mim e agora eis-me aqui feliz como nunca, vivendo uma vida santa, a vida que se deve viver", escreveu Irmã Dulce, como se psicografasse o beato Kempis.

Tudo isso foi apenas um preâmbulo antes de ir ao ponto: "Convença-se, Dulcinha, de que a vida é curta e, se estamos aqui, é para trabalhar para nos salvar. Quem sabe se, em agosto do ano que vem, Dulcinha virá assistir a minha profissão, se Deus quiser, e ficará comigo! Como ficarei contente! Só desejo o bem de sua alma".

A solar Dulcinha, a pessoa mais próxima de Irmã Dulce durante a vida inteira, ignorou a conversa da irmã.

O crescente misticismo de Irmã Dulce, entre os 19 e os 20 anos, reluz também nas cartas que ela escreveu para a fundadora da Congregação, a alemã Elisabeth Tombrock, renomeada como Maria Imaculada de Jesus após abraçar a vida consagrada. A fundadora vivia nos Estados Unidos.

As duas jamais se encontraram pessoalmente, mas a alemã seria uma fonte de inspiração para a baiana. A turma de Irmã Dulce foi uma das últimas a enviar e a receber cartas de madre Maria Imaculada, que morreria poucos anos mais tarde.

No início da década de 1930, a fundadora da Congregação estava paralisada e ditava as respostas das cartas que recebia a uma outra freira. A madre, que movia somente dois dedos da mão direita, se esforçava para escrever ela própria o nome da destinatária e assinava, especialmente quando se tratava de assunto íntimo.

Na correspondência com Maria Imaculada, Irmã Dulce mostra-se uma jovem devota de espiritualidade singela, infantil, que procura encontrar uma dimensão sagrada na banalidade do cotidiano.

"Quando estou varrendo eu penso que cada grãozinho de poeira seja um ato de amor a Jesus. Quando corto as hóstias, faço de conta que cada hostiazinha, seja uma alma para Ele", escreveu Maria Rita, em março de 1933.[5]

As hóstias quando guardadas na lata, comparou ela, seriam como as pessoas que querem "se esconder dos rumores deste mundo e só serem vistas por Ele". No convento, ela também fazia florezinhas de papel para "agradar a Jesus".

Maria das Neves, uma colega de convento, contou sobre o costume de Irmã Dulce de tentar se lembrar de Deus nas pequenas coisas. Quase sete décadas depois de deixar São Cristóvão, Maria das Neves definiria o hábito da colega de noviciado de varrer ou cortar hóstias pensando em Deus nos seguintes termos: "Ela tinha aquele olhar penetrante para as coisas espirituais".[6]

De certa maneira, essa espiritualidade simples sempre guiou os passos de Irmã Dulce. Quando dizia que era Deus quem batia à sua porta toda vez que um doente chegava, a Irmã Dulce no final da vida ecoava a criança espiritual que havia sido nos tempos de São Cristóvão.

***

Irmã Dulce jurou manter seus votos de obediência, castidade e pobreza no dia 15 de agosto de 1934, tornando-se freira.

Augusto Lopes Pontes viajou a Sergipe para assistir à cerimônia de profissão. Pai e filha comungaram juntos na missa do dia seguinte e passaram algumas horas juntos no jardim onde há a réplica de uma gruta do santuário de Lourdes, no sul da França, onde a Virgem Maria teria aparecido em 1858. Todos os conventos da Congregação das Irmãs Missionárias da Imaculada Conceição têm uma cópia da gruta, porque foi no santuário francês que a fundadora da ordem teria sido objeto de uma cura milagrosa.

Tombrock sofria de uma modalidade muito agressiva de tuberculose óssea que provocou amputação de um dedo e paralisia no braço direito. Antes de se tornar religiosa, ela peregrinou ao santuário de Lourdes, onde afirmou ter sentido o corpo percorrido por um forte calafrio, acompanhado de uma ardência no braço afetado. Ela teria desmaiado por aproximadamente vinte minutos, e, ao acordar, podia mover a mão direita de novo.

Isso teria acontecido em 15 de agosto de 1909. No ano seguinte, ela veio ao Brasil para fundar a Congregação junto com o bispo de Santarém, Pará Amando Bahlmann.

A celebração de profissão dos votos de Irmã Dulce foi atrasada em dois dias para coincidir com a comemoração dos 25 anos do suposto milagre em favor de Maria Imaculada. Numa carta à fundadora da Congregação, três dias após a profissão, Irmã Dulce contou sobre a procissão que fizeram até a gruta, com velas acesas, para comemorar a cura. Estava exultante com o seu "Divino Esposo".[7]

No mês seguinte, Irmã Dulce voltou a Salvador na singular condição de missionária na sua própria terra natal, já vestindo o hábito azul e branco.

• PARTE 2 •

Irmã Dulce

CAPÍTULO 6

OS OPERÁRIOS

O APOSTOLADO SOCIAL DE IRMÃ DULCE COMEÇOU NO CHÃO DE FÁBRICA em 1935: rezando com operários em fábricas e oferecendo comida e remédios para famílias miseráveis na Cidade Baixa, em Salvador. Foi amassando o barro das ruas da empobrecida península de Itapagipe que Irmã Dulce começou a ficar famosa por sua caridade e plantou a semente do que floresceria como uma imensa rede de assistência social naquele pedaço miserável de Salvador.

Tudo começou após uma experiência pessoal malsucedida como professora no Colégio Santa Bernadete, fundado pela Congregação das Irmãs Missionárias da Imaculada Conceição, na península de Itapagipe. Em setembro de 1934, um ano e sete meses após ter partido para o Convento do Carmo, em Sergipe, Irmã Dulce voltava a Salvador.

Naqueles dias, era completamente extravagante que as freiras da Congregação de Irmã Dulce voltassem para seus locais de origem, especialmente logo após a profissão. Uma das características do trabalho dos missionários é partir para locais desconhecidos, longe de amigos e parentes para que sejam capazes de dedicar toda a sua energia ao trabalho religioso. Nunca ficou inteiramente claro por que Irmã Dulce recebeu o privilégio de ser transferida logo no início para Salvador.

Há duas possibilidades. A primeira é que a rede de protetores esteja por trás da misteriosa volta para casa. O pai de Irmã Dulce, o dentista Augusto Lopes Pontes, era muito amigo de dom Augusto Álvaro da Silva.

O arcebispo tinha poder para influenciar a Congregação a mandar a novata para perto da família. "Se meu pai pediu a dom Augusto para trazer a Irmã Dulce para Salvador, o arcebispo com certeza fez. Eles eram muito, muito amigos", disse Ana Maria, filha caçula do dentista, nascida em 1940.[1] Se a transferência ocorreu porque o arcebispo mexeu os pauzinhos para fazer um favor ao pai da freira, isso ocorreu informalmente e, portanto, não há qualquer registro.

Outra possibilidade (também plausível) é que Irmã Dulce, então uma das poucas freiras com formação de professora, tenha sido mandada para a Bahia porque a Congregação fundara poucos meses antes, em abril de 1934, o Colégio Santa Bernadete. Com ou sem o dedo do primaz na transferência, o fato é que a professora diplomada também seria útil à escola recém-aberta pelas freiras.

De volta à terra natal, a religiosa de 20 anos foi morar no convento e, primeiro, foi designada para trabalhar no Sanatório Espanhol. Nos quatro meses que passou no hospital, ela era uma espécie de faz-tudo: atuava como auxiliar de enfermagem, percorria os leitos para conferir a medicação e o estado dos pacientes e, quando necessário, ficava na portaria. Fora isso, Irmã Dulce também exerceu as funções de sacristã, oferecendo assistência espiritual aos doentes e a suas famílias. Foi uma experiência curta, mas ela descobriu sua vocação para trabalhar na área da saúde. No Sanatório Espanhol, ela tomou contato, pela primeira vez, com o complexo funcionamento de um hospital, e essa visão geral lhe seria útil décadas mais tarde.

Em fevereiro de 1935, logo no início do ano letivo, ela começou a trabalhar no Colégio Santa Bernadete, colado ao convento onde morava. Lá, lecionou História Universal e do Brasil.[2] A sala de aula não a cativava. Conforme os relatos do período, faltava-lhe o pulso para lidar com os estudantes. A superiora do convento da Penha ficou intrigada com as boas notas ostentadas pelas turmas indisciplinadas e concluiu que Irmã Dulce não era do ramo.

"Irmã Dulce tinha muita paciência com os seus alunos. Não os repreendia por nada. Era demasiadamente complacente. Prova disso é que ninguém levava pito por não ter feito o dever de casa", escreveu a sobrinha de Irmã Dulce, Maria Rita Pontes, autora da biografia *Irmã Dulce dos Pobres*.

Alguns anos mais tarde, em junho de 1940, numa carta dirigida à freira Pacífica Boening, então superiora geral da Congregação das Irmãs Missionárias da Imaculada Conceição, a própria Irmã Dulce se descrevia "sem inclinação e competência" para o ensino.[3]

***

Frei Hildebrando e Irmã Dulce se reencontraram logo depois que a freira retornou de Sergipe. O franciscano era o confessor das religiosas do Convento da Penha e voltou a tomar a confissão semanal de sua antiga *protegée* na Ordem Terceira.

Temerária para o aprendizado dos alunos, a paciência de Irmã Dulce foi uma bênção para os planos de Hildebrando, que pretendia montar uma organização de operários católicos em Salvador.

Em 1935, ano que Irmã Dulce sofria como professora, o alemão era a grande estrela em ascensão no clero baiano. Hildebrando transformara o *Mensageiro da Fé*, uma revista irrelevante, em uma publicação com tiragem de 40 mil exemplares, número nada desprezível para a capital baiana. Ilustrado com fotos e recheado de reportagens, o almanaque era o carro-chefe da autoproclamada "boa imprensa", que defendia os interesses da Igreja e prescrevia valores para as famílias católicas. Era um editor de mão cheia. Além de temas religiosos, o *Mensageiro da Fé* tinha uma vibrante cobertura de atualidades.

Hildebrando tirava do papel projetos que não dependiam somente de doações ou das bondades estatais, mas que eram, sobretudo, sustentados por atividades econômicas eficientes. O caso mais notável foi o dos cinemas. Em junho de 1932, ele fundou a Casa de Santo Antônio, um quartel-general para organizar o laicato soteropolitano e um local onde eram oferecidos cursos profissionalizantes e doação de alimentos e remédios para famílias desamparadas. Para irrigar o caixa da obra social, o prédio abrigava uma sala de projeção com capacidade para 550 pessoas.[4]

Cinemas eram empreendimentos lucrativos na época em que não havia televisão. Em abril de 1935, Hildebrando inaugurou o Cine Excelsior. O novo cinema ocupava o prédio do antigo Cine São Jerônimo, que fechara as portas em 1933, após um incêndio. A Congregação Mariana São Luiz, também dirigida pelo frei, realizou uma ampla reforma que o fez suplantar, em luxo e qualidade, os outros 3 grandes cinemas existentes em Salvador, o Guarani, o Glória e o Liceu. O ingresso custava 3,300 réis – o triplo do cobrado na sua primeira sala de cinema. Os cinemas faziam pingar no caixa das atividades assistenciais da Casa de Santo Antônio.

Os detalhes do fascínio que o cinema exercia sobre Hildebrando são saborosos. Além da fonte de financiamento para suas obras sociais, o frei considerava que filmes eram um instrumento de difusão das ideias cristãs. Ele próprio realizava os cortes em cenas que considerava impróprias, tal qual o padre censor do clássico *Cinema Paradiso*, e promovia uma espécie de "venda casada": rapazes que fossem à missa de domingo na igreja de São Francisco ganhavam um cupom. Três cupons podiam ser trocados por um ingresso do Cine Excelsior. Não há registro se a estratégia funcionava ou não, mas o programa de "milhas" na missa era engenhoso.[5]

O primaz torcia o nariz para diversão mundana. Dom Augusto proibiu padres de frequentarem salas de projeção, teatros e até mesmo touradas (o que Salvador nunca teve), sem sua prévia autorização. A razão da proibição era bastante vaga, segundo edital publicado no órgão oficial da Arquidiocese em janeiro de 1936: "será condenada a assistência mesmo a um espetáculo honesto, se essa assistência deve causar ruína espiritual do próximo pelo escândalo". Os padres fizeram tão pouco-caso que, em abril do ano seguinte, dom Augusto Álvaro da Silva voltaria a "recordar" que continuava proibido aos sacerdotes da capital e do interior irem ao cinema.[6]

***

Com dinheiro entrando nos cinemas e suas obras sociais funcionando na Casa de Santo Antônio, Hildebrando resolveu partir para um projeto mais ambicioso: montar uma organização católica de trabalhadores de Salvador.

Jovem e cheia de energia, Irmã Dulce foi a parceira da empreitada. Após o fracasso na sala de aula, ela obteve autorização de sua superiora para começar a visitar operários, em junho de 1935. A baiana gastava sola de sapato nas ruas de Itapagipe, onde se concentravam as fábricas de tecidos, para visitar os trabalhadores durante o horário de almoço. Esse trabalho prosseguiu durante todo o ano de 1936. Ela ia acompanhada de padres redentoristas da paróquia do Senhor do Bonfim.

Não se tratava de política nas visitas, somente do espírito. Era realizada a cerimônia de entronização do coração de Jesus, um ritual simples que simboliza a presença de Cristo em casa ou no local de trabalho. Irmã Dulce chegava com uma imagem do coração de Jesus na fábrica e, após as orações, o padre abençoava os empregados.

Com autorização da superiora do convento, ela também passou a trabalhar num curso noturno para alfabetizar os trabalhadores em uma sala do Clube de Regatas Itapagipe. No restante do dia, a freira também visitava as famílias dos operários, distribuía alimentos e roupas, medicava os doentes e estimulava as famílias a cumprirem suas obrigações religiosas. Aos poucos, ela foi se tornando bastante conhecida na Cidade Baixa.

Um dia, possivelmente em 1936, Irmã Dulce estava na clausura do convento quando dom Augusto Álvaro da Silva telefonou e ordenou que ela fosse no dia seguinte ao palácio da Arquidiocese. O primaz questionou o que Irmã Dulce andava fazendo no horário do almoço, visitando operários nas fábricas, muitos deles de calças curtas onde se viam suas pernas. Pelo relato da freira Querubina da Silva, uma ex-aluna do Santa Bernadete que mais tarde abraçou a vida consagrada, Irmã Dulce não se intimidou: "Não reparei nas pernas de nenhum operário. Só visito as fábricas no horário de almoço porque é a única hora que os patrões permitem".

Com Hildebrando como estrategista e o trabalho de formiguinha de Irmã Dulce, os dois fundaram em janeiro de 1937 a União Operária São Francisco, com viés claramente assistencialista. Seus objetivos diferiam completamente dos de um sindicato. Ali não havia espaço para reivindicações de melhoria salarial ou de condições de trabalho. Aberta ao público, a primeira sede da União Operária São Francisco, na rua Lélis Piedade, em Itapagipe, tinha posto médico, salas de consultas e curativos, uma farmácia, além de mesas de sinuca e pingue-pongue.[7]

No começo, não eram cobradas mensalidades dos trabalhadores, a estrutura era financiada principalmente por empresários e gente rica de Salvador – e pela arrecadação gerada pelo cinema Excelsior. Politicamente anticomunista, a União Operária surgiu como um espaço para aproximar patrão e empregado e, assim, desidratar o discurso esquerdista de luta de classes.

O primeiro presidente da entidade, José Luiz Guimarães de Araújo Bastos, era um congregado mariano da estrita confiança de Hildebrando. Na ocasião da fundação, o preposto de Hildebrando deixou claro o matiz ideológico: "Fora desta cruz, desprezando esta cruz, renegando esta cruz, não é obra social-religiosa, é obra maquiavélica, é movimento que traz as aparências de obras que se dizem de filantropia, [mas esconde] o cérebro, o espírito e a alma diabólica de Stálin".[8]

Para Bastos, socialistas e comunistas instigavam no pobre o "ódio invejoso contra os que possuem fortuna".

O desespero social empurrou a empreitada para o sucesso. Na Salvador dos anos 1930, o termo "operário" designava genericamente o trabalhador pobre: do empregado da indústria ao balconista do comércio, do pedreiro à empregada doméstica, do engraxate à vendedora de acarajé.[9] Em comum, esses trabalhadores mal conseguiam sobreviver com vencimentos raquíticos e não dispunham de nenhuma proteção social.

No dia 3 de novembro de 1937, o jornal *O Imparcial* estimou em 3 mil o número de associados da UOSF.[10] Exagerada ou não, a conta revela que o projeto de Hildebrando de montar uma organização católica de trabalhadores engrenara. Uma semana depois, Getúlio Vargas decretaria o golpe que instituiu o Estado Novo.

Para o Brasil, foi o mergulho num período de arbítrio e supressão das liberdades que duraria oito anos. Para a organização fundada por Hildebrando e Irmã Dulce, foi um golpe de sorte.

CAPÍTULO 7

A DITADURA, UM GOLPE DE SORTE

O Brasil foi empurrado para a ditadura em 10 de novembro de 1937, quando Getúlio Vargas outorgou uma nova Constituição que concentrou os poderes na figura do presidente, fechou o Congresso, acabou com os partidos, suprimiu liberdades individuais e calou a imprensa.

O Estado Novo também baniu bandeiras e hinos estaduais em nome da unidade da Pátria. A liberdade sindical foi uma das vítimas da Carta. Nela, os sindicatos estavam subordinados à exigência de reconhecimento do governo, mimetizando o modelo corporativista característico dos regimes fascistas. Além das Forças Armadas, principal base de sustentação de Getúlio para se perpetuar no poder, o ditador recebeu as bênçãos da Igreja.

Ao enterrar a possibilidade de atuação de estruturas da organização civil alheias ao controle do governo, matando com uma só cajadada tanto o integralismo de Plínio Salgado quanto os sindicatos controlados pela esquerda, o novo regime abriu um vácuo que permitiu a multiplicação dos círculos operários pelo país. Associações católicas fortemente hierarquizadas, os círculos operários estavam voltados para a assistência social e para a recreação de trabalhadores. Reuniam empregados, mas eram financiados pelos patrões – um ensaio da conciliação de classes pregada pela *Rerum Novarum*. A seminal encíclica de Leão XIII foi pioneira na doutrina social da Igreja por tratar das relações entre o capital e o trabalho na sociedade industrial.

Publicada em 1891, quarenta e três anos depois do *Manifesto Comunista* de Marx e Engels, a bula defendia a propriedade privada e condenava veementemente o comunismo e a luta de classes. Em 1931, o Papa Pio XI escreveu a *Quadragesimo Anno*, para marcar as quatro décadas de existência da *Rerum Novarum*. Não se tratava de uma homenagem abstrata ao texto original, mas de um chamado à ação concreta. Quando a *Quadragesimo Anno* foi publicada, a Revolução Russa estava perto de completar 14 anos com expurgos, confisco de propriedades da Igreja e perseguição aos católicos em toda a União Soviética.

Nesta bula, Pio XI exaltava o modelo de corporativismo sindical que surgira na Itália de Mussolini. O pontífice via nas associações que reuniam patrões e empregados a "colaboração de todas as boas vontades".[1] Com a greve proibida, o Estado deveria intervir se a "boa vontade" falhasse.

A adesão do *establishment* católico brasileiro ao Estado Novo, implantado a pretexto de evitar um golpe comunista, foi um casamento de conveniências: a Igreja infiltrara-se no operariado brasileiro, onde jamais teve participação relevante, sem estabelecer qualquer concorrência institucional com o governo. Nas grandes solenidades patrióticas que apresentavam a estética da ditadura, a cruz estava sempre ao lado da bandeira nacional.[2]

Assim, o movimento circulista, que nascera timidamente no Sul do Brasil, ganhou um forte impulso nacional e era bastante prestigiado pelas autoridades federais.[3] Em 1938, a União Operária São Francisco mudou seu nome para Círculo Operário da Bahia (COB) vinculando-se ao movimento já organizado nacionalmente. A estrutura continuava a mesma: o "pai" do COB era frei Hildebrando, figura de proa, que concentrava o poder e dava a direção política; Irmã Dulce era a "mãe", que ficava na linha de frente e era encarregada da caridade em favor dos operários pobres.

Em sua base, o COB era composto por empregados da construção civil e das fábricas, trabalhadores domésticos, estudantes e donas de casa. Eram bastante pobres, a maioria analfabeta ou capaz de assinar apenas o nome, como apurou o historiador George Evergton Sales Souza, que analisou fichas de inscrição dos associados em um estudo sobre a história da entidade. Em troca de uma pequena mensalidade e da presença na reunião mensal da entidade, os trabalhadores podiam ter acesso a médico, dentista, remédios e atividades de recreação. O COB também entregava donativos a famílias carentes.

No jogo de poder interno, Hildebrando mandava muito e não tinha oposição. Pelos estatutos, o assistente eclesiástico, cargo que Hildebrando ocupou oficialmente até 1943, tinha o direito de vetar todas as propostas que considerasse contrárias "às finalidades sociais e espirituais" do COB, mesmo se aprovadas em assembleia geral. O direito de veto valia, inclusive, para eliminar qualquer candidato que ele considerasse inadequado em chapa que disputasse a eleição para a diretoria. Todos os presidentes do COB eram prepostos do franciscano, e os novos sócios passavam por seu crivo.[4]

Irmã Dulce jamais ocupou cargo na diretoria, mas tinha bastante influência. O pai, Augusto Lopes Pontes, era um colaborador frequente, fazendo contatos com autoridades e empresários de Salvador para angariar recursos para os donativos da filha. A freira continuava percorrendo as ruas, envolvida em assistência e atividades pastorais. Dedicada integralmente ao COB, quando não estava na rua, a freira ficava na sede da entidade, onde trabalhava no ambulatório e administrava a farmácia dos operários. O arranjo funcionava porque Irmã Dulce, que tinha uma incrível capacidade de se comunicar com as pessoas, falava a língua do povo pobre.

***

Foi nos trilhos da *Rerum Novarum* que se formou o pensamento social de Irmã Dulce. Ela sempre acreditou que o rico e o pobre eram "criaturas de Deus" e que as desigualdades sociais eram fruto da natureza humana. Na mentalidade predominante no catolicismo na primeira metade do século XX, como escreveu o historiador Riolando Azzi, o abismo entre ricos e pobres era consequência direta do primeiro pecado cometido por Adão e Eva em tempos imemoriais.[5] A visão de que a existência de ricos e pobres derivava de um desígnio divino implicava, em termos práticos, papéis rigidamente definidos na sociedade: os primeiros deveriam praticar a caridade e serem justos para diminuir os sofrimentos dos desvalidos. A estes últimos tocava aceitar, resignados, a pobreza. A solução do teorema se dava depois da morte, onde o plano celestial reservava a igualdade àqueles que praticaram seus deveres de caridade e de resignação cristã – o que estava perfeitamente conectado ao que Leão XIII escreveu na *Rerum Novarum*: "Na sociedade civil não pode haver igualdade, há altos e baixos. Nem todos são iguais em talento, inteligência, saúde e forças e à desigualdade nestes dons segue-se espontaneamente a desigualdade e na fortuna".[6]

Irmã Dulce permaneceu fiel a essa visão de mundo durante toda a vida: "Jesus disse no Evangelho: 'Pobre, sempre tereis' e acabou-se. Não vai acabar com a pobreza, é uma lei natural. Deus instituiu pobres e ricos. A pobreza nunca vai acabar, a gente faz o máximo para melhorar [a situação dos pobres]".[7]

Essa visão seria especialmente apreciada por um dos teólogos que, em 2008, avaliaram as virtudes da religiosa no processo que resultou na canonização. "Sem fomentar contraposições de classe, [Irmã Dulce] recordou aos ricos a exigência evangélica de repartir o pão com o faminto. A sua vida foi uma confissão do primado de Deus e da grandeza do homem filho de Deus, até mesmo onde a imagem divina parece obscurecida, degradada e humilhada", escreveu um dos teólogos em voto que consta nos autos que se encontram na Congregação para as Causas dos Santos, no Vaticano.[8]

Não existe qualquer registro de como Irmã Dulce se sentia em relação ao Estado Novo. Embora dirigentes do Círculo Operário da Bahia se orgulhassem de serem uma barreira de contenção ao comunismo, a religiosa tinha o comportamento de pessoa que queria ser considerada apolítica. Ocupava-se exclusivamente de suas atividades e não expressava opiniões. Trata-se de um padrão empregado durante toda a vida. Irmã Dulce era pragmática quanto à origem do dinheiro que a financiava, mas operava sob uma série de princípios para realizar a sua obra social.

Ao longo de décadas, quando incitada a falar de política, a freira esquivava-se sob alegação de não acompanhar o que era publicado na imprensa. Certa vez, na década de 1980, Irmã Dulce resumiu seu compromisso com o "partido da pobreza": "Miséria é a falta de amor entre os homens. Deus não gosta dos insensíveis. O problema é de estrutura, porque individualmente as pessoas ajudam, como fazem comigo até hoje. Não entro na área da política, não tenho tempo para me inteirar das implicações partidárias. Meu partido é a pobreza. Só não gosto quando usam meu nome para angariar simpatias porque isso prejudica o meu trabalho".

***

O "filho" de Hildebrando e Dulce decolou: o Círculo Operário da Bahia, que nascera com 3 mil associados herdados da União Operária São Francisco, já contava 5 mil em 1941 e, no final daquela década, alcançou seu ápice de 26 mil filiados.[9]

A ampliação rápida decorreu do fato de o COB estar em posição ideal de tirar vantagem da ditadura do Estado Novo: a interdição completa do sindicalismo independente e a aproximação cada vez maior do governo Vargas com o clero. Ao monopolizar a organização de trabalhadores em Salvador, a entidade era capaz de promover atos públicos com presença maciça.

Todos os anos, o COB punha sua tropa na rua para celebrar o Dia do Trabalhador e o aniversário de instauração da ditadura do Estado Novo.

A sinergia com Landulfo Alves, o interventor do governo da Bahia nomeado por Getúlio para substituir Juracy Magalhães, era total. Juracy foi derrubado do governo após se opor a Getúlio no momento da instauração do Estado Novo.

Na tarde de 15 de maio de 1941, os alunos de vários cursos do COB desfilaram pelas ruas do centro de Salvador até o palácio Rio Branco para homenagear Landulfo Alves. Na mesma noite, o COB promoveu um gigantesco ato no Largo do Cruzeiro, no Pelourinho, para comemorar os 50 anos da *Rerum Novarum* e os 10 anos da *Quadragesimo Anno*. O interventor federal foi um dos oradores da manifestação que reuniu cerca de 5 mil pessoas, segundo os jornais da época.[10]

O crescimento vertiginoso do COB foi turbinado pelas doações do patronato. Muitos empresários ainda tinham na memória o famoso episódio do quebra-bondes e a greve geral de 1919. Iniciada por trabalhadores da construção civil, logo se espalhou por outras categorias e, no curso de cinco dias, deixou Salvador sem pão, sem carne, sem transportes públicos, sem luz e sem telefone. Comandada por um socialista, a greve foi vitoriosa no estabelecimento da jornada de trabalho de oito horas diárias e aumento de salário em Salvador.[11] Gatos escaldados, muitos empresários viram no COB um instrumento profilático contra a instabilidade e embarcaram na iniciativa como sócios beneméritos.

No COB, afinal, não havia espaço para reivindicações salariais ou de caráter trabalhista e, para serem beneficiários dos serviços, os trabalhadores deveriam se comprometer com deveres como o da assiduidade no serviço. Os instintos e interesses de frei Hildebrando, portanto, encaixaram muito bem na atmosfera da ditadura e nos traumas do patronato baiano.

O terceiro ingrediente foi a própria penúria social da Bahia. O salário mínimo foi criado por decreto de Getúlio Vargas em 1938, mas somente implantado de fato em 1940.[12] Fixado em 240 mil-réis, ou 12 dólares, o salário era obviamente insuficiente para fazer frente às despesas de alimentação, moradia, vestuário, transporte, saúde e lazer de uma família. Naquele período, tampouco havia um sistema de segurança social que protegesse o trabalhador em caso de doença ou invalidez.

Na Itapagipe dos anos 1930, não havia posto de saúde. Foi nesse vácuo que o assistencialismo fez a organização católica ganhar a influência que jamais teve junto ao operariado. O COB oferecia salas de aula, gabinetes médicos e odontológicos, atividades recreativas e cursos profissionalizantes, mediante pagamento de mensalidade simbólica.

No Dia do Trabalhador de 1939, o COB de frei Hildebrando e Irmã Dulce fundou o Colégio Santo Antônio no bairro da Massaranduba, uma vizinhança paupérrima onde não havia escolas públicas. Ao abrir as portas, a escola matriculou imediatamente cerca de 300 crianças.[13]

Quase seis meses mais tarde, em 29 de outubro de 1939, o COB deu um novo salto *à la* frei Hildebrando: a entidade inaugurava um cinema monumental com capacidade para 2 mil pessoas.[14] Com fachada de mármore, o Cine Pax tinha 3 rampas para acomodar os espectadores e, pelo tamanho, foi chamado de "O Gigante da Baixa dos Sapateiros", rua comercial onde se situava.

A sede do COB se mudou para o prédio do Cine Pax, e a organização passou a ter um núcleo no centro. Em Itapagipe, onde Irmã Dulce seguia com o seu trabalho pastoral e assistencial, ficava a maior parte dos associados. O cinema fazia dinheiro para ajudar a bancar as obras sociais, assim como as doações, e passou a ter um auditório gigantesco para reunir sua massa. Os operários filiados pagavam meia entrada.

Foi no lotado Gigante da Baixa dos Sapateiros que a primeira-dama da Bahia, Elza Alves, distribuiu presentes para os filhos dos associados do COB no Natal de 1941. No mês seguinte, no aniversário da entidade, os associados voltaram a lotar o cinema para assistir a um filme pela manhã e, depois, engrossaram a plateia para uma homenagem "espontânea" ao ditador Getúlio Vargas e ao interventor Landulfo Alves. À tarde, uma comissão do COB seguiu em cortejo até o cemitério para depositar uma coroa de flores na sepultura do industrial Luiz Tarquínio (1844-1903), pioneiro da industrialização da Bahia e "o maior amigo dos operários", segundo registra uma ata da entidade. Era a *Rerum Novarum* em sua versão soteropolitana.[15]

No início de 1942, o pai do COB já mandava "mais que governador porque tinha o operariado na mão".[16] Porém, ele logo seria abatido em pleno voo pela fúria antigermânica que varreu o Brasil na Segunda Guerra Mundial. Vítima de uma campanha avassaladora, encampada por parte da imprensa e de uma parte da intelectualidade baiana, Hildebrando caiu em desgraça, abrindo caminho para que Irmã Dulce saísse de sua sombra. Mas ela não dependeu somente do acaso e de golpes de sorte. Seu destino começou a mudar de forma inesperada com o pedido de socorro de um adolescente desesperado.

CAPÍTULO 8

"IRMÃ, NÃO ME DEIXE MORRER NA RUA"

Em 1939, Irmã Dulce trabalhava no ambulatório do Círculo Operário da Bahia, cuidando dos doentes e administrando a farmácia da entidade. Numa tarde, enquanto preparava uma fórmula para medicar um paciente que esperava no ambulatório, um rapazinho de uns 15 anos chegou.[1]

Com frio, tremendo de febre e com fome, o adolescente estava com um aspecto péssimo. Descalço, carregava somente uma esteira e uma cuia vazia. Tossia muito e, quando conseguiu articular as primeiras palavras, pediu socorro: "Irmã, não me deixe morrer na rua".[2]

A freira ficou petrificada com o pedido. Não era nenhuma novidade que pessoas fossem chamá-la para acudir doentes. A morte de pessoas sem assistência médica não era coisa rara na periferia de Salvador. Na pobreza de Itapagipe, pedidos de socorro sempre chegavam. Muitas vezes, os padres da Igreja do Bonfim eram chamados para ministrar o último sacramento a doentes que morriam no meio da rua.

Irmã Dulce e a freira Hilária Rodrigues Lopes, sua colega da Congregação, às vezes, velavam os cadáveres dos miseráveis e, por obrigação cristã, colocavam-nos dentro de caixões até a chegada do Instituto Nina Rodrigues (o Instituto Médico Legal, na Bahia). Houve casos em que as crianças do Colégio Santo Antônio, onde irmã Hilária trabalhava, tiveram de ajudá-la a colocar o morto no caixão.

A impossibilidade de acudir esses deserdados sempre constrangia Irmã Dulce, mas aquela situação a nocauteou: o pedido desesperado partia da boca de um menino, quase uma criança. O rapazinho vivia nas ruas e tirava o sustento vendendo jornal.

"Eu não queria morrer na rua", repetia, trêmulo de febre.

"Meu Deus, onde é que eu vou botar essa criança?", Irmã Dulce ficou se martelando, segundo relembraria em uma entrevista décadas mais tarde. No ambulatório do COB não era possível, porque ficava fechado durante a noite e não havia ninguém. Nem na farmácia. Não havia um lugar, mas virar as costas não era uma opção.

"Espere aí", disse a freira, tentando ganhar tempo. Especula-se que talvez o menino padecesse de uma malária em estágio bastante avançado. Ela deu um medicamento para tentar baixar a febre e um pouco d'água quando se lembrou de alguma coisa que remotamente parecia ser uma solução: uma loucura, certamente, mas a situação não deixava alternativa.

A freira puxou o rapazinho pelo braço e os dois saíram do COB na rua Lélis Piedade. Seu destino estava a algumas centenas de metros dali, em um pedaço da Cidade Baixa conhecido como Ilha dos Ratos. Durante suas andanças, Irmã Dulce havia visto umas casinhas abandonadas. Eram 5 casinhas decrépitas, coladas parede a parede, com apenas uma porta e uma janela cada. Ninguém morava ali porque estavam interditadas. Tentou uma porta, fechada, uma janela, fechada, outra porta, fechada, outra janela, fechada. Estavam todas fechadas.

Um banhista, que voltava da praia no final do dia, ia passando pela rua e foi chamado por Irmã Dulce: "Venha cá, arromba aí essa janela", disse a freira, segundo o diálogo que ela própria reproduziu mais tarde.

"A senhora tá maluca?", respondeu, espantado, o homem.

"Não, não tô doida, não, mas, arrombe aí, eu me responsabilizo", insistiu. "Dê um murro aí e arrombe essa janela."

Atônito, o homem atendeu.

"Agora, por favor, entre e abra a porta", pediu a freira, conforme sua lembrança do diálogo.

Na casa velha, a tranca da porta era só uma tramela. Ele abriu a porta, a freira e o jornaleiro entraram. No interior, um quarto, uma sala, uma cozinha e uma latrina.

"Só isso e tudo bastante estragado", como descreveu. Mas servia.

Ela abriu a esteira e então o jornaleiro finalmente deitou. A freira saiu. Em uma venda da vizinhança, comprou biscoito, leite e um fifó, pequeno candeeiro alimentado por uma latinha de querosene com uma mecha para iluminar.

Perto dali morava Florentina, irmã do Padre Afonso, o vigário redentorista da Igreja do Bonfim. A freira levou-a até lá e mostrou o paciente, deitado na esteira. Irmã Dulce pediu à mulher que o velasse até o dia seguinte, quando voltaria com um médico.

"Fique descansada que eu olho ele", prometeu a irmã do padre.

No dia seguinte, avisaram-na da existência de uma idosa que estava morrendo de câncer nas proximidades da Igreja da Penha, no bairro da Ribeira. A freira foi conferir e encontrou a mulher convalescendo embaixo de um pé de tamarindo. Não teve dúvidas, levou-a para a Ilha dos Ratos e mandou arrombar a segunda casa para instalá-la.

A terceira casa foi invadida alguns dias mais tarde para abrigar um tuberculoso recolhido na rua da Lanterna, no bairro de Massaranduba. Irmã Dulce arranjou uma carroça para transportá-lo.

Em pouco tempo, as 5 casas já estavam arrombadas para abrigar os doentes tirados das ruas. Irmã Hilária passou a visitar as casas invadidas por Irmã Dulce para cuidar dos pacientes. Nascida em 1916, Hilária e Dulce foram contemporâneas de convento em São Cristóvão e companheiras de jornada pela Cidade Baixa de Salvador entre 1939 e 1951.

"Nós íamos dar comida, dar conforto até a pessoa morrer", relembrou a religiosa, em um depoimento que integra os autos do processo de Irmã Dulce no Vaticano.

***

A confusão não tardou. Assim que o proprietário das casas soube que uma freira invadira suas casas para alojar doentes, ele foi prestar queixa no 4º Centro de Saúde Pública de Salvador, responsável pela vigilância sanitária naquela área da capital. Irmã Dulce teve de ir à prefeitura para se explicar.

A intimação chegou ao convento e preocupou a irmã Rosa Schüller, superiora da casa das religiosas. Após acalmar a freira alemã, a baiana saiu para tentar resolver a encrenca. Nos termos em que reproduziu o diálogo muitos anos mais tarde, a conversa com o diretor do centro foi curta e tensa:

"Olha, Irmã Dulce, o que a senhora está fazendo? Está arrombando casa dos outros e botando doentes."

"Olhe, doutor, enquanto o senhor não me arranjar um lugar onde botar os doentes pra morrer, eu vou fazer isso mesmo; não vou negar ao senhor, não", devolveu. E reforçou a carga: "Eu vou fazer isso. Onde eu encontrar uma casa velha, eu arrombo".

"A senhora está doida."
"Não, não tô, não."
"Eu vou lá ver isso", ameaçou o diretor.
"Então o senhor vá", dobrando a aposta.

O nome do interlocutor de Irmã Dulce se perdeu, não tendo sido preservado pela memória das freiras que testemunharam o atendimento nas casinhas invadidas. Depois de enfrentar o chefe da saúde pública, Irmã Dulce foi direto para a Ilha dos Ratos. Queria preparar os doentes para uma possível expulsão. Começou uma choradeira.

"Não, não chore que não vai ter nada, não. Reze, Deus vai tomar conta", disse a freira, tentando acalmar um deles. Naquele momento, rezar era a única coisa a fazer.

Pela versão que a própria Irmã Dulce propagou, o impossível aconteceu. Quando o burocrata chegou às casas invadidas, teria visto uma cena com doentes espalhados pelo chão das 5 casinhas. Estavam alimentados e medicados, mas apenas esperavam a morte. Segundo Irmã Dulce, a miséria dos pacientes terminais era tão comovente que o homem saiu calado. Minutos depois, os dois funcionários do centro de saúde que o acompanhavam, voltaram com biscoitos, doces e leite para os doentes. Os mantimentos tinham sido pagos pelo diretor.

O impasse chegou ao fim com um acordo entre Irmã Dulce e o dono das casas. A freira se comprometeu a não depositar nenhum novo doente nas casas e o dono esperaria até que o último deles se curasse ou morresse para ter de volta os imóveis.

***

A realidade de Salvador era lúgubre quando Irmã Dulce começou a percorrer Itapagipe para recolher pacientes. De cada 5 bebês nascidos vivos na cidade em 1940, 1 não sobreviveu até o primeiro aniversário. Mais da metade das mortes de adultos da capital era causada por disenteria, tuberculose, malária e verminoses, que recaíam como pragas sobre os pobres.

Entre 1939 e 1941, foram registrados 22.540 óbitos na capital da Bahia, dos quais mais de um terço das vítimas (7.701) pereceu de doenças infectocontagiosas. A diarreia puxava mortalidade por doenças do aparelho digestivo – 3.828 mortes, um índice que, sozinho, era quase 20 vezes superior ao total de pessoas que morreram assassinadas ou vítimas de acidentes de trânsito ou de trabalho na capital baiana no mesmo período.

A cada dia, 7 pessoas morriam de tuberculose, malária ou algum outro tipo de infecção. A disenteria também provocava baixas – na maioria, recém-nascidos. O quadro certamente era ainda mais aterrador porque as estatísticas traziam grandes lacunas: mais de 1.500 pessoas foram enterradas naqueles três anos sem que seus atestados de óbito informassem a causa da morte.[3]

A mortalidade infantil estava intrinsecamente ligada à pobreza. Os relatos de quem viveu no bairro da Liberdade, o maior bairro operário de Salvador naquele período, impressionam. O pároco local toda semana encomendava a alma de um ou dois bebês mortos pela diarreia e ou por outras doenças relacionadas às péssimas condições sanitárias. Na Liberdade nem bonde chegava. Tampouco havia luz elétrica, água encanada, posto de saúde ou hospital. Para conseguir água, homens e mulheres precisavam "fazer a estica", isto é, caminhar até as fontes e nascentes, encher suas latas e depois levá-las de volta para casa. Os vetores se propagavam no "burrão", um grande vaso de barro que armazenava água, comum na maioria das casas. Tirava-se a água dali com um caneco, que era usado pelos sãos e pelos doentes.

"Quando se fala hoje em bairro pobre, eu me lembro que a Liberdade era muito mais do que pobre, no entanto era um lugar populosíssimo, onde só viviam operários e trabalhadores muito humildes", relatou Gaspar Sadoc,[4] que foi pároco do bairro nos anos 1940.

Situada na parte alta da cidade, a Liberdade simbolizava o drama geral da cidade. De acordo com estudos da própria prefeitura, mais da metade (57%) dos domicílios de toda Salvador era considerada precária e 75% da população vivia em cortiços.[5] Nas malocas, via de regra, as pessoas cumpriam o mesmo itinerário de adoecer e, muitas vezes, morrer sem assistência.

No início da década de 1940, havia apenas 58 médicos trabalhando na capital baiana. Mesmo a taxa ínfima de um profissional para cada grupo de 5 mil habitantes era enganosa porque os médicos estavam concentrados nas partes mais ricas da Cidade Alta. O posto de saúde do COB e os dois médicos que atendiam lá, portanto, eram uma exceção e uma tábua de salvação para quem vivia no mosaico de bairros pobres que ocupavam a península de Itapagipe.

Irmã Dulce ainda voltaria a liderar invasões para abrigar doentes em outras ocasiões. Seus alvos não seriam mais pequenas propriedades privadas, e sim um mercado público fechado e um viaduto para dar um teto a quem estava morrendo na rua. Suas ações eram guiadas pelo improviso e por uma convicção íntima de que estava fazendo o certo. Na sua perspectiva mística, os doentes abandonados a aproximavam do Cristo a ser acolhido. A caridade dela era encarada como rebeldia pelas autoridades soteropolitanas.

Tal como acreditava a própria Irmã Dulce, o lampejo de se lembrar das casas fechadas foi uma "revelação divina". Foi ao invadir as casas na Ilha dos Ratos que a freira experimentou, pela primeira vez, uma devoção que podia estar à margem da lei.

O episódio da Ilha dos Ratos inaugurou um método de ação: estabelecer um fato consumado, ganhar tempo, comover os antagonistas e, assim, dobrá-los. Existe nisso um indiscutível talento para chantagem emocional, mas a Salvador dos anos 1940 era mesmo um lugar extremo.

Esse comportamento chocou um dos teólogos do Vaticano que esquadrinharam a vida da freira no curso do processo canônico.

"Apenas dois elementos me deixam perplexo: em primeiro lugar, o modo com que, no início de seu trabalho com os pobres, invadia as casas de outras pessoas que se encontravam fechadas, para aí colocar os pobres, o que foi reprovado pela polícia (...). De todo modo, considerada a dimensão de suas virtudes, penso que isso não constitua obstáculo em seu caminho na direção dos altares", escreveu em seu voto, o sexto dos 9 teólogos que avaliaram o prosseguimento do processo que resultou na canonização de Irmã Dulce.[6]

***

Em 1939, aos 25 anos, o corpo de Irmã Dulce já tinha fragilidades: em junho, médicos operaram sua garganta para tentar dar fim à inflamação das amídalas que a castigava desde a adolescência; em agosto, nova cirurgia para a retirada do apêndice.

A despeito da carga colossal de trabalho, a vida consagrada era motivo de felicidade: "Jesus foi bom demais para com uma pobre pecadora como eu. Jesus mesmo é quem poderá pagar todas as graças e todo o bem que me tem feito", escreveu ela à superiora de sua Congregação, em meados de 1940.[7]

CAPÍTULO 9

A GUERRA CHEGA À BAHIA

OLHANDO EM RETROSPECTO, A TRAJETÓRIA DE IRMÃ DULCE ESTÁ COAlhada de reviravoltas provocadas por fatores inteiramente alheios ao controle dela. Durante toda a sua existência, grandes acontecimentos na História do mundo e do país repercutiram, direta ou indiretamente, nas circunstâncias em que ela operava em Salvador. Um dos traços do caráter da freira era uma capacidade espantosa de se adaptar a mudanças.

Se a ditadura do Estado Novo impulsionou seu apostolado social com os trabalhadores pobres de Salvador, a entrada do Brasil na Segunda Guerra Mundial foi um desses divisores de água na vida de Irmã Dulce, tirando a freira de uma posição secundária e garantindo a ela um protagonismo que ela não havia alcançado até então, sob a tutela de frei Hildebrando Kruthaup. Isso aconteceu porque o religioso alemão foi abatido por desconfianças da polícia e por uma brutal campanha difamatória. O escritor Jorge Amado, então militante do Partido Comunista, acusou o mentor da Irmã Dulce de ser nazista. A acusação jamais foi comprovada.[1]

Depois do ataque japonês a Pearl Harbor, no Havaí, em dezembro de 1941, Getúlio Vargas foi pressionado a tomar posição. No final de janeiro seguinte, o Rio sediou a III Conferência Extraordinária dos Ministros das Relações Exteriores das Repúblicas Americanas, por pressão dos Estados Unidos. Foi nesse encontro que o Brasil anunciou o rompimento com as potências do Eixo. O troco não tardou: entre fevereiro e julho de 1942, submarinos alemães e italianos atacaram 15 navios mercantes brasileiros no Atlântico Norte, deixando 135 mortos.[2]

Foi aí que a sorte do amigo de Irmã Dulce começou a mudar. A cada ataque, crescia o clamor público para a entrada do Brasil na guerra. Em diversos pontos do país, a população atacou empresas e entidades identificadas com o Eixo. Com os baianos furiosos com os alemães, Hildebrando virou um alvo vistoso.

A situação ficou insustentável em agosto. Entre os dias 15 e 19, o submarino alemão U-507 promoveu uma carnificina no litoral da Bahia e de Sergipe, torpedeando embarcações desarmadas e deixando um rastro de 607 mortos. Harro Schacht, comandante do submarino, cometeu a covardia suprema no dia 17, ao atacar o cargueiro Arará quando este estava recolhendo os sobreviventes do navio Itagiba, afundado horas antes, perto da ilha de Tinharé e de Morro de São Paulo, a cerca de 30 milhas do porto de Salvador. Quando foi destroçado, o Arará tinha a bordo 18 náufragos e havia pessoas nadando agarradas a destroços para tentar alcançar a salvação.[3]

Os corpos que começaram a aparecer nas praias fizeram a Bahia e Sergipe experimentarem o horror da Segunda Guerra como nenhum outro lugar do Brasil. A chegada dos sobreviventes do Itagiba e do Arará comoveu os baianos. Esse sentimento transformou-se imediatamente em revolta, e novas manifestações explodiram pelo país, fazendo Getúlio Vargas finalmente declarar guerra no dia 31 de agosto.

Dom Augusto Álvaro da Silva tinha poucas ilusões sobre o que era possível e impossível em tempo de guerra. O arcebispo primaz determinou que todos os alemães deixassem postos de comando no clero da Bahia. A reunião do núcleo do COB em Itapagipe ocorrida em 6 de setembro de 1943, seis dias após a declaração de guerra, foi quase às escuras, porque naquela noite começou a ser adotado o blecaute para proteger a cidade de ataques. No encontro, houve o anúncio de que frei Hildebrando já "estava preventivamente afastado dos negócios do Círculo". No papel, ele foi substituído por um franciscano brasileiro.[4]

Com o frei afastado, Irmã Dulce emergiu como a liderança natural do Círculo Operário da Bahia. Durante a guerra, ela foi descrita nas atas do COB como o "maior baluarte" da entidade. Entre 1943 e 1945, ela foi gradativamente ganhando influência nas questões administrativas do COB, que vinha perdendo associados desde o período em que as acusações trituraram a reputação de Hildebrando.

O crescimento da exposição de Irmã Dulce entre os operários causou preocupação à Congregação das Irmãs Missionárias da Imaculada

Conceição. Em 8 de novembro de 1943, a superiora regional proibiu que a freira se envolvesse na parte administrativa da entidade ou participasse de qualquer manifestação pública, exceto paradas e festas promovidas pelo Colégio Santo Antônio. Naturalmente, o documento também proibia a Irmã Dulce de assinar duplicatas e assumir compromissos financeiros.[5]

A tentativa de frear Irmã Dulce foi inútil. Ela já exercia a liderança no movimento. Em 14 de agosto de 1944, nove meses depois de ser proibida de se envolver com a administração, a freira participava das decisões com desassombro, propondo que o COB reduzisse de 5 para 3 cruzeiros a multa dos associados que atrasavam a mensalidade como forma de tentar melhorar a situação das contas da entidade.[6] A nova moeda substituiu o réis em 1942.

Na península de Itapagipe, ela prosseguia com seus deveres pastorais com operários e suas famílias, trabalhando no posto médico do COB e ainda dando assistência aos miseráveis que encontrava pela rua. Ela dava duro do raiar do dia até tarde da noite. A freira também supervisionava o funcionamento do Colégio Santo Antônio e, aos domingos, dava aulas de catequese para as crianças da Massaranduba. E ela não descuidava dos aspectos morais. Irmã Dulce vivia reclamando dos jogadores sem camisa que iam se lavar na escola.[7]

Com Hildebrando aconselhando nos bastidores, a freira passou brilhar como a principal arrecadadora de fundos para a entidade. Antes do fim da guerra, Irmã Dulce tomou a frente do projeto mais ambicioso: a construção de nova sede do COB na península de Itapagipe.

A doadora do terreno, Henriqueta Catharino, era herdeira da Empório Industrial do Norte, a maior indústria de tecidos da Bahia e uma das mulheres mais ricas de Salvador – uma das "viúvas de frei Hildebrando", para usar a expressão de Norberto Odebrecht. A intenção era construir um grande prédio com um cinema, como o Pax da Baixa dos Sapateiros, para centralizar todo o atendimento aos operários naquela região da cidade.

Jeitosa no trato, Irmã Dulce ia conseguindo extrair dinheiro de políticos e empresários e, nisso, possivelmente teve ajuda da rede de contatos de seu pai. Em fevereiro de 1945, ela obteve 50 mil cruzeiros (cerca de R$ 111 mil em maio de 2019) para começar a obra. A doação foi registrada em nome da então primeira-dama da Bahia, Ruth Aleixo, esposa de Pinto Aleixo, sucessor de Landulfo Alves.[8]

Uma ata de março de 1946, já depois da guerra, registra que ela obteve outros 50 mil cruzeiros com Bulcão Viana, o governador seguinte. Em abril, mais 18 mil cruzeiros, e assim o prédio do Largo de Roma começou a ser erguido.

Nem todo o dinheiro que Irmã Dulce conseguia ia para a obra. Nos três primeiros meses de 1946, mais de 15 mil cruzeiros que pingaram no caixa do COB bancaram o atendimento aos pobres que a freira socorria com donativos todos os dias.

O tempo galvanizou a versão de que a freira obtinha seus recursos para a caridade esmolando na rua, mas naquele período ela era patrocinada pelo governo e pelo empresariado. Naquele primeiro trimestre de 1946, os maiores financiadores das esmolas que Irmã Dulce distribuiu foram o Instituto do Cacau da Bahia, o Instituto do Fumo da Bahia e a Companhia de Seguros Aliança da Bahia.[9]

No pós-guerra, o COB teve de recorrer a campanhas para trazer de volta filiados que se distanciaram da entidade. Os associados faziam falta especialmente em uma época em que o círculo precisava alavancar o caixa para construir a nova sede. Essas tensões respingaram em Irmã Dulce. Em outubro de 1946, o diretor Antônio Mario dos Santos vocalizou a insatisfação com "as dezenas de cruzeiros que o círculo gasta em esmolas com os pobres distribuídas por Irmã Dulce todos os dias".[10]

Não encontrou eco entre outros dirigentes cientes de que era a freira a única arrecadadora eficiente. José Gregório trouxe o colega de volta à realidade: "Que triste do círculo se não fosse por essas esmolas, pois o círculo recebe diversas subvenções por causa delas".

Em vez de menos envolvimento, como queria sua Congregação, Irmã Dulce se tornou a principal estrela do movimento operário católico em Salvador.

CAPÍTULO 10

EMPAPELANDO O BANCO DO BRASIL

Em 1941, quando ainda cursava o terceiro ano da faculdade de engenharia, o jovem Norberto Odebrecht foi expulso da obra da reforma do Colégio Santa Bernadete, em Salvador. Ele fora designado para a reforma da escola graças a um arranjo do pai, Emílio, que era amigo de frei Hildebrando desde a década anterior. A superiora do convento das Irmãs Missionárias, a alemã Rosa Schüller, se irritou com o andamento da obra e botou o estudante de 21 anos para correr. Sem ter o que fazer, Norberto foi ao convento São Francisco para avisar Hildebrando da demissão.

"Demorou, eu esperava que isso acontecesse muito antes disso", respondeu o franciscano, sem esboçar surpresa. Irmã Rosa, segundo quem se lembra dela, era uma mulher de temperamento prussiano, muito rígida e difícil no trato. O jovem já ia deixando a cela do frade no convento de São Francisco, ali perto do Terreiro de Jesus, quando Hildebrando o interrompeu: "Amanhã eu te digo quem será a substituta dela no entendimento com você. Você continua, quem sai é ela".[1]

No dia seguinte, Norberto voltou à escola de onde havia sido dispensado na véspera e encontrou Irmã Dulce pela primeira vez. Hildebrando passara por cima da autoridade da superiora e designara Irmã Dulce, seu braço direito no Círculo Operário da Bahia, para resolver todas as questões da reforma do colégio junto com o estudante de engenharia. Hildebrando, que tinha um radar eficiente para detectar talentos, juntara seus dois protegidos mais promissores.

Irmã Dulce e Norberto Odebrecht se deram bem imediatamente e, nessa época, conversavam todos os dias. A reforma foi feita sem maiores sobressaltos.⁽²⁾ Findo o trabalho, a guerra separou os dois durante os anos em que Hildebrando submergiu sob o fogo cerrado de seus detratores. Mesmo assim, a ligação entre ambos os jovens duraria a vida toda.

Originária da Pomerânia, na atual Alemanha, a família Odebrecht instalou-se em Blumenau, Santa Catarina, região de forte colonização germânica, em 1856. Emílio Odebrecht (1894-1962), da segunda geração da família nascida em solo brasileiro, foi o pioneiro da técnica do concreto armado no Nordeste. Em 1917, quando trabalhava na Companhia Construtora em Cimento Armado, do alemão Lambert Riedlinger, Emílio foi mandado para Recife para executar a obra da ponte Maurício de Nassau. Com 180 metros de comprimento, a obra foi um dos grandes feitos da engenharia estrutural brasileira até então.

Emílio estabeleceu-se em Pernambuco, que vivia um surto de prosperidade porque as exportações de açúcar quadruplicaram nos anos seguintes à Primeira Guerra Mundial. Junto a um engenheiro pernambucano Isaac Gondim, com quem trabalhara na Companhia Construtora em Cimento Armado, eles fundaram a Isaac Gondim & Odebrecht, primeira construtora especializada em concreto armado do Nordeste. Rapidamente expandiram o raio de atuação para o interior de Pernambuco e Alagoas.

O colapso da economia açucareira fez Gondim e Odebrecht dissolverem a sociedade no final de 1923. Emílio fundou uma nova empresa que levava o seu nome. Em 1925, ele mudou-se para Ilhéus, que vivia um *boom* da construção civil por causa do cacau, levando para a Bahia o maior patrimônio da antiga empresa, um grupo de operários que entendiam tudo de concreto armado. O filho Norberto tinha então 5 anos.

A empresa mudou sua sede para Salvador em 1936. Foi nessa época que Emílio Odebrecht e o frei Hildebrando Kruthaup se conheceram. Com o COB alçando voo, Hildebrando encarregou a Emílio Odebrecht a construção do Cine Excelsior, o Gigante da Baixa dos Sapateiros.

Na Bahia, os Odebrecht tiveram uma relação estreita com figuras proeminentes do catolicismo local. Emílio fez as obras da abóbada e do telhado do Mosteiro de São Bento e escolheu o terreno para a construção do seminário para a formação de padres – projeto que foi a menina dos olhos de dom Augusto Álvaro da Silva.⁽³⁾ Luterano de berço, Norberto se confessou pela primeira vez a um sacerdote católico já adulto, pouco antes de se casar.

Os Odebrecht foram à lona durante a Segunda Guerra Mundial. Antes mesmo de o Brasil entrar no conflito, houve uma forte inflação por demanda nos insumos de construção. Como muitos insumos vinham do exterior, os preços do cimento, ferragens e louças dispararam. A firma de Emílio Odebrecht estava amarrada a contratos por empreitada, com preços invariáveis, e o negócio dava prejuízo por causa da inflação do material. Naqueles contratos não havia cláusulas de imprevisibilidade, e o patrimônio da empresa e da família foi drenado pelas dívidas. Virtualmente quebrado, Emílio deixou a Bahia e voltou para o Sul.

Norberto Odebrecht ficou para terminar as obras inacabadas. "Os únicos ativos eram os mestres de obra que trabalhavam com meu pai. Alguns já eram senhores com mais de 60 anos e tinham trabalhado com meu pai em Pernambuco. Eram os melhores construtores que havia", contou Norberto Odebrecht, em entrevista para este livro.

O jovem empreiteiro renegociou as dívidas com os credores e ofereceu aos mestres de obras sociedade em cada uma das obras inacabadas. Era um negócio arriscado: não receberiam nada, mas dividiriam os resultados no final.

Norberto levou quase cinco anos para liquidar as dívidas do pai, mas a gênese da empreiteira estava consolidada: o engenheiro elaborava os projetos e cada obra funcionava como um empreendimento independente com os mestres de obras – seus sócios –, de forma autônoma, se encarregando de executá-los e lidar com os clientes. Esta é a gênese do que no futuro seria o modelo de gestão empresarial da Odebrecht.

***

Irmã Dulce e Norberto Odebrecht se reencontraram em 1945. Finda a guerra, frei Hildebrando chamou os dois para uma reunião em sua cela no convento. A freira já estava com uma escritura de um terreno no Largo de Roma, doada pela herdeira do industrial Bernardo Catharino, um dos homens mais ricos da Bahia.

Com a secura habitual, o frade eliminou os rodeios: "Esta aqui você já conhece, é a Irmã Dulce. Ela está com a escritura do terreno que dona Henriqueta Catharino doou a ela. Meu presente da sua formatura é isto: você vai fazer o projeto e as obras. É a obra do Círculo Operário da Bahia e é você que vai fazer tudo".

"Sim, está bom. Mas, como é que o senhor pensa o recurso, a obra vai ser paga por empreitada?", perguntou o jovem engenheiro.

"Problema seu e dela. O meu problema é dar a planta e lhe entregar Irmã Dulce. Como vocês vão dar jeito, eu não sei. Problema seu e dela. Felicidades", disse Hildebrando, conforme reconstituição do diálogo feita por Norberto Odebrecht, em 2012.

Era um presente de grego. Não havia dinheiro nem previsão de como consegui-lo. Em março de 1946, Irmã Dulce já havia conseguido 190 mil cruzeiros para iniciar o trabalho. O valor representava menos de 5% dos 5 milhões de cruzeiros (em torno de 9 milhões de reais, em maio de 2019), orçamento inicial da obra. A nova sede do COB teria como carro-chefe, naturalmente, outro grande cinema.(4)

Hildebrando só seria definitivamente reabilitado das suspeitas da guerra em julho de 1946, quando reassumiu o cargo de diretor eclesiástico do Círculo, mas ele vinha guardando todo dinheiro da obra em uma caderneta de poupança em seu nome.(5)

Quando ganhou o "presente", Norberto Odebrecht não tinha capital nem crédito para tocar a obra sozinho. Seus recursos bancaram apenas a elaboração do projeto da nova sede. Traçou um edifício ousado para a época, que seria o primeiro prédio de Itapagipe com um grande vão livre. Ao lado do cinema, várias salas para a assistência social. Colada ao prédio principal, seria erguida uma casa para abrigar o convento para as Irmãs Missionárias da Imaculada Conceição.

O engenheiro e a freira se davam bem no trabalho. Ele cuidava dos aspectos técnicos e ela cuidava de passar o chapéu entre governantes e gente rica de Salvador. A freira pedia suplicando, mas o dinheiro não dava nem para o começo. Nesse período, os dois conversavam várias vezes ao dia. Odebrecht perguntou ao seu contador como ele poderia montar um negócio e gerar o dinheiro para tirar do papel a obra.

O modelo sugerido pelo contador foi assinar um contrato com o Círculo Operário da Bahia, no qual a entidade pagaria a ele em notas promissórias – na época, chamadas de letras de câmbio – e ele trocaria o papel no banco. Os títulos não tinham lastro nenhum porque o COB não tinha caixa para fazer frente ao compromisso, caso fosse cobrado. Precisavam arranjar um banco que topasse trocar dinheiro por um papel sem valor.

O presidente do Banco Mercantil Sergipense, Júlio César Leite (que na década seguinte seria eleito senador por Sergipe), topou financiar a aventura, contanto que Norberto e Irmã Dulce obtivessem do Banco do Brasil uma garantia de que o banco aceitaria as promissórias do COB na sua carteira de redesconto.

O plano mirabolante começava a vingar, mas ainda faltava colar no banco estatal. Com o projeto do prédio e uma minuta de contrato, o engenheiro e a freira foram bater à porta do Banco do Brasil. "Irmã Dulce era uma mulher que tinha uma capacidade de comunicação tremenda, expunha as coisas muito bem. Eu do lado dela. Convencemos o chefe do BB a aceitar [as notas] na carteira e conseguimos a liquidez. Ele nos disse: 'Vou fazer as coisas irregulares. Essa guerra me atrasou porque eu já deveria estar aposentado. No dia que me avisarem que eu vou me aposentar, vocês têm que pagar isso'. Ele sabia que nós não tínhamos como dar conta do compromisso, mas nos enquadrou. E assim eu comecei a descontar os títulos. Nós chegamos a consumir praticamente 6 milhões de cruzeiros", contou o engenheiro.

Na entrevista para este livro, quase sete décadas depois do acordo com o Banco do Brasil, o velho empreiteiro simplificou os termos da aventura: "Era só papel. Nós fabricamos o dinheiro para fazer a obra".[6]

As atas do Círculo Operário da Bahia nos três anos seguintes registram toda a coreografia para tentar arranjar o dinheiro e fazer frente ao compromisso. Ela incluiu rifas, quermesses, intermináveis discussões frustradas para elevar as mensalidades e até a instauração de uma "cota de sacrifício" entre os operários. Por completa incapacidade econômica dos associados do COB, a tal cota de 10 cruzeiros, valor 10 vezes superior ao da mensalidade, foi um fracasso.[7]

Irmã Dulce provavelmente rezou muito para que Deus ajudasse, mas o dinheiro veio mesmo da política.

Pela versão de Odebrecht, o ex-interventor Juracy Magalhães foi o padrinho que ajudou a tirá-los da encrenca. Rompido com Getúlio Vargas desde o golpe que instaurara o Estado Novo, Juracy pastou com tentativas de ser transferido para um posto militar no então longínquo Mato Grosso – tradicional purgatório de militares que caem em desgraça. Acabou exilado em Florianópolis.

Vendo a ditadura de Vargas nos seus estertores, Juracy juntou-se à recém-nascida União Democrática Nacional (UDN) e foi um dos articuladores da candidatura do brigadeiro Eduardo Gomes à presidência. Eurico Gaspar Dutra, um dos pivôs da deposição de Vargas em 1945, ganhou a eleição presidencial pelo PSD.

Já com o mandato de deputado pela Bahia, o pragmático Juracy ajudou a mover uma parte da UDN rumo à base do governo. Em 1947, Juracy foi um dos franco-atiradores de Dutra na campanha que resultou na proscrição do Partido Comunista e na cassação dos congressistas do PCB. Tinha se tornado um deputado da confiança do presidente. Era pau para toda obra.

Em novembro de 1948, o Cine Roma abriu suas portas com mais de 1.800 lugares, gabando-se de ser o mais confortável de Salvador. O restante do prédio ainda estava inconcluso. O presidente Dutra visitou a Bahia para inaugurar uma estrada, e a agenda presidencial incluiu uma rápida passagem pelo Largo de Roma para conhecer a sede do Círculo Operário da Bahia.[8] Irmã Dulce liderou uma comitiva de associados para receber o presidente e o governador da Bahia, Octavio Mangabeira. Cercada de mais de 100 crianças, na maioria filhos dos operários do COB, a freira fez com que Dutra descesse no meio do povo. Foi um gesto sagaz: banhos de multidão são afago infalível no ego de qualquer político.

O diálogo dela com o presidente e o governador foi registrado pelo jornal *A Tarde*.

"Presidente, além da minha própria família, eu tenho outra muito grande. O doutor Octavio Mangabeira tem sido um bom pai."

"Nesse caso, minha freirinha, sou seu pai duas vezes e, portanto, seu avô", respondeu o presidente.

"Avô rico, muito mais rico do que o pai, que é pobre", completou o governador, levantando a bola para a freira cortar:

"Meu avô, sua neta está devendo muito e precisa de 6 milhões e quinhentos [mil] cruzeiros...".[9]

Dutra deu risada da conversa e encarregou ali mesmo o ministro da Educação, o banqueiro baiano Clemente Mariani, de atender à freira. Foi o presidente da República a ceder a um pedido de Irmã Dulce.

CAPÍTULO 11

MOEDA ELEITORAL

Arrancar a promessa do presidente Eurico Gaspar Dutra na frente de uma pequena multidão foi relativamente fácil para Irmã Dulce em novembro de 1948. Conseguir o dinheiro foi uma novela de vinte e um meses de duração.

No início de maio de 1949, Hildebrando despachou a Irmã Dulce para o Rio, então capital federal, com a "missão espinhosa" de só voltar após se reunir com o presidente. Foi a primeira vez que Irmã Dulce entrou em um avião.[1] A freira ficou hospedada na casa de sua irmã, Dulcinha, que morava perto do Palácio do Catete, antiga sede da Presidência.

O deputado Juracy Magalhães acertou um encontro da freira com Dutra em uma audiência privada muito cedo, às 5 da manhã.[2] Em vez dos 6,5 milhões de cruzeiros pedidos cinco meses antes, Dutra concordou em liberar 8 milhões para liquidar todas as promissórias que estavam no Banco do Brasil e ainda concluir a obra. Equivalia a quase 12 milhões de reais em maio de 2019. Juracy, que presidia a Comissão de Finanças da Câmara dos Deputados, garantiu a aprovação do socorro financeiro.

De volta a Salvador, Irmã Dulce trabalhava duro. Além das tentativas de obter o dinheiro para quitar a dívida com o prédio, ela ainda realizava todas as atividades pastorais com os operários, dava catequese para as crianças, acompanhava o dia a dia do Colégio Santo Antônio. Era pessoalmente responsável por distribuir esmolas e remédios a 270 doentes muito pobres que ela tratava naquele período.[3] Sua vida mística também não dava descanso. Ela levantava muito cedo para rezar, ia à missa todos os dias e vivia jejuando.

Irmã Dulce já era uma mulher de 35 anos em agosto de 1949, quando teve a primeira crise grave de saúde. Embora não existam registros médicos sobre que doença abateu Irmã Dulce nesse período, é bem provável que o afastamento tenha sido provocado por tuberculose. O médico Taciano de Paula Campos, um dos que trataram de Irmã Dulce no final da vida, afirmou que é possível que os primeiros sintomas de problemas pulmonares tenham surgido quando ela ainda estava na casa dos 30 anos.[4] O quadro foi potencializado ao longo dos anos pela jornada extenuante a que se impunha combinada com a teimosia em não se tratar adequadamente.

Uma ata do COB registra em 14 de agosto de 1949 que ela viajou ao Ceará para fazer tratamento de saúde. Pelos registros da Congregação, Irmã Dulce passou quarenta e cinco dias em tratamento em um convento situado na região de Canindé. Nas reuniões de agosto e setembro daquele ano, os diretores da entidade interromperam os debates para, de pé, rezarem uma Ave-maria pela saúde da freira. Em outubro, ela retornou "completamente restabelecida".[5]

Mesmo longe e fora de ação, Irmã Dulce tentava apoiar a entidade. Em setembro, ela escreveu aos parceiros do Círculo, pedindo orações para que a mensagem presidencial de Dutra que liberava o dinheiro fosse aprovada no Congresso.[6] A dívida estrangulava a entidade. Com a fragilidade da saúde e os compromissos com os pobres de Itapagipe, Irmã Dulce deixou de cuidar das articulações no Rio. O papel de fazer lobby junto a deputados e senadores coube a frei Hildebrando. Em março de 1950, o frei já havia conseguido receber os primeiros 2 milhões de cruzeiros – antes mesmo da aprovação do projeto.[7]

Após o projeto tramitar na Câmara, no Senado e receber a sanção presidencial, os 4 milhões de cruzeiros restantes foram liberados pelo Ministério da Fazenda finalmente em agosto de 1950, quando o governo Dutra já estava no final e o processo eleitoral era polarizado por Getúlio Vargas, ex-ditador agora convertido à recém-democracia, e pelo brigadeiro Eduardo Gomes, derrotado em 1945.

Chegou-se a discutir a ida de Irmã Dulce até o Rio para receber a bolada, mas a ideia foi abortada porque a saúde da "mãe do COB" fraquejava. Quem levou o cheque nominal ao COB foi Dulcinha, a irmã da freira, que passou todo o voo do Rio à Bahia rezando para que não acontecesse nada errado na viagem.[8]

Os papagaios do Círculo Operário foram finalmente liquidados no Banco do Brasil com dinheiro público. Salvaram-se todos.

***

O gigantesco prédio no Largo de Roma foi um salto de qualidade na prestação de serviços de assistência social naquele pedaço de Salvador. Ali começaram a funcionar a farmácia, o ambulatório e cursos de datilografia e de corte e costura para os associados. A população marcava presença no Cine Roma, que funcionava de vento em popa desde o final de 1948.

Em março de 1950, começou a funcionar no prédio um curso primário. As matrículas na escola superaram muito a oferta de vagas, e Irmã Dulce teve de ir atrás da Secretaria de Educação da Bahia para conseguir mesas e cadeiras para acomodar todas as crianças.

No mês seguinte, foi inaugurado um restaurante popular pertencente ao Serviço de Atendimento da Previdência Social. O bandejão atendia a trabalhadores da região. Pelo contrato assinado por Hildebrando com o SAPS, o órgão do governo federal pagava 10.500 cruzeiros (14 mil reais em 2019) pelo aluguel mensal das salas no prédio de Roma.[9] Contando com bondades estatais em série, o COB terminaria o ano de 1950 superavitário.

As contas estavam quitadas, mas restava a fatura política em aberto. Ainda faltava recompensar Juracy Magalhães, que suou a camisa para obter liberação do dinheiro prometido por Dutra. Interventor do Estado entre 1931 e 1937, o deputado udenista tentava voltar ao governo pelo voto direto em 1950.

Em maio, frei Hildebrando fez um discurso defendendo a candidatura de Juracy ao governo por uma via oblíqua. Após a cautela banal de lembrar que o Círculo não era uma agremiação política e que cada associado poderia ter suas próprias simpatias partidárias, Hildebrando disse que os membros e beneficiários deveriam fazer "política da gratidão e reconhecimento". O "voto de gratidão", pregou, era para Juracy Magalhães.[10]

Norberto Odebrecht presenciou o acordo político de Juracy e frei Hildebrando, sacramentado no Convento de São Francisco em 1950: "Juracy não fez as mensagens que o Dutra mandou? Pois então, depois frei Hildebrando deu apoio político a ele. Nosso Juracy também faturou alguma coisa nisso", revelou o fundador da Odebrecht, durante entrevista em 2012.[11]

O candidato faturou pouco, na verdade. Em 1950, embora contasse com 17 mil associados no papel, apenas 500 deles cumpriam com a obrigação estatutária de comparecer às reuniões mensais nos núcleos do centro de Itapagipe e Plataforma.[12] Uma pesquisa de opinião chegou a dar 63% das intenções de votos a Juracy, mas a campanha do udenista entrou em colapso depois que Lauro de Freitas, o candidato do PSD ao governo baiano, morreu em um desastre aéreo. Adversários espalharam a lorota que Juracy mandara misturar açúcar à gasolina do avião, provocando a tragédia.

O que selou a derrota, entretanto, foi o apoio de Juracy à candidatura do brigadeiro Eduardo Gomes à presidência contra Getúlio Vargas. O Velho, como era chamado em seu *jingle* de campanha, era um herói da classe trabalhadora desde a instituição do salário mínimo e da Consolidação das Leis Trabalhistas (1943), quando o país ainda vegetava sob a tirania do Estado Novo. Vargas obteve consagradores 49% dos votos na disputa presidencial e retornou ao palácio do Catete nos braços do povo.

Durante a maior parte da campanha, Getúlio Vargas manteve-se neutro na disputa baiana, mas na reta final pediu voto para Régis Pacheco, o substituto de Lauro de Freitas. A máquina de Hildebrando enguiçou.

"Todo o proletariado, que era meu eleitor, votou contra mim. Vargas exercia um verdadeiro fascínio sobre a gente pobre. Eles não poderiam negar fidelidade ao grande inspirador da política de proteção aos trabalhadores. Quando se pronunciou contra mim, me derrotou. Vargas ainda era o rei", contou Juracy muitos anos mais tarde, fazendo um balanço amargo da derrota de 1950.[13]

Irmã Dulce não se envolvia diretamente nos aspectos políticos. Embora já tivesse envergadura para ser um grande cabo eleitoral e arrastar consigo muitos votos, não há registros de que ela tenha dado apoio explícito a Juracy em 1950 – nem a qualquer outro candidato ao longo de sua vida. A regra de ouro de seu pragmatismo era jamais ser associada a qualquer grupo político, porque isso poderia trazer prejuízos à sua obra social. Assim, a derrota do candidato de Hildebrando não significou nada para ela. Durante a eleição de 1950, ela tinha outra prioridade muito mais urgente. Àquela altura, estava às voltas com dezenas de doentes que abrigara precariamente no pequeno galinheiro que ficava ao lado do convento no Largo de Roma.

***

Em 1950, ninguém poderia imaginar que aquele acordo político entre Juracy Magalhães e frei Hildebrando, fechado na cela no convento de São Francisco, testemunhado por Norberto, pudesse ter relação com o futuro de um dos maiores conglomerados empresariais do país. Em 1953, quando Getúlio Vargas fundou a Petrobras, o presidente já havia feito as pazes com Juracy e colocou-o na presidência da companhia recém-nascida. A primeira sede da empresa seria justamente em Salvador, em virtude de a exploração comercial de petróleo extraído em solo brasileiro ter começado na Bahia. Fundada na década anterior, a Construtora Norberto Odebrecht obteve os contratos para um gasoduto, uma refinaria e o edifício-sede da estatal da capital baiana.

Norberto Odebrecht morreu em 19 de julho de 2014, dezessete meses depois de ser entrevistado por este autor. Quando ele faleceu, em decorrência de problemas cardíacos, fazia três meses que um grupo de procuradores do Ministério Público Federal havia encontrado a nota fiscal de uma Land Rover Evoque em nome de Paulo Roberto Costa, ex-diretor de Abastecimento da Petrobras, nos arquivos do doleiro Alberto Youssef. Era a operação Lava Jato em ação. O que era então uma investigação paroquial sobre doleiros acabou se transformando na ponta de um novelo que levou à descoberta de um bilionário esquema de corrupção na Petrobras. Em 19 de junho de 2015, Marcelo Bahia Odebrecht, neto do fundador Norberto e então CEO do conglomerado, foi preso sob suspeita de ser o chefe de uma organização criminosa que pagou propinas em troca de favorecimento nos contratos superfaturados da Petrobras.

No acordo de delação fechado com a Procuradoria-Geral da República, no Brasil, e com o Departamento de Justiça dos Estados Unidos e autoridades da Suíça, 78 executivos e ex-executivos da Odebrecht detalharam como pagaram mais de 1 bilhão de dólares em propina em 12 países.

CAPÍTULO 12

O GALINHEIRO DO CONVENTO

Antes da conclusão do prédio do Círculo Operário da Bahia no Largo de Roma, Irmã Dulce passou maus bocados para conseguir um teto para os doentes que ela recolhia na rua.

Aos primeiros "hóspedes" que a freira abrigara invadindo casas interditadas na Ilha dos Ratos seguiu-se um contingente que não parou de crescer ao longo da década de 1940. Após ter de deixar as primeiras casas invadidas, Irmã Dulce deu duro para arranjar teto para quem padecia na rua.

Ela soube que havia um mercado do peixe desativado na região da Madragoa, também na península de Itapagipe. Não teve dúvida: mandou arrombar, limpou o local e instalou os enfermos. Eram cerca de 40 pessoas que não tinham para onde ir. O prédio pertencia à prefeitura de Salvador e estava abandonado.[1]

Junto da freira Hilária, Irmã Dulce ia diariamente ao local para inspecionar o estado dos doentes. Irmã Hilária, nome religioso da cidadã Edith Rodrigues Pontes, era veterana de assistência aos doentes ao lado de Irmã Dulce desde a Ilha dos Ratos. A turma era alimentada graças à ajuda das famílias vizinhas e aos donativos que Irmã Dulce conseguia.

A despeito da ótima relação com o presidente Dutra e com o governador Mangabeira, Irmã Dulce vivia um jogo de gato e rato com a Prefeitura de Salvador. O prefeito mandou desocupar o mercado abandonado.

Emparedada outra vez, Irmã Dulce abrigou os doentes sob os arcos recém-construídos na Colina Sagrada, uma via que leva à Igreja do Senhor do Bonfim, a mais famosa de Salvador. As "paredes" foram improvisadas com caixas de compensado entre as colunas. O novo "albergue" ficava a pouco mais de 1.000 metros do convento no Largo de Roma – o que permitia que Irmã Dulce visitasse os doentes todos os dias.

Ao transferir os doentes para os arcos, Irmã Dulce comprou uma nova briga com o prefeito Wanderley Pinho porque a revitalização do acesso à Igreja do Senhor do Bonfim era um dos "presentes" do aniversário de 400 anos de Salvador. Depois de várias advertências de funcionários da prefeitura, Irmã Dulce foi visitada pelo próprio prefeito. O tom não era nada amistoso. Pinho disse que estava errado abrigar os doentes naquele cartão-postal da Bahia.

"Doutor, então me arranje um lugar", replicou Irmã Dulce.[2]

Mas o prefeito não se intimidou e ralhou com ela, dando um ultimato para que tirasse os desabrigados de lá.

A solução definitiva veio no início de 1949. Irmã Dulce pediu à superiora da Congregação em Salvador para usar o galinheiro que ficava ao lado do convento Santo Antônio, contíguo com o Cine Roma. Era apenas um puxadinho precário, onde as freiras criavam algumas poucas galinhas. A superiora Gaudência Fontes de Noronha autorizou.

Na verdade, era improvável que Gaudência agisse de outro modo, porque aquele convento fora construído junto com a obra do Círculo Operário por Irmã Dulce, que era a superiora daquela casa religiosa. O novo convento da Congregação fora fundado em 25 de julho de 1948. Irmã Dulce conseguiu que o imóvel, incluindo o terreno do galinheiro, fosse escriturado em nome da Congregação das Irmãs Missionárias da Imaculada Conceição.

"Mas onde você vai pôr as galinhas?", lembrou-se de perguntar a superiora.

"Não se preocupe, não, as galinhas já estão na barriga dos doentes."[3]

O antigo galinheiro foi limpo. Na falta de camas, colchões foram postos em estrados sobre cavaletes de madeira. Para separar homens e mulheres, Irmã Dulce instalou uma divisória de compensado e colocou os 70 doentes ali. Muitos doentes padeciam de tuberculose que Irmã Dulce tratava ela mesma. É provável que o contato com os doentes tenha sido a causa da tuberculose que levara a freira para tratamento no convento do Ceará entre agosto e setembro de 1949. Quatro freiras e duas leigas a ajudavam no trabalho.

No início, o Albergue Santo Antônio não era uma coisa bonita de se ver, como relembrou uma antiga colega da Congregação: "Eram doentes que podiam suscitar nojo por causa da sujeira com que chegavam. Muitos cobertos de bichos. Mas Irmã Dulce os recebia e tratava ela própria".[4]

Uma de suas primeiras providências foi recrutar como voluntário o médico com quem ela trabalhava no atendimento aos sócios do COB. Filinto Borja examinava os pacientes e prescrevia medicamentos que Irmã Dulce tratava de obter. A mulher do médico também ajudava a cuidar dos pacientes. Quando não tinha dinheiro, Irmã Dulce comprava fiado os remédios dos doentes. Depois se virava para acertar as contas com as farmácias que lhe faziam confiança. Não havia praticamente nada, mas o teto, a comida, os remédios e os cuidados diários eram mais do que eles conseguiriam no olho da rua.[5]

Não havia luz elétrica no antigo galinheiro. As leigas Iraci e Dalva acompanhavam Irmã Dulce com uma lamparina na inspeção noturna dos pacientes. Quando percebia que um deles se aproximava da hora da morte, Irmã Dulce providenciava para que ele confessasse seus pecados. Elas compunham um trio de mulheres franzinas com uma energia extraordinária. Quando concedeu entrevista para este livro, Vaz Lordelo, amiga e voluntária que conviveu diariamente com a Irmã Dulce entre 1947 e 1992, ainda se recordava de como as 3 faziam força quando alguém morria e não havia ninguém mais para ajudar. Ela, Dalva e Irmã Dulce seguravam o morto pelos pés, costas e cabeça para colocá-lo no caixão.[6]

Embora a Congregação tivesse dado aval para a criação do albergue e permitisse que outras freiras se envolvessem com o tratamento dos pacientes, o primeiro sinal de preocupação com os rumos daquela aventura surgiu já em 1950, quando chegaram a designar uma substituta para Irmã Dulce como superiora do convento Santo Antônio. A Congregação tentou transferi-la para outro convento em Fortaleza, mas isso não aconteceu alegadamente por causa da saúde frágil de Irmã Dulce.[7]

***

Irmã Dulce sempre esteve disposta a se engajar em esforços gigantescos e assumir riscos quando achava que a causa valia a pena. Se a experiência do albergue erguido no antigo galinheiro fracassasse, as consequências recairiam sobre os doentes e seria difícil para ela recuperar a confiança deles. No entanto, por mais temerário que fosse o empreendimento, tinha vantagens óbvias. Do Convento Santo Antônio, onde Irmã Dulce morava, ela podia ficar de olho nos pacientes e assisti-los em tempo integral. Mais importante: os seus doentes nunca mais seriam enxotados de novo.

No entanto, como praticamente tudo o que se refere a Irmã Dulce, sua racionalidade estava a serviço da convicção mística. A força que a impeliu a aceitar sobre os próprios ombros a pesada responsabilidade pessoal pelo destino daquelas pessoas no antigo galinheiro foi a confiança irrestrita em Deus, segundo quem conviveu com ela naquela época. Irmã Dulce cultivava uma certeza de que aquela temeridade funcionaria porque, como ela vivia repetindo, a obra pertencia a Deus e, portanto, Ele não a abandonaria.

Essa intimidade com Deus, coisa de companheiros de jornada, era alimentada pela oração constante. O pai dela, Augusto Lopes Pontes, entregara ao convento construído pela filha a imagem de Santo Antônio, que estava com a família desde o século XIX. Aos pés da estátua Irmã Dulce se prostrava para pedir e agradecer. Algumas vezes, esse ritual era acompanhado pela leiga Iraci. Nesses momentos, Iraci acendia uma vela para o santo e também se ajoelhava, unindo-se à companheira em oração.[8]

Segundo freiras que conviveram com Irmã Dulce em diferentes momentos de sua vida, era muito raro que ela fosse dormir sem que tivesse rezado o rosário ao longo do dia. Trata-se de um exercício espiritual pesado: os fiéis devem meditar sobre um dos mistérios da vida de Cristo cada vez que concluem uma das 15 partes do rosário. Para não se perder, é comum que a pessoa reze acompanhada de uma fileira de contas. Cada uma delas representa uma oração. Há teólogos que questionam sua validade por ser repetição incessante com pouca reflexão, mas diversos papas o recomendaram em suas encíclicas, entre eles João Paulo II.[9]

Como era possível que ela encontrasse tempo para recitar quase duas centenas de orações diariamente, se tinha uma agenda de trabalho tão extenuante? A informação sobre o hábito diário de rezar o rosário, entretanto, é uma reconstituição baseada nas lembranças de pessoas que conviveram com ela que ainda estavam vivas na segunda década do século XXI e pode ser imprecisa. A memória prega peças às vezes cimentando como fato o que é só uma impressão.

Mesmo assim, o lugar que a prática da oração ocupava em sua rotina era bastante importante. Para Irmã Dulce, rezar não era somente a atividade física de recitar preces, mas algo transcendental relacionado filosoficamente à presença de Deus que ela dizia sentir em todos os atos de sua vida. A freira afirmava que, mesmo quando estava conversando com uma outra pessoa ou resolvendo um assunto comercial, seu "coração continuava rezando". E também dormia bem pouco, entre duas e quatro horas por noite. No silêncio do quarto escuro, ela passava boa parte da noite em oração. Era assim que se revigorava espiritualmente para dar conta das responsabilidades.

"Nós não podemos conseguir nada se nós não fizermos da nossa vida uma oração contínua. Eu recorro a Ele sem interrupção. Afinal de contas, somos humanos, ainda não somos anjos. A oração é que faz tudo, a ação é decorrente da oração. Nós não podemos nos dedicar à ação sem a oração, porque seria tudo perdido, não seria uma coisa de Deus. O que nós temos conseguido aqui é somente pela oração", explicou.[10]

Ao falar da própria fé, ela conseguia ser bastante poética às vezes. Irmã Dulce gostava de repetir que dentro de seu coração existia uma pequena "capela onde estava Jesus".

CAPÍTULO 13

ESMOLA E HUMILHAÇÃO

Para alimentar o número crescente de bocas, Irmã Dulce não foi atrás somente de grandes doadores nem se contentou com o Círculo Operário. Ela começou a percorrer quase todos os dias supermercados e as lojas do bairro do Comércio. Pedia tanto que na década de 1950 chegou a ser chamada pejorativamente de "freira pidona". Algumas vezes era maltratada.

Iraci Lordelo contou ter testemunhado um episódio que já faz parte do folclore. Segundo ela, Irmã Dulce levou uma cusparada na mão quando pedia donativos para seus pacientes. Com frieza, a freira limpou a mão em um lenço e estendeu-a novamente ao mal-educado: "Está certo. Isso foi para mim, agora eu quero saber o que o senhor vai dar para os meus doentes".[1]

O autor tomou conhecimento de pelo menos 4 versões da mesma cena, sempre com pequenas variações entre si. É possível deduzir que tenha ocorrido em algum momento entre 1949 ou 1952, mas o nome do comerciante evanesceu.[2]

Em um outro episódio, o dono de um supermercado ficou furioso ao ver fardos de gêneros alimentícios – arroz, feijão e farinha – amontoados em uma escada. Ao descobrir que a mercadoria seria doada a Irmã Dulce, o empresário Mamede Paes Mendonça passou uma descompostura no gerente que havia autorizado a caridade e mandou que os produtos retornassem ao estoque.

O empresário sergipano radicou-se em Salvador em 1951 e criou uma rede de supermercados que, em 1991, seria a terceira maior do Brasil com mais de 22 mil funcionários. Nos anos 1970, Mamede e Irmã Dulce se aproximaram e o empresário chegou a ser um dos grandes benfeitores da irmã, doando não apenas alimentos como dinheiro e até carros para que a freira sorteasse para fazer caixa para bancar seu hospital.

Paes Mendonça foi conselheiro das Obras Sociais Irmã Dulce e uma pessoa em quem a freira depositava uma imensa confiança no final da vida. Eles jamais tocaram no assunto da doação impedida pelo empresário em 1959.[3]

"Ela pediu muita esmola, muito pediu, muito sofreu. E ficava fazendo cartas, só escrevendo, pedindo coisa, pedindo. Recebeu muito 'não', mas também recebeu muito 'sim', graças a Deus", recordou a freira Hilária.[4]

***

Irmã Dulce recebia muito "sim" na feira de Água dos Meninos, o imenso mercado popular na Cidade Baixa. A câmera do eminente fotógrafo francês Pierre Verger captou cenas da vida frenética na Água de Meninos entre 1946 e 1952.

Ao lado da Baía de Todos-os-Santos, a feira era um formigueiro diário com mais de mil pequenos vendedores instalados em tendas rústicas ou com suas mercadorias espalhadas em panos sobre o chão. Lugar cheio de vida e de uma simplicidade exuberante: os tabuleiros das baianas que preparavam acarajés, o artesanato de cerâmica e palha, jarros e mais jarros de pimentas, maxixes, quiabos, cajus e uma infinidade de frutas e legumes. Muitas dessas mercadorias chegavam de barco do Recôncavo. Verger eternizou os rostos de gente simples da Bahia, como vendedoras de farinha, filhas de santo e estivadores que, apesar da vida difícil, espalhavam sorrisos comoventes.[5]

Essa gente simples apoiou Irmã Dulce na sofrida década de 1950. A freira peregrinava por Água de Meninos duas vezes por semana para recolher donativos dos pequenos comerciantes. "Criado na feira", Otacílio França Cerqueira chegou a Água de Meninos aos 13 anos em 1951 para aprender o ofício de açougueiro.

"A Irmã Dulce era sustentada pelos governos e empresas grandes, mas aqui muita gente da feira também ajudava. Os feirantes juntavam cereais, verduras, e ela mandava buscar do jeito que conseguia", recordou o açougueiro.[6]

Segundo ele, era comum que Irmã Dulce recolhesse, nas suas andanças pela feira, doentes, meninos de rua ou mendigos. No albergue, dava-lhes o que fosse necessário e que estivesse a seu alcance: roupas, remédios, alimentos e pequenas quantias de dinheiro.

Como a freira não tinha carro nessa época, os doentes que não conseguiam chegar ao Largo de Roma com as próprias pernas eram levados em táxis, carroças e até em carrinhos de mão. Quando não conseguia transporte gratuito, Irmã Dulce pagava a taxistas ou estivadores para levar os enfermos ao albergue.

Elizabeth Fernandes da Silva, que trabalhou como voluntária no albergue a partir de 1960, estava com Irmã Dulce quando esta foi chamada para recolher um doente dentro de um buraco na feira. Quando chegaram, um dos feirantes disse a Irmã Dulce que não havia mais doente nenhum porque o homem já estava morto havia vários dias.

A freira e a enfermeira foram até o tal buraco, ao lado de uma carga de cana-de-açúcar, e viram um corpo inerte, já tomado de insetos e exalando cheiro fortíssimo. Ao se aproximarem, perceberam que era um velho que ainda respirava, mas já estava nas últimas. Começaram então, sozinhas, a luta para tirá-lo do buraco e socorrê-lo.

Como o escapulário (manto que se estende pela frente e pelas costas cobrindo o hábito) limitava seus movimentos, a freira tirou a peça e a enrolou em torno do pescoço. Irmã Dulce e Elizabeth puxavam o homem e gritavam por ajuda, mas conseguiram alçá-lo sozinhas. O homem tinha uma grande ferida infeccionada em uma das pernas, estava imundo e não conseguia falar nem ficar em pé. Após lavá-lo e tratar o ferimento, Irmã Dulce segurava a cabeça do paciente enquanto Elizabeth fazia a barba e cortava o cabelo dele. Não era um idoso como pensaram, mas um rapaz na faixa dos 30 anos.[7]

A feira de Água de Meninos foi destruída por um misterioso incêndio em 1964. Há indícios de que tenha sido criminoso, conforme o depoimento de vizinhos que disseram ter sentido um forte cheiro de combustível na noite em que o fogo acabou com a feira, mas isso jamais foi provado oficialmente. As chamas começaram simultaneamente em pontos distintos e, em questão de poucas horas, devoraram tudo. Muita gente perdeu mercadorias e o meio de ganhar a vida.

Após a tragédia, os feirantes foram transferidos para a atual feira de São Joaquim, mas o vínculo com Irmã Dulce não se rompeu – ainda que as visitas ficassem mais espaçadas, a cada duas semanas.

"Ou ela vinha buscar ou a gente mesmo levava. A gente doava a mercadoria que já estava meio fraca, como tomate muito maduro ou chuchu escuro.

Não era bonito para vender, mas estava bom para comer. Cada carga dava 200 ou 300 quilos", relembrou o feirante Edmilson Neves de Carvalho.[8]

Os feirantes nunca faltaram à Irmã Dulce nem ela faltou a eles. Edmilson Carvalho contou que uma vez levou para Irmã Dulce um conhecido de Amargosa, cidade do interior baiano, que tinha câncer na boca. O paciente era um pedreiro que não tinha como arcar com o tratamento na capital.

"Deixei na porta de Irmã Dulce. Ela cuidava dele no albergue e o mandava todo dia ao [hospital] Aristides Maltez para fazer o tratamento. Ele se curou."

Na Bahia de todos os apelidos, Escuro, nome de guerra do feirante Raimundo dos Santos, simbolizou como nenhum outro a ligação dos homens do comércio popular com a freira. Durante muitos anos, ele foi o organizador das coletas em São Joaquim para Irmã Dulce.

Depois de sofrer um acidente vascular cerebral, o feirante foi levado ao hospital de Irmã Dulce. Escuro morreu no hospital que tanto ajudou.[9]

CAPÍTULO 14

NOS ALAGADOS

As freiras tinham acabado de tomar o café da manhã no Convento Santo Antônio quando ouviram um forte estrondo seguido de uma explosão: um ônibus lotado, logo depois de ultrapassar um caminhão na avenida dos Dendezeiros, bateu de frente com um bonde que vinha em sentido contrário. O tanque de gasolina explodiu, e as chamas tomaram o ônibus que transportava pelo menos 28 pessoas. O acidente ocorreu por volta das 6h20 do sábado, 5 de janeiro de 1952, véspera do Dia de Reis.[1]

Sobressaltadas com a explosão, Irmã Dulce e as freiras correram para fora do convento. Os passageiros do bonde escaparam ilesos, mas dentro do ônibus a situação era desesperadora: havia gente presa nas ferragens lutando para sair de dentro da fornalha. Os que tiveram sorte conseguiram chegar às janelas, de onde eram puxados pelas religiosas e por outros vizinhos que correram para a rua.

O tempo preservou a dinâmica do acidente, mas o papel de cada pessoa envolvida na tentativa de salvar as vítimas se dissipou. Dois soldados da Polícia Militar, Juvenal Falcão Coutinho e Claudionor Bispo da Conceição, ficaram atordoados com o baque do ônibus atingindo o bonde em que estavam. Os dois amigos iam para a Vila Militar, vizinha ao convento.

Ao descerem, eles viram Irmã Dulce correndo em direção ao ônibus com uma pedra na mão e começando a quebrar os vidros para ajudar os passageiros a saírem daquele inferno. Primeiro, eles também tentaram estilhaçar os vidros para puxar quem estava preso, mas logo conseguiram abrir a porta do coletivo, que empenara com a batida.[2]

"Ela, Irmã Dulce, pegava uma pessoa de um lado, eu pegava do outro, puxava do outro, jogava no chão, cobria de areia para o fogo apagar. E o pessoal gritando: 'Me salve, me salve, me salve' e a gente via o fogo pegando, os cabelos queimando", relembrou a freira Hilária Rodrigues Lopes.[3]

Na memória da colega de Irmã Dulce, as irmãs só contaram com as próprias mãos para puxar ao chão as pessoas que conseguiam esticar o braço ou tirar uma parte do corpo pela janela. Uma mulher morreu queimada, com a cabeça e o tórax inclinados para fora do ônibus enquanto tentava escapar. O braço direito pendia no ar.[4] "Ela gritava que alguém segurava as suas pernas", testemunhou o soldado Juvenal.

Outro passageiro morreu carbonizado, de joelhos, atrás do banco do motorista. Vizinhos carregaram baldes de água para tentar conter as chamas, mas a providência foi em vão. Quando chegaram, bombeiros e ambulâncias pouco puderam fazer: em poucos minutos, o fogo consumira quase tudo. Dezesseis pessoas morreram na maior tragédia registrada até então no trânsito de Salvador.

Carros particulares levaram as vítimas para os hospitais de Salvador. Silvia Coelho Borges, uma das 12 sobreviventes, só se lembrava do estrondo, da explosão e de uma "figura de branco" que a tirara de lá. Quando ela recobrou a consciência no pronto-socorro, contaram-lhe que era Irmã Dulce.

Maria Luiza Viana Fernandes, que morava perto do Largo de Roma, conseguiu chegar a tempo de ver uma última pessoa ser retirada dos destroços. Durante várias décadas, ficou impresso em sua memória o aspecto em que encontrou a freira naquela manhã: rubra, cansada, com o rosto chamuscado e um semblante de dor.

Maria Luiza correu ao Largo de Roma porque temia que o pai e o irmão estivessem entre as vítimas. Seus parentes tiveram sorte, mas quatro amigos da família morreram no acidente: "Foi um terror. O bairro inteiro chorou".[5]

***

O fenômeno da multiplicação dos pobres que bateram à porta de Irmã Dulce estava casado com a demografia. Entre 1920 e 1940, o crescimento populacional de Salvador ficou praticamente estagnado, tendo sido incrementado em apenas 2,5%. Entre 1940 e 1960, o número de moradores saltou 126%: a cidade contava 290 mil pessoas na época em que a freira invadiu as primeiras casas na Ilha dos Ratos e, duas décadas depois, já somava 655 mil habitantes.

Em um estudo sobre o assunto, o geógrafo baiano Milton Santos e a pesquisadora francesa Jacqueline Beaujeu-Garnier afirmaram que somente um terço da explosão populacional soteropolitana derivava do crescimento vegetativo natural (número de nascimentos menos o número de mortes).[6] O grosso do contingente era de famílias que abandonavam o interior baiano em busca de emprego na capital. O grande problema de Salvador foi como alimentar, vestir, abrigar e empregar um número crescente de pessoas em época de crise.

A primeira "invasão" – como os soteropolitanos chamam suas favelas – foi o Corta-braço, surgida nos primeiros meses de 1946 em um naco do bairro da Liberdade. Da noite para o dia, surgiram habitações precárias feitas de barro, papelão grosso, madeira de caixotes de querosene e lataria. O dono do terreno obteve a reintegração de posse. Numa ação violenta, a polícia destruiu os casebres e agrediu moradores. Meses depois, os invasores voltaram e a polícia expulsou-os novamente. O jogo de entrar e sair do terreno invadido só teve fim quando o governador Octávio Mangabeira (1947-1951) desapropriou a terra.[7]

Nenhuma outra chaga urbana representou tão bem a incerteza econômica de Salvador quanto a invasão de terras da Marinha e, na sequência, do próprio leito do mar na enseada dos Tainheiros, na península de Itapagipe. A situação dos moradores deu nome à favela, e rapidamente os Alagados se espalharam. No começo, os barracos eram levantados em áreas de banhado entre a água do mar e o mangue, sustentados por palafitas. Aos poucos, a população foi avançando rumo ao mar e criando "terra firme" com lixo, entulhos ou terra.[8]

Assim que a favela dos Alagados surgiu, a perspectiva era de miséria e desolação. Fotografias e filmes da época mostram fluxos de pessoas impotentes, atravessando uma paisagem aterradora. Com paredes de compensado e teto de zinco, as malocas eram construídas sobre estacas fincadas no leito do mar. Crianças perambulavam melancólicas, passando por grupos de mulheres exaustas, que reviravam o lodo perto das palafitas em busca de mariscos com a maré baixa. Eram as marisqueiras.

Quando a água calma da Baía de Todos-os-Santos subia, fezes e lixo se elevavam a poucos centímetros do chão de tábua das casas. Os detritos eram visíveis através das instáveis pontes de madeiras que permitiam a circulação. Não era raro que pessoas caíssem na água ao pisar em uma tábua solta. O cheiro de esgoto era infernal e os urubus voavam em bandos pelo céu da favela.[9]

Ironicamente, os barracos pipocaram não muito longe do bairro do Lobato, local onde o petróleo jorrou pela primeira vez no Brasil. O sonho frustrado do progresso de Itapagipe esteve por trás do surgimento dos Alagados, onde muita gente, sem poder morar em bairros já estabelecidos, acabou na invasão. O contingente foi empurrado para cima das palafitas, onde não haveria a briga com o proprietário de terreno invadido. O mar não tinha dono.

Nos anos 1940, as autoridades planejavam instalar na península um polo industrial para tentar reviver a vitalidade fabril daquela região.[10] Foi uma das muitas falsas decolagens da industrialização de Salvador. Refugiados econômicos chegavam em grandes ondas. Entre 1950 e 1960, a capital recebeu, em média, 20 mil novos migrantes por ano.[11]

Do sertão vinham famílias camponesas deportadas pela seca e pela falta de trabalho. Fugiam da fome com a esperança de melhorar a vida e se uniam ao contingente de soteropolitanos miseráveis. Alagados, que surgiu entre 1948 e 1949, não parava de crescer. Um estudo que entrevistou famílias em mais de 2.500 casebres dos Alagados, em janeiro de 1960, concluiu que quase 70% dos moradores viviam antes em outros bairros de Salvador, sintomático da profunda crise de habitação na capital.[12] Quase um terço dos moradores era composto de retirantes que foram tentar a sorte na cidade e acabaram na favela.

O emprego na capital era uma miragem: apenas 5 mil postos industriais foram criados naquela década.[13] Parte do problema se devia ao "enigma baiano", como os economistas batizaram o fenômeno de Salvador não ter passado por um processo de industrialização intensa durante a era Vargas. As razões apontadas para isso são diversas – desde o isolamento político da Bahia, que ficou fora do mapa de investimentos que surgiu da vontade discricionária de Getúlio Vargas, à falta de tirocínio industrial dos empresários locais.[14]

Enquanto indústrias floresciam em outras partes do Brasil, o número de postos de trabalho na indústria em Salvador minguou gradativamente com o fechamento de muitas tecelagens. Em 1955, em São Paulo havia 1 operário industrial para cada 5 habitantes, 1 para 10 no Rio, no Recife e em Belo Horizonte. Em Salvador, a proporção era de 1 para cada 30. A favela de Alagados, filha mais vistosa do atraso econômico baiano, alcançou 100 mil moradores nos anos 1970.

Irmã Dulce se apressava em visitar a zona que toda Salvador evitava. Ao lado de seus pobres no albergue improvisado, Alagados virou sua prioridade. Durante três décadas, ela visitou a favela regularmente para distribuir alimentos, remédios, recolher doentes e evangelizar. Numa das fotos anexadas ao processo de beatificação, Irmã Dulce aparece com 4 crianças pequenas sobre uma pontezinha de tábuas sustentada por estacas. Sob a ponte, lixo boiando na água imunda. Apenas a menina de vestidinho branco usa chinelos, os três meninos estão descalços. Nos fundos, uma maloca de tábuas e teto de zinco e uma pequena casa de alvenaria – o que indica que a imagem, sem data, pode ter sido registrada no final dos anos 1950 ou na década seguinte.[15] Os sucessivos aterros deram origem, mais tarde, a bairros populares da região do agora chamado Subúrbio Ferroviário.

Nenhuma sensação de horror ou desgosto foi capaz de separar Irmã Dulce da miséria humana. Em uma de suas andanças pela favela, a religiosa encontrou um indigente com um olho fora da órbita. A situação do homem, segundo uma colega que presenciou o caso, era bastante crítica, pois já havia sinais de infecção. Mesmo sem ter os meios de tratá-lo no albergue, Irmã Dulce recolheu-o e, com toda a delicadeza possível, limpou o ferimento e tapou-o com um curativo. No dia seguinte, arranjou um oculista para operá-lo. De acordo com o relato da freira Querubina da Silva, o paciente ficou bom.[16]

A confiança que os moradores de Alagados tinham na freira era muito grande. Certa vez, um incêndio consumiu em poucos minutos um barraco, matando pai, mãe e várias crianças. Um vizinho conseguiu entrar no que restava do barraco, em meio à fumaça e às chamas, e encontrou vivo um menino de 2 anos, Renato Batista dos Santos. A criança salva, foi levada para Irmã Dulce que o acolheu. No coração do pequeno órfão, a freira tornou-se sua mãe.[17]

Irmã Dulce não estava sozinha no apostolado em favelas. Nos anos 1940, surgiram as primeiras ações pastorais nos morros do Rio, mas o problema da pobreza dos favelados brasileiros só entrou definitivamente na agenda do catolicismo na década seguinte. Em janeiro de 1955, logo depois do Congresso Eucarístico Internacional na então capital da República, o cardeal-arcebispo de Lyon, Pierre Gerlier, estimulou o bispo auxiliar do Rio, dom Helder Câmara, a iniciar um trabalho social em favor das populações marginalizadas. Oito meses depois, dom Helder iniciou a Cruzada de São Sebastião, uma iniciativa de voluntários católicos para promover melhores condições de moradia para quem vivia nos morros. Além da construção de moradias populares para transferir os moradores das favelas para outras regiões da cidade, a cruzada também se desdobrou em iniciativas daquilo que hoje é chamado de economia solidária: a organização do Banco da Providência, que realizava operações de microcrédito, e a Feira da Providência.

Em junho de 1960, o cardeal-arcebispo de Milão, Giovanni Battista Montini, visitou as favelas do Rio ao lado de dom Helder. Três anos mais tarde, Montini ficaria conhecido em todo o mundo como Paulo VI, o nome que escolheu ao ser eleito papa.[18]

Para uma das religiosas que conheciam Irmã Dulce na época do início de suas andanças pelos Alagados, seu apostolado entre os pobres evocava o exemplo de São Francisco de Assis.[19] A comparação não é descabida: muito antes de fundar a Ordem dos Frades Menores no século XIII, Francisco começou a ser visto como santo por se aproximar e cuidar dos doentes dos quais ninguém queria chegar perto. Misticamente, os pobres dos Alagados representaram para Irmã Dulce algo similar ao que os leprosos eram no começo da trajetória religiosa do padroeiro da Itália: o sofrimento dos indesejados conduz a Jesus.[20] Nos anos 1950, a freira vivia socorrendo gente na favela.

Por causa disso, a imprensa baiana apelidou-a de "Anjo Azul dos Alagados".

CAPÍTULO 15

A CADEIRA

A ÁRVORE GENEALÓGICA DOS LOPES PONTES FAZ LEMBRAR O PITORESCO costume da família Buendía do romance *Cem anos de solidão*, obra-prima de Gabriel García Márquez, em que os nomes de batismo se repetem à medida que as gerações se sucedem. Augusto e Dulce tiveram 6 filhos em nove anos de casamento. O primeiro recebeu o mesmo nome do pai, e a terceira, nascida em 1915, também foi batizada com o nome da mãe. Maria Rita, a segunda, também passou a se chamar Dulce quando estava no convento.

Por causa da pouca idade que as separava, dezessete meses apenas, Irmã Dulce e Dulcinha sempre foram unha e carne. As duas irmãs enfrentaram juntas a traumática perda da mãe, em 1921. Quando estava em São Cristóvão, a noviça escrevera à mais nova para tentar convencê-la a também abraçar a vida consagrada. Dulcinha, que acabara de terminar um namoro em 1933, fez que não era com ela. Já adulta, Dulcinha foi presença constante em todos os momentos críticos da vida de Irmã Dulce e desempenhou papel fundamental quando a freira ficou afastada da própria Congregação, momento mais amargo de sua trajetória religiosa.

Dulcinha casou-se com um primo que se chamava Augusto Lopes Pontes, exatamente como seu pai. O casal foi morar no Rio de Janeiro e, em 1955, tiveram uma filha a quem batizaram como Maria Rita em homenagem à freira. A sobrinha Maria Rita, a quem Irmã Dulce sempre amou como se fosse sua própria filha, é a continuadora do trabalho da freira à frente das Obras Sociais. Maria Rita veio ao mundo depois de sua mãe passar por uma situação traumática.

Em 1954, Irmã Dulce tomou um choque ao saber que Dulcinha perdera o bebê que esperava no oitavo mês da gestação, provavelmente durante uma viagem entre o Rio e São Paulo.[1] O médico disse que não a submeteria a uma cirurgia para a retirada do feto sem vida porque ele seria expelido naturalmente. Dulcinha, porém, teria de ir ao consultório todos os dias para controlar a existência de sinais de infecção. Se eles aparecessem, o médico faria o parto.

Irmã Dulce ficou exasperada quando soube. Sem ter o que fazer, a religiosa suplicou a Deus para que Dulcinha se restabelecesse. A freira se comprometeu com uma penitência absurda: passar o resto das noites de sua vida dormindo sentada em uma cadeira ao lado de sua cama. Deus cumpriu a sua parte: não houve infecção e Dulcinha teve mais sorte na gravidez do ano seguinte, quando Maria Rita nasceu. Irmã Dulce também.

No segundo semestre de 1956, quando Maria Rita ainda usava fraldas, Dulcinha engravidou novamente e houve problemas. Em vez de se instalar no útero, o feto se desenvolveu fora dele. É o que os médicos chamam de gravidez ectópica. Naquela época, tratava-se de uma gravidez com risco de morte para a gestante, que já contava 40 anos. Irmã Dulce radicalizou a penitência, retirando o pequeno estofamento de espuma que recobria o encosto para as costas. Ela pediu a Deus que poupasse a vida da irmã e do bebê. O feto não sobreviveu.

Em uma postura bastante mística, ela acreditava que sua devoção havia ajudado a salvar a vida de Dulcinha duas vezes. Mas, na camada mais profunda de sua espiritualidade, Irmã Dulce acreditava francamente ter sido destinada por Deus ao sofrimento. O dela própria e o das demais pessoas: doentes abandonados, mendigos, favelados e crianças órfãs. A penitência, algo muito valorizado na tradição da santidade católica, não era um castigo, mas uma dádiva que aproxima o pecador do martírio de Jesus Cristo. A cadeira é um símbolo de sua sede de sofrimento.

"Tinha uma cama, mas ela não deitava. Ficava à noite indo da cadeira para a janela. Às vezes chorava de tanta dor. A gente fazia massagem, mas remédio mesmo ela não queria. O médico receitava analgésico, mas ela não tomava. Ela queria sofrer. Até 3 horas da manhã a gente não dormia. Até eu cheguei a ficar doente", relembrou irmã Dilecta, que viveu cinco anos no convento Santo Antônio.[2]

João Paulo II, papa com quem Irmã Dulce se encontrou duas vezes, era outro convencido de que eventos dramáticos de sua vida relacionavam-se com a missão que Deus teria lhe destinado na Terra. O pontífice foi alvo de um atentado a tiros em 13 de maio de 1981 na praça São Pedro. Na primeira mensagem que apresentou aos fiéis da janela de seu apartamento após voltar do hospital, o papa disse: "Através da Virgem Maria, gostaria de expressar a minha gratidão pelo presente com este novo sofrimento no mês mariano de maio".[3]

***

Quando começou a dormir sentada, Irmã Dulce já tinha 40 anos e era superiora do convento Santo Antônio (ocupou o cargo de 1952 a 1956). Sua jornada diária era extenuante porque o albergue só fazia crescer. As instalações precárias do antigo galinheiro já tinham virado, na prática, ambulatório e enfermaria repletos de pacientes. Como as notícias de seu trabalho começaram a se espalhar, enfermos e mendigos estavam sempre de plantão em frente ao convento. Os doentes – padecendo de câncer, hanseníase, tuberculose – costumavam chegar em condições ruins: o corpo tomado de feridas, cobertos por parasitas, fezes e até órgãos gangrenados. Muitos outros eram recolhidos nas ruas.

O tratamento e o diagnóstico ficavam a cargo de médicos voluntários, como Jorge Bahia, que atendia no Círculo Operário da Bahia 3 vezes por semana. Mas o trabalho duro de recebê-los e limpá-los era feito, grande parte das vezes, pela própria Irmã Dulce. Certa vez, ela mesma operou, à faca, uma mulher com os membros gangrenados.

"Essa coitada estava com imensas feridas, cheias de carne podre, e foi um trabalho raspar tudo. Eu mesma fiz a operação à faca. Médicos já haviam dito a ela que o caso não tinha jeito e que só lhe restava esperar a hora da morte. Mas a mulher está completamente boa, as feridas cicatrizaram e ficaram lisinhas", jactou-se a cirurgiã amadora, em uma entrevista ao jornal *A Tarde*.

Era tudo tão improvisado que 2 caixões, recebidos com donativos em 1958, viraram "leitos" de emergência. Naquele ano, dos 516 doentes internados, 56 morreram – resultado que deixou a freira "animada" em vista das precárias condições de que dispunha e do estado deplorável dos pacientes que chegavam.[4]

Quando ia descansar, entre duas e quatro horas por noite, a freira se sentava na cadeira e, com o terço na mão, punha-se a completar o rosário até cair no sono. Ao lado ficava a cama vazia, tentação e testemunha do martírio autoimposto. Quando alguém lhe perguntava sobre as poucas horas de sono, Irmã Dulce dava a sua resposta padrão: "Meu patrão é exigente".[5]

Embora sua saúde capengasse (já tinha sido nocauteada por uma provável tuberculose, operada da garganta e de apêndice), ela refugava categoricamente qualquer sugestão para deixar de passar a noite na cadeira. Irmã Dulce também gostava de usar seu hábito bastante apertado no rosto – o que fazia o pai, Augusto, estrilar: "Estou lhe falando não é como pai, não, é como dentista, você está deformando seu rosto".[6]

Freiras da mesma Congregação de Irmã Dulce costumam jejuar um dia por semana, sobretudo em tempo de Quaresma. Irmã Dulce passava três dias sem mastigar nada por causa de suas promessas a Santo Antônio e à Virgem Maria.[7] Nos demais, alimentava-se em um pires pequeno. No café da manhã preparado pela leiga Iraci Lordelo, Irmã Dulce era servida com "3 ou 4 fatiazinhas de pão torrado que mais pareciam uma hóstia". Almoçava bem pouco, algumas vezes em um pires – mesmo a quiabada, seu prato favorito – se à noite comia somente um pedaço de pão e tomava café com leite. Apesar de adorar, evitava Coca-Cola e doce.[8]

Irmã Olívia, uma freira que conviveu com Irmã Dulce por dezesseis anos, atribuía à profunda devoção o costume de impor tanto castigo ao próprio corpo com pouca comida e pouco sono. "Ela fazia as penitências dela para conseguir as coisas. Ela ficou doente porque ela não se alimentava direito, não tinha horário certo, não dormia ou dormia muito pouco. Irmã Dulce achava que tudo que ela fazia era pouco para Deus. Quanto mais fazia, mais parecia pouco", disse Olívia, que morou com Irmã Dulce entre 1976 e 1992.[9]

O diretor do hospital Santo Antônio e um dos médicos que cuidaram de Irmã Dulce na década de 1980, Taciano Campos, só descobria as penitências quando os sintomas de anemia denunciavam. Quando iam investigar por que a freira estava fraca, os médicos do hospital acabavam descobrindo que ela estava havia dias sem comer por causa de alguma promessa. Homem de sua inteira confiança, Taciano era uma das poucas pessoas da Bahia com autoridade para ralhar com Irmã Dulce no final da vida. Por causa dos jejuns e da cadeira, chamava-a de teimosa – o que a insultava profundamente, mas ela não o confrontava. Nem obedecia.

"Isso lá é coisa que o Taciano diga! A penitência é coisa minha e Dele", queixava-se Irmã Dulce, pelas costas do médico, apontando o dedo indicador para o alto.[10]

Em 1985, quando já estava com 71 anos e vivia assombrada pela ideia de que poderia ser subitamente "chamada pelo Senhor" sem saber qual seria o futuro da sua obra, Irmã Dulce finalmente cedeu ao bom senso. O crédito do convencimento coube ao médico Alberto Serravalle:[11]

"Irmã, se a senhora quer viver mais um pouco para cuidar dos doentes do hospital e das crianças [do orfanato], a senhora precisa parar de dormir na cadeira e voltar para a cama".

Foi o ponto-final da penitência, que durara três décadas.

CAPÍTULO 16

VOO SOLO

O voo solo de Irmã Dulce na filantropia teve início em 1959, com padrinhos poderosos e uma dose forte de personalismo.

No dia 26 de maio de 1959, seu aniversário de 45 anos, apoiadores reunidos pelo pai da freira, Augusto Lopes Pontes, fundaram as Obras Sociais Irmã Dulce. Ao lado do convento, Norberto Odebrecht estava construindo um hospital-albergue para substituir o ambulatório improvisado no antigo galinheiro. A nova entidade seria proprietária e gestora do hospital.

Sabendo do que trataria a reunião, Irmã Dulce recusou-se "discreta e delicadamente" a comparecer, conforme relata a ata do encontro que aconteceu no Cine Roma. Segundo os registros, a freira opôs-se a que fosse dado o seu nome para a associação e sugeriu batizar a entidade como Obras Sociais Santo Antônio ou Maria Imaculada de Jesus, homenagem à fundadora de sua Congregação das Irmãs Missionárias da Imaculada Conceição, com quem ela se correspondeu por cartas quando era noviça em São Cristóvão.

Na reunião presidida pelo pai de Irmã Dulce, a "sugestão" foi rejeitada por unanimidade sob argumento de que a freira era um "apóstolo do bem" e uma "bandeira" a quem industriais, comerciantes e as 3 esferas do governo não negariam apoio político e auxílio financeiro.[1] A suposta oposição de Irmã Dulce ao culto de sua própria personalidade durou pouco. Menos de três meses, na verdade.

Em 15 de agosto daquele ano, Irmã Dulce completou 25 anos de vida religiosa. O primaz Augusto Álvaro da Silva foi até o Largo de Roma para celebrar uma missa em ação de graças na pequena capela do convento Santo Antônio.[2] Logo depois, a entidade batizada como Obras Sociais Irmã Dulce foi apresentada, com estardalhaço, no vizinho prédio do Cine Roma.

Políticos, empresários, militares, religiosos e outras centenas de pessoas acorreram ao Cine Roma para homenagear a freira. Juracy Magalhães, que voltara ao governo da Bahia pelo voto direto, mandou à cerimônia sua esposa, Lavínia Magalhães. Foi a primeira-dama da Bahia que passou às mãos da freira o estatuto das Obras Sociais com o seu nome. Discursos exaltando a dedicação aos desfavorecidos se sucederam, e até um hino que chamava a freira de "mãe dos pobres" foi entoado na festa.[3]

No local, as autoridades fizeram doações em dinheiro para a obra do hospital-albergue. Um grupo de empresários entregou para Irmã Dulce as chaves de uma caminhonete Chevrolet, seu primeiro veículo, que pôs fim à dependência de táxis e carroças para recolher doentes nas ruas. Não menos importante, os diretores do Círculo Operário da Bahia deram "de presente" a obra do hospital, que estava sendo tocada no terreno da entidade por Norberto Odebrecht.[4]

Habilidosa com políticos e a imprensa, Irmã Dulce lembrara, em uma entrevista concedida pouco antes, que, para concluir o hospital, ainda lhe faltavam 6,2 milhões de cruzeiros (R$ 1,7 milhão em maio de 2019).

"Estou com muita esperança no auxílio do nosso governo, pois afinal estou tentando limpar uma chaga da nossa cidade. Aliás, dona Lavínia [esposa de Juracy] foi muito bondosa comigo e prometeu ajudar-me", disse a homenageada.[5]

Pouquíssima gente sabia, mas o dinheiro que o governador Juracy Magalhães doava para entidades assistenciais vinha de uma caixinha alimentada pelo jogo do bicho. Os contraventores pagavam mesada a Juracy em troca da vista grossa do governo. O próprio Juracy admitiu a propina do "famigerado jogo do bicho" em 1965, quando era embaixador do Brasil em Washington.

De maneira insólita, a confissão foi feita por escrito e assinada por Juracy Magalhães em um ofício da embaixada para um funcionário graduado da diplomacia americana. Em 7 de junho de 1965, o então embaixador Juracy escreveu uma carta ao diretor de assuntos brasileiros do Departamento de Estado, Jack Kubish, para pedir a inclusão do Hospital Aristides Maltez, referência para tratamento de câncer em Salvador, em algum programa de assistência. Tanto na informalidade do modo como no próprio conteúdo, a carta de Juracy, escrita em português, era espantosa para uma correspondência diplomática.

Meu caro Jack Kubish,

Recebi do Hospital Aristides Maltez a documentação que lhe encaminho com esta carta. Quando era governador da Bahia, condoído com a situação das beneméritas instituições sociais, a elas destinei verba do "famigerado jogo do bicho". O fato é que, durante meu governo, elas puderam viver e progredir. Dirijo-me, assim, confiantemente a você, na certeza de que fará o possível para incluir o Hospital Aristides Maltez entre as instituições brasileiras que serão amparadas pelo programa de assistência do governo americano. Pode estar certo de que estará semeando em bom terreno, pois o corpo técnico e seus empregados formam uma equipe abnegada que sabe cumprir o preceito cristão de amar o próximo como a si mesmo.

(...)

O amigo,
Juracy Magalhães.

Três dias depois, o funcionário americano respondeu (no tom mais formal possível) ao "caro senhor embaixador" que a liberação de recursos da Aliança para o Progresso obedecia a critérios. E disse que seria impossível sequer analisar o pedido do embaixador sem que este tivesse sido examinado e aprovado primeiro pelas autoridades no Brasil.[6]

***

Enquanto o trabalho social e o prestígio de Irmã Dulce decolaram, o Círculo Operário da Bahia definhou continuamente ao longo da década de 1950. Longe dos tempos do Estado Novo, a entidade se tornara uma relíquia anacrônica incapaz de organizar os trabalhadores por causa da concorrência da atividade livre dos sindicatos.

Embora ainda contasse com 6 mil associados, o núcleo central do COB não conseguia reunir a cada mês sequer 200 pessoas. Mesmo entre os poucos que cumpriam a obrigação estatutária de ir ao encontro mensal, a maioria permanecia apática, lendo, conversando e apenas esperando o início da sessão cinematográfica que se seguia às discussões. O resultado prático é que as mensalidades de associados no caixa minguaram.

Sintoma do divórcio das ideias do COB e sua base social foi, certa vez, um libelo feito por um franciscano durante contra a elevação do salário mínimo por ser "inútil sem aumento da produção" – algo que soaria certamente sensato entre empresários, mas era bastante exótico em uma reunião de operários.⁽⁷⁾ Alguns associados tentavam evitar a irrelevância trabalhista da entidade. Numa assembleia realizada em agosto de 1956, um dirigente sugeriu que o COB passasse a receber denúncias contra patrões que não cumprissem as leis trabalhistas, mas a ideia foi abortada ali mesmo.

"Eles devem procurar os sindicatos porque o Círculo não é entidade classista e depende dos patrões. Irmã Dulce que recorre a eles em seus vexames [necessidades]", cortou Vicente de Lima Pita, que presidia a assembleia geral.⁽⁸⁾

A transferência de frei Hildebrando para Recife em 1955 ajudou o COB a afundar. Na metade final daquela década, a entidade teve uma série de assistentes eclesiásticos e começou a sangrar em disputas internas. No vácuo da falta de liderança, as atividades assistenciais promovidas por Irmã Dulce ocuparam espaço cada vez maior. Em 1961, Hildebrando foi transferido a Salvador, às pressas, com a missão de evitar que o COB se desvinculasse da comunidade franciscana. Ele não conseguiu debelar a crise, e a nova direção reformou o estatuto, suprimindo o artigo que punha a entidade sob tutela dos franciscanos, inclusive com direito de veto sobre todas as decisões.

O episódio pôs fim à amizade entre frei Hildebrando e Irmã Dulce. O alemão responsabilizava a freira e, principalmente, o pai dela pelo ocaso da entidade. Pessoas que conheceram o frei e o dentista afirmaram que a convivência entre os dois sempre foi tensa. Eles travavam uma disputa sem tréguas pela influência sobre Irmã Dulce e pela paternidade do COB.

"Frei Hildebrando sempre dava umas freadas no pai da Irmã Dulce. Ele enquadrava mesmo", relembrou Norberto Odebrecht.⁽⁹⁾

O historiador franciscano Hugo Fragoso, amigo de Hildebrando, afirma que o dentista chegava a se dirigir publicamente ao frei com uma aspereza que, às vezes, descambava para os palavrões – algo que pessoas próximas de Irmã Dulce negam categoricamente. Segundo ele, Augusto queria que a filha fosse a única a merecer os louros pelo trabalho social. Frei Hildebrando também se encarregou de espalhar o boato de que o dentista era praticante do espiritismo – um veneno que, se levado a sério, tanto poderia constranger Irmã Dulce quanto sabotar a amizade do dentista com o primaz.⁽¹⁰⁾

A ruptura entre o alemão e sua antiga protegida ainda era um assunto amargo cinco décadas após a briga dos dois. "A Irmã Dulce foi o anjo da esmola, mas não a profetiza da justiça. Ela se deixou instrumentalizar pelos interesses dos poderosos. E o frei jamais cogitou rotular suas obras como Obras Sociais Frei Hildebrando", disse o historiador Fragoso.⁽¹¹⁾

Norberto Odebrecht, que convivia com os dois desde os anos 1940, atribuía o rompimento ao choque entre duas personalidades fortes. "Frei Hildebrando queria mandar muito e ela também. Ele era muito imperador, mas ela já tinha os programas dela. Ela abandonou frei Hildebrando porque queria preservar o domínio dela sobre as obras, não queria que aquilo se perdesse", disse o empreiteiro.[12]

Irmã Dulce e Frei Hildebrando só fizeram as pazes em 1975.

***

Na Igreja, as Obras Sociais Irmã Dulce geravam preocupações na Congregação das Irmãs Missionárias da Imaculada Conceição, que temia acabar soterrada em dívidas por causa da freira. A iniciativa foi em frente, no entanto, por causa do apoio decidido de um único avalista: o arcebispo-primaz dom Augusto Álvaro da Silva.

Dom Augusto desfrutava do auge de seu poder. Em 1953, o Papa Pio XII elevou-o a cardeal. Nas atas das Obras Sociais Irmã Dulce, consta que o "cardeal foi consultado" antes da criação da entidade. Na verdade, foi bem mais do que isso, o cardeal e o pai de Irmã Dulce, bons velhos amigos, redigiram, a 4 mãos, a minuta do primeiro estatuto da associação na mesa de jacarandá que ficava na sala de jantar da casa do dentista.[13]

Muito antes disso, uma outra circunstância completamente alheia à vontade da freira empurrou seu apostolado para a frente: a Guerra Fria. No início da década de 1960, graças à estratégia de contenção da esquerda no hemisfério ocidental do presidente John Kennedy, milhares de dólares e toneladas de donativos americanos foram despejados no Largo de Roma, através da Aliança para o Progresso.

CAPÍTULO 17

OS DÓLARES DE KENNEDY

O HOSPITAL-ALBERGUE SANTO ANTÔNIO, PEDRA ANGULAR DAS OBRAS Sociais Irmã Dulce, foi inaugurado em fevereiro de 1960 com 150 leitos. Aos doentes e indigentes que logo lotaram o hospital, a freira adicionou outra categoria de excluídos que proliferavam nas ruas de Salvador: meninos de rua.

Durante as noites, depois do jantar, Irmã Dulce começou a circular pela cidade e recolher crianças e adolescentes desabrigados, abandonados e subnutridos. Levava-os ao albergue. Lá, recebiam comida e podiam pernoitar. Algumas vezes, a abordagem da freira beirava o rapto. Ela se aproximava de crianças adormecidas na calçada em completo silêncio e os segurava pelo colarinho. Era comum que algumas reagissem debatendo-se, gritando e xingando a freira. Irmã Dulce continuava a segurá-los e dizia com sua voz sussurrante que queria apenas que não passassem a noite dormindo ao relento.[1] Muitos desses adolescentes abandonados acabavam voltando ao albergue por conta própria depois.

A hospedagem de crianças e adolescentes (alguns com um respeitável currículo de trombadinhas em Salvador) trazia confusão ao albergue. Exasperados, voluntários e freiras que trabalhavam com Irmã Dulce pediram a ela que desse um jeito de separá-los para que não incomodassem quem convalescia.

A saúde de Irmã Dulce também continuava pregando peças. Ela passou o mês de maio de 1960 acamada por causa de uma infecção cujas causas se perderam no tempo. A exemplo de todos os empreendimentos que iniciou na vida, a freira não tinha um plano muito claro sobre como levar adiante a assistência às crianças abandonadas. Ela obteve um galpão abandonado do governo do Estado para abrigá-las na zona rural de Simões Filho, município colado à capital. Confiava em Deus e bola para a frente.

Em 1962, ela se reinventou graças a uma dessas circunstâncias completamente alheias à sua vontade. Quando o Brasil estava dividido entre apoiadores e inimigos do presidente João Goulart, o fio invisível da História uniu os interesses dos Estados Unidos em varrer o comunismo das Américas ao trabalho social que Irmã Dulce vinha executando no pedaço mais miserável de Salvador. Como uma espécie de efeito colateral da Guerra Fria, dólares e mantimentos vindos dos Estados Unidos empurraram o apostolado social de Irmã Dulce para a frente.

***

Depois de intervenções ruidosas, como a derrubada do presidente da Guatemala (1954) e o fiasco da invasão da Baía dos Porcos (1961), os Estados Unidos começaram a encampar ações mais sutis contra a esquerda. O Brasil do presidente João Goulart era, aos olhos de Washington, um forte candidato a repetir a experiência cubana de revolução comunista no continente. O gaúcho Jango chegara ao poder após a renúncia do presidente Jânio Quadros em 1961. Suas credenciais trabalhistas – ele havia sido ministro do Trabalho do último governo de Getúlio – faziam os setores conservadores do país verem nele uma ameaça capaz de levar o Brasil ao comunismo. Tratando-se da vontade e da capacidade política de Jango alinhar o país a Moscou, o temor refletia mais a paranoia do que a realidade. Jango jamais foi comunista.

João Goulart só conseguiu tomar posse após um acordo para a implantação de um arremedo de regime parlamentarista para tentar tolher seus poderes. No primeiro semestre de 1962, a inquietação dos Estados Unidos aumentava com a autointitulada política externa independente do presidente, que se recusava a impor sanções a Cuba, e à nacionalização de uma companhia americana pelo governador do Rio Grande do Sul, Leonel Brizola, que era cunhado de Jango.[2]

No dia 30 de julho de 1962, o presidente John Fitzgerald Kennedy reuniu-se no Salão Oval da Casa Branca com Lincoln Gordon, seu embaixador no Brasil. JFK e o diplomata discutiram o envio de 8 milhões de dólares para organizações empreenderem uma agenda de desestabilização de Jango no Brasil.⁽³⁾ Era a antessala do golpe.

Um aspecto pouco conhecido da estratégia americana para combater o "comunismo" nas Américas envolvia a religião. A CIA (Agência Central de Inteligência) chegou a despachar para o Brasil até uma celebridade católica para fazer agitação contra o governo João Goulart. Entre 1962 e 1964, a Cruzada do Rosário em Família, do Padre irlandês Patrick Peyton, comoveu e mobilizou multidões de católicos brasileiros em aparições espetaculosas. Com o slogan "a família que reza unida permanece unida", a campanha evangelizadora de Peyton exibia filmes devocionais feitos na Espanha, em grandes espaços abertos no Brasil, acompanhados de pregação anticomunista.

Peyton foi uma espécie de premonição dos padres-celebridades que surgiriam no Brasil quatro décadas mais tarde. Ele não cantava, mas era um grande animador das massas. Em 16 de dezembro de 1962, uma imensa multidão acorreu para vê-lo rezar no Rio de Janeiro quando efeitos especiais projetaram uma enorme imagem de um rosário fundido com uma cruz na estátua do Cristo Redentor. Um ano mais tarde, a Cruzada patrocinou um programa de TV que mesclava discurso religioso, defesa das famílias e convidados célebres como Bing Crosby e Pelé. Agostinho dos Santos cantou "Ave Maria no Morro". Era tudo integralmente pago pela CIA.⁽⁴⁾

O clero conservador brasileiro abraçou Peyton. Dom Augusto, o protetor de Irmã Dulce, já vinha dizendo a seu rebanho na capital baiana que era dever dos católicos derrotar Jango e candidatos do PTB na eleição de 1962.⁽⁵⁾ Sintomaticamente, as 2 cartas pastorais que o cardeal-arcebispo de Salvador escreveu em 1963 incitavam os católicos baianos a resistirem ao avanço do comunismo.⁽⁶⁾ A primeira delas, datada de 5 de maio, tinha o título de "Rosário em família" e estava em sintonia fina com o fenômeno Peyton. Poucas semanas depois, a Cruzada convocou a procissão de Corpus Christi na capital baiana que acabou se tornando uma forte manifestação contra o presidente. Aos 87 anos, o cardeal não foi pessoalmente, mas designou seu braço direito, o bispo-auxiliar Walfrido Teixeira Vieira, para estar à frente da massa. Não há registro de que Irmã Dulce tenha se juntado à manifestação.

***

Nem todas as iniciativas americanas para influenciar a opinião pública brasileira se baseavam em truques sujos. Uma das pontas da estratégia de

Kennedy contra o avanço do comunismo foi a Aliança para o Progresso, providenciando ajuda humanitária a países pobres.

Entidades católicas americanas foram protagonistas no programa de ajuda. Os dólares da ajuda humanitária dos Estados Unidos acabaram chegando à Irmã Dulce, na Bahia, por intermédio do Catholic Relief Services (CRS). O programa Alimentos para a Paz, um dos braços da Aliança para o Progresso, enviou ao Brasil cerca de 26 mil toneladas de alimentos em 1962.[7] O CRS também obtinha donativos colhidos junto a doadores privados americanos. Foi neste período que as Obras Sociais Irmã Dulce receberam, pela primeira vez, alimentos e medicamentos vindos do exterior.

A ponte com os Estados Unidos foi iniciada pela pequena mas ativa comunidade de expatriados americanos em Salvador. William Brokaw, dono de uma distribuidora de autopeças da General Motors na cidade, foi o primeiro a ter contato direto com a freira ao recorrer a ela para recolher uma doente abandonada na rua. Irmã Dulce foi pessoalmente recolher a indigente e deu um recado ao empresário. "Tenho rezado muito para conseguir um pouco de ajuda dos americanos", disse a freira a ele.[8]

Ele acionou Joe Borgatti, chefe da agência do First Bank of America e presidente da associação de americanos residentes em Salvador, e iniciaram contatos para tentar obter algum tipo de ajuda para a freira via consulado. As gestões resultaram na adesão de Salvador a um programa de cooperação entre municípios brasileiros com cidades americanas. A capital baiana tornou-se "cidade-irmã" de Los Angeles. Os primeiros donativos – alimentos e remédios – começaram a chegar às mãos de Irmã Dulce ainda no primeiro semestre de 1962. Com a ajuda americana, Irmã Dulce passou a entregar leite em pó para alimentar mais de 6 mil crianças na periferia de Salvador – sobretudo, na favela de Alagados.[9]

A ajuda a Irmã Dulce não vinha somente na forma de donativos americanos. O CRS também enviou voluntários para trabalhar em rincões miseráveis pelo mundo afora. Em 1961, o médico Frank Raila chegou ao hospital Santo Antônio e rapidamente se tornou um dos mais preciosos auxiliares de Irmã Dulce. Foi o primeiro médico a atuar em regime de dedicação exclusiva com a freira. Segundo pessoas que conviveram com ambos no período, o americano atendia doentes do nascer do dia até o anoitecer. Raila tinha um português pedregoso, mas era bonachão e incorporou rápido o costume local de apelidar os outros. Iraci Lordelo, leiga que ajudava Irmã Dulce desde 1947, por exemplo, era a "borboleta" dado o hábito de perambular para lá e para cá no hospital. A elétrica Iraci achava graça do sotaque do gringo.[10]

As condições de trabalho do hospital baiano eram obviamente bastante diferentes das que dispunha para clinicar em Chicago, sua cidade de origem, mas o caráter do médico havia sido forjado na adversidade. Aos 19 anos, o soldado Frank Raila operava um ninho de metralhadora da 106ª Divisão de Infantaria do Exército dos Estados Unidos, no avanço dos Aliados pelo front ocidental na Segunda Guerra Mundial. Em dezembro de 1944, Raila foi feito prisioneiro perto da cidade belga de Schönberg e foi submetido a trabalhos forçados em uma mina de carvão pelos alemães.[11] Em 1945, quando a derrota de Hitler já era questão de tempo, o soldado conseguiu fugir e voltou a se reunir aos Aliados. Com o fim da guerra, ele voltou para Chicago e ingressou na faculdade de medicina. Raila passou catorze meses na Bahia. Depois dele, outros dois médicos americanos também trabalharam no Santo Antônio em 1963 e 1964.[12]

Frank Raila e Irmã Dulce formavam uma dupla improvável e curiosa, mas que funcionou muito bem. Ao lado da baiana miudinha, o americano corpulento e alto (1,80 metro de altura) gastava sola de sapato nos Alagados para atender doentes que estavam fracos demais para ir até o Largo de Roma. Muitas das doenças que ele teve de tratar eram relacionadas às péssimas condições sanitárias da favela. Nestas andanças, Irmã Dulce entregava alimentos para famílias miseráveis enquanto Raila diagnosticava e prescrevia tratamentos nos barracos.

Crianças também recebiam vacinas. Foi o americano que convenceu a baiana, pela primeira vez, a separar pacientes dos demais idosos e indigentes que permaneciam ali por não terem outro lugar onde obter teto e comida. A separação completa viria a se concretizar nos anos seguintes, quando Irmã Dulce conseguiu um terreno em frente ao hospital e construiu (com recursos da também americana Fundação Fulbright) um novo pavilhão longe da enfermaria e do ambulatório do hospital. A obra foi concluída em 1970.

O embrião do orfanato que a freira montou surgiu ainda em 1962, quando Irmã Dulce instalou os menores abandonados em um galpão cedido pelo governo do Estado no município de Simões Filho. Com recursos da Aliança para o Progresso foram instaladas uma marcenaria e uma padaria, que produzia diariamente 100 quilos de pão para o consumo no hospital-albergue. Os sacos de farinha de trigo ostentavam a marca do programa americano.[13]

A combinação da figura carismática da pequena freira com a capacidade para gerenciar a distribuição de donativos impressionaram o homem de

Kennedy no Brasil. Em setembro de 1962, o embaixador Lincoln Gordon conheceu Irmã Dulce em um coquetel no elegante Hotel da Bahia. Ao lado de Gordon, estava Roberto Campos, à época embaixador do Brasil em Washington, e o governador da Bahia, Juracy Magalhães, esse velho amigo da freira.

Fazer chegar os donativos a quem efetivamente precisava era uma questão importante na agenda do embaixador, porque problemas de distribuição já tinham arranhado a imagem da Aliança para o Progresso no país.

"Os comunistas e aqueles contra os americanos ficam sempre à espreita de falhas. Quando uma carga de trigo apodrece num armazém de Recife, eles fazem com que isso se reflita em todos os esforços americanos em todos os lugares", escreveu o repórter do *Los Angeles Times*, Julian Hartt, que cobriu o encontro no Hotel da Bahia, ecoando o desassossego do embaixador.[14]

As preocupações de Irmã Dulce e de Lincoln Gordon evidentemente não recaíam sobre as mesmas questões. Ela não se importava com comunistas nem com os problemas de alto nível na Aliança para o Progresso. Seu foco eram indigentes com mais fome de comida do que de ideologia. Os americanos tinham os meios e a freira tinha um canal eficiente. Para Gordon, ela encarnava a imagem perfeita que a Aliança para o Progresso deveria ter no Brasil a ponto de ter protagonizado um documentário de propaganda do programa.

Com o prestígio em alta, Irmã Dulce partiu para completar uma etapa crucial da parceria: um périplo pelos Estados Unidos para conhecer pessoalmente líderes das entidades católicas americanas que canalizavam os recursos.

CAPÍTULO 18

NO CORAÇÃO DA AMÉRICA

Para Irmã Dulce, aos 48 anos, a viagem de Salvador aos Estados Unidos foi a transição brutal da miséria baiana até a opulência da sociedade mais próspera do mundo. E uma oportunidade esplêndida de angariar recursos para a sua obra social. Isso era claramente o que o diretor do *Catholic Relief Services*, monsenhor Alfred Schneider, tinha em mente ao organizar a viagem da freira para se encontrar com líderes católicos do país nos meses de novembro e dezembro de 1962.

Irmã Dulce desembarcou em Nova York e seguiu para a casa-geral da Congregação das Irmãs Missionárias da Imaculada Conceição, em West Patterson, no estado vizinho de Nova Jersey. Lá ela teve oportunidade de rezar no túmulo de madre Maria Imaculada, a fundadora da Congregação com quem se correspondera enquanto estava no convento em Sergipe. Uma freira americana, a irmã Jean Marie, foi sua acompanhante e intérprete durante as seis semanas que permaneceu no país.

A agenda de Irmã Dulce foi a repetição de uma fórmula adotada com sucesso na viagem de Madre Teresa de Calcutá aos Estados Unidos, três anos antes. A secretária do CRS, Eileen Egan, responsável pelos compromissos de Madre Teresa em 1960, definiu o roteiro da baiana, que teve início com uma entrevista coletiva no escritório da organização em Nova York.[1] Depois, a religiosa brasileira voou para Detroit, onde participou do congresso anual do Conselho Nacional de Mulheres Católicas. Entre 3 e 7 de novembro, Irmã Dulce pôde divulgar sua mensagem para mais de 3 mil pessoas, muitos delas doadoras em potencial.

Em Detroit, a baiana repetiu que sua obra dependia da Providência Divina e que milhares de pessoas encontravam no seu hospital-albergue a última porta aberta no desespero da doença e da miséria. Nas semanas seguintes, ela recebeu convites para visitar várias cidades e ofertas de suprimentos para sua obra na Bahia.[2]

Quando chegou aos Estados Unidos, ela não era uma completa desconhecida do público americano. No primeiro semestre de 1962, Irmã Dulce foi tema de um documentário e do programa de rádio de Carl de Suze, âncora da *WBZ TV* de Boston e um dos comunicadores mais populares da Costa Leste do país. No ano anterior, ele havia viajado pela América do Sul para produzir reportagens e esteve com Irmã Dulce e o empresário William Brokaw, em Salvador. A história da freira repercutiu a ponto de o programa de Carl de Suze arrecadar doações para o hospital dela em Salvador.[3]

Ao longo daquele ano, o trabalho de Irmã Dulce e as condições difíceis de seu hospital haviam recebido atenção de alguns jornais americanos. "Muitos dormem no chão ou nos corredores. Os pacientes, a maioria deles oriundos da favela de Alagados, enchem as enfermarias do Santo Antônio. Eles apresentam quadros que vão da desnutrição infantil ao câncer, doenças de pele, problemas mentais e toda uma variada gama de doenças tropicais. Entre eles está Irmã Dulce confortando-os com palavras doces e acariciando suas cabeças, mesmo quando têm um aspecto surpreendentemente repulsivo", descreveu Al Burt, enviado da agência do *Chicago Daily News* à Bahia. O texto foi distribuído para outros jornais.

A reportagem era ilustrada com uma foto de Irmã Dulce segurando no colo um bebê faminto.[4]

Depois de Detroit, Irmã Dulce falou para um grupo no Saint Xavier University, uma universidade católica em Chicago, e partiu para Los Angeles, par de Salvador no programa Cidades-irmãs. Um comitê local captava suprimentos e os reenviava para a Bahia. Marge Crawford, a secretária do comitê, organizou um jantar para arrecadação de fundos.[5] Em Los Angeles, Irmã Dulce fez sua primeira aparição na televisão no programa de Art Linkletter, pioneiro dos programas de auditório que ficou famoso nos canais NBC e CBS.

Poucos dias depois de sua história ter sido contada em cadeia nacional por Linkletter, a conta aberta no First National Bank para receber doações nos Estados Unidos já havia recebido 1.528 dólares (em torno de 52 mil reais em maio de 2019).[6] De volta ao Brasil na segunda semana de dezembro, Irmã Dulce recebeu toneladas de alimentos, roupas, medicamentos e até material de construção pré-moldado para erguer o alojamento para seus meninos de rua. Os suprimentos foram levados a Salvador por 2 aviões da Força Aérea dos Estados Unidos.

CAPÍTULO 19

TERREMOTO NA IGREJA

No Brasil do início da década de 1960, ventos renovadores tocavam a música, com a bossa nova, o teatro e as artes plásticas. O Cinema Novo, o mais respeitado movimento cinematográfico já surgido no país, projetou cineastas como Nelson Pereira dos Santos, Cacá Diegues e, o mais rebelde e provocador de todos eles, o baiano Glauber Rocha. Não deixa de carregar alguma ironia o fato de que justamente Anselmo Duarte – egresso das chanchadas e não um dos príncipes do Cinema Novo – tenha dirigido o primeiro filme brasileiro vitorioso no Festival de Cannes.

Em 1962, *O pagador de promessas* ganhou a Palma de Ouro e mostrou a Bahia ao mundo com elegância artística e vigor intelectual. "É um filme que permite esperar o nascimento de uma nova potência cinematográfica", exagerou Jean Douchet, crítico da prestigiosa revista francesa *Cahiers du Cinéma*, após assistir à obra durante o festival.[1] O cinema brasileiro jamais repetiria, contudo, a façanha da Palma de Ouro.

Baseado numa peça de Dias Gomes, o filme de Anselmo Duarte disseca acidamente o cisma entre o *establishment* católico e a religiosidade popular na sincrética Bahia. Zé do Burro, o herói da trama, é um lavrador pobre do interior que faz uma promessa a Santa Bárbara para que restaure a saúde de seu animal de carga (e melhor amigo), atingido por uma árvore derrubada por um raio. Como não havia uma igreja dedicada à santa na localidade onde morava, Zé do Burro faz a promessa em um terreiro de Iansã (divindade do candomblé equivalente a Santa Bárbara). Se alcançasse a graça, o lavrador dividiria suas terras com os pobres e depositaria uma cruz na igreja de Santa Bárbara,[2] em Salvador. O animal se recuperou. Com obstinação inabalável, Zé do Burro parte junto com a mulher para a capital, arrastando uma pesada cruz de madeira. Ao se inteirar da promessa feita num terreiro de candomblé, o padre recusa a cruz. Zé do Burro é tratado pela imprensa como defensor da reforma agrária, sua mulher é seduzida por um malandro, e a polícia monta guarda para impedi-lo de entrar na Igreja. O desfecho é trágico: morto a tiros, Zé do Burro é carregado por populares com a cruz até o altar para cumprir finalmente a promessa.

Não é que a Igreja Católica ignorasse o sincretismo das relações religiosas da Bahia, ela a combatia abertamente. A ortodoxia do padre do filme ecoava gestos e palavras do cardeal-arcebispo Augusto Álvaro da Silva. Sob o comando do primaz, reconhecidamente reacionário, a Igreja exercia a autoconferida condição de guardiã moral do "rebanho" e fazia exigências virtualmente irrealizáveis pelo festeiro povo de Salvador.

"[Deus] não permite que se divida o homem em católico na igreja e judeu no comércio, devoto e penitente no lar e licencioso nas orgias e festas mundanas", escreveu o primaz, certa vez.[3]

Festa mundana é o que nunca faltou em Salvador. O soteropolitano sempre foi, e ainda é, louco por Carnaval. O calendário da capital está coalhado de ocasiões em que, a pretexto de celebrar divindades do catolicismo e do candomblé, os baianos festejam como se não houvesse amanhã. Em janeiro, a Lavagem do Bonfim homenageia o Senhor do Bonfim e Oxalá, orixá associado à criação do mundo e da espécie humana. Em fevereiro, o tradicional bairro do Rio Vermelho recebe uma multidão, que deposita num barco suas oferendas a Iemanjá – a divindade feminina do mar, sincretizada com a Virgem Maria. Os meses vão se sucedendo, de festa em festa, até o ano acabar em dezembro, quando Salvador se ornamenta de branco e vermelho para reverenciar Santa Bárbara/Iansã.

Nascido em 1876, dom Augusto Álvaro da Silva integrou uma corrente implacável na negação ao diálogo com as outras religiões e aos costumes modernos que considerava incompatíveis com as necessidades do espírito – a oração, a penitência e a submissão à autoridade. No entanto, uma nova geração de religiosos já reconhecia em segredo que a rigidez dogmática do cardeal era tão antiquada como contraproducente.

"O bom senso do padre resolvia o problema em partes. Eu sempre tive bom relacionamento com todos do candomblé e os protestantes. Participava da sorte deles, da pobreza deles, da religiosidade deles. Não que eu adotasse o candomblé nem que o candomblé adotasse o catolicismo, mas éramos irmãos", disse Gaspar Sadoc, primeiro negro a ser ordenado na Bahia, em 1941, e que se tornou um dos mais influentes padres de Salvador nas décadas seguintes.⁽⁴⁾

Foi nessa zona cinzenta que Irmã Dulce trafegou durante toda a vida. O octogenário cardeal era o seu principal protetor dentro da Igreja, mas ela se mantinha a distância do radicalismo. Evidentemente, a freira tentava incutir nos pacientes o gosto pela oração. Ela incentivava mães a batizar seus filhos, crianças para fazer a catequese e primeira comunhão. Enfermos e idosos recebiam assistência espiritual. Não havia cômodo, consultório ou enfermaria do hospital Santo Antônio que não ostentasse um crucifixo, mas a freira sempre evitou expressar críticas sobre outras religiões.

Certa vez, Irmã Dulce resumiu sua política para o tema em poucas palavras: "Eu nunca fui a um terreiro de candomblé, então não posso dizer nada. Quem vem me ajudar eu não procuro saber a religião e quem vem pedir minha ajuda, a mesma coisa".⁽⁵⁾

A balança entre o absolutismo moral do primaz e a flexibilidade do padre Sadoc começou a pender para este último no final de 1962. Quando Irmã Dulce peregrinava em busca de donativos nos Estados Unidos, a Igreja foi sacudida por um terremoto do outro lado do Atlântico. Convocado pelo Papa João XXIII, o Concílio Vaticano Segundo pôs fim à era da Contrarreforma, trazendo a Igreja para o mundo contemporâneo. Críticos e entusiastas consideram o Vaticano Segundo como uma das mais significativas mudanças da história do catolicismo porque, em linhas gerais, ele enfatizou o caráter social da Igreja, desenvolvendo a ideia de que a Igreja é o próprio "povo de Deus", abriu a instituição ao diálogo com outras religiões e atualizou a liturgia, revendo práticas inacessíveis à compreensão da imensa maioria dos fiéis.⁽⁶⁾ A Igreja sinalizava que o seu *aggiornamento* (atualização) a deslocaria para fora da oposição à ciência moderna e ao pensamento racional.

Os trabalhos preparatórios do Concílio consumiram poucos mais de três anos antes de sua primeira sessão. Bispos, arcebispos e cardeais de todo o mundo, que seriam os padres conciliares, receberam questionários sobre suas visões de futuro da Igreja. Com 204 bispos, o Brasil concentrava o terceiro maior episcopado do mundo – só atrás da Itália e dos Estados Unidos.

Em maio de 1960, o protetor de Irmã Dulce enviou à Santa Sé uma resposta com 13 sugestões para serem discutidas no concílio, entre as quais se incluíam mudanças pontuais na disciplina e a condenação da doutrina da reencarnação e do espiritismo – pleitos, aliás, também feitos por vários outros bispos do país.

O cardeal de Salvador não era o único bastante descolado do espírito geral de mudança. O bispo de Caxias do Sul, dom Benedito Zorzi, foi mais explícito ao pedir a condenação do "espiritismo e do fetichismo dos afro-brasileiros, ou seja, a umbanda". No balaio de "erros do nosso tempo" enumerados por Zorzi, ainda tinham lugar o existencialismo, o materialismo e a psicanálise, "que quer tomar o lugar da sagrada confissão".[7]

O concílio começou no dia 11 de outubro de 1962 como o maior e mais variado encontro de homens de batina da história da Igreja, reunindo mais de 3 mil padres conciliares dos 5 continentes. Dentro da Igreja, todos sabiam que grandes mudanças viriam, mesmo os que não as desejavam. Na prática, o Vaticano Segundo ensaiou os primeiros passos rumo à reconciliação com outras denominações cristãs e abriu o caminho para reconhecer a responsabilidade da Igreja no incentivo ao antissemitismo, através da revisão do antigo relato acerca da responsabilidade dos judeus pela morte de Jesus.

"Tenho tido profundo consolo de conversar com bispos-missionários de todas as partes do mundo que estão convictos que o grosso de suas ovelhas (não só maometanos e budistas, mas também os pagãos) se salvará. Pertencem à alma da Igreja", escreveu dom Helder Câmara a propósito do clima geral do concílio, enquanto era realizada a primeira sessão do Vaticano Segundo. Já conhecido internacionalmente graças a sua atuação nas favelas do Rio desde a década anterior, dom Helder foi certamente o religioso brasileiro de maior destaque durante o Vaticano Segundo, sendo um dos articuladores do grupo liderado pelo influente cardeal Leo Suenens, de Bruxelas.[8]

A primeira sessão durou cinquenta e nove dias e foi abalada pela crise dos mísseis, quando a União Soviética transferiu para Cuba mísseis com capacidade de carregar ogivas nucleares, empurrando o mundo para a beira de uma guerra com os Estados Unidos. João XXIII apelara a John Kennedy e Nikita Kruschev que fizessem tudo a seu alcance para preservar a paz.[9] No dia 28 de outubro (e sem qualquer influência do apelo papal pela paz), Kennedy e Kruschev sacramentaram um acordo secreto, no qual o líder comunista retirou os mísseis de Cuba mediante a promessa do presidente americano de desativar discretamente, seis meses mais tarde, as baterias de mísseis instaladas na Turquia apontadas para o território soviético. A marcha do concílio não foi alterada, mas ao menos os religiosos se voltaram para os motivos que os levaram a Roma.

Naqueles quase dois meses, a Igreja simplificou os ritos. Para desgosto de uma minoria tradicionalista, a missa passou a ser recitada na língua vernácula e não mais em latim. O padre também passou a celebrar de frente para os devotos, e não mais de costas para eles, abolindo o anacronismo de fixar olhar no altar.

A questão da enculturação – que poderia ter um impacto particularmente forte na sincrética Bahia – foi tema de um intenso debate. Bispos africanos insistiam na liberdade de permitir certas formas de devoção – ligadas às tradições africanas – coexistirem com o modelo católico de missa. Era exatamente o conflito retratado no filme *O pagador de promessas*. Karol Wojtyla, o jovem de 42 anos e bastante ativo bispo-auxiliar de Cracóvia, foi um dos defensores da adaptação da liturgia católica a igrejas não europeias, mas as propostas não foram adiante.[9]

A primeira sessão do concílio terminou em 8 de dezembro de 1962. João XXIII morreu em 1963, e Paulo VI assumiu o pontificado e levou adiante o processo de renovação da Igreja. Dom Augusto não retornou a Roma para participar das reuniões seguintes, que prolongaram o Vaticano Segundo até 1965.

Sua ausência pode ser interpretada como recusa deliberada de tomar parte na ruptura da Igreja com o passado.[10] O cardeal se considerava sacerdote e guardião de uma igreja multissecular, rigidamente estruturada e não trocou esse pensamento social por um *aggiornamento* que não o convencia. Seu anticomunismo militante também deve ser entendido dentro da perspectiva histórica. Ele pertencia a uma geração de religiosos que foi chocada pela perseguição à Igreja nos anos que se seguiram à Revolução Russa (1917) e que identificava nos comunistas ateus os piores inimigos do catolicismo.

A desconexão do cardeal com as mudanças na Igreja teria um custo no futuro e respingaria em Irmã Dulce no final de 1964, empurrando-a para o momento mais difícil de sua vida. Mas, antes disso, a queda do presidente João Goulart traria um contratempo imediato para Irmã Dulce: o seu principal colaborador no hospital foi preso por suas ligações com o Partido Comunista.

• PARTE 3 •

O poder e a agonia

CAPÍTULO 20

"GENERAL, EU PRECISO DESTE MÉDICO"

Era difícil encontrar alguém mais alegre na Bahia nos primeiros dias de abril de 1964 do que o cardeal Augusto Álvaro da Silva. O júbilo era tanto que o primaz mandou os sinos das igrejas de Salvador repicarem por três dias consecutivos em honra ao "milagre" que salvou o Brasil do "comunismo". Nas oportunidades que tinha, dom Augusto celebrava (e mandava todo mundo celebrar) o golpe que derrubou João Goulart e a quebra da ordem constitucional.

"Deus inspirou as gloriosas Forças Armadas a ouvirem e realizarem os anseios da alma nacional. Deus realizou no Brasil o milagre de preservar-lhe das tramas e forças do comunismo internacional ateu e opressor", comemorou o primaz em uma carta ao clero, três dias após o golpe.[1] A parte do sermão a favor dos militares foi lida em todas as missas de Salvador.

Duas semanas depois da queda de João Goulart, a Bahia teve a sua primeira Marcha da Família. Em outras capitais, essas manifestações simbolizaram a crescente mobilização popular contra Jango antes de sua deposição. No dia 15 de abril, após o ofício de ação de graças celebrado pelo próprio cardeal, a marcha tomou as ruas de Salvador com uma impressionante multidão, ostentando bandeiras do Brasil e da Bahia e faixas aludindo à "redemocratização" do Brasil. A banda de música do Exército puxava a multidão, seguida por uma ala de autoridades civis e do clero, professores e estudantes do ensino primário, diretórios estudantis, bombeiros, atletas e delegações vindas do interior. Não há registro de que Irmã

Dulce pessoalmente tenha participado da marcha, mas, como notou um jornal, associados do Círculo Operário da Bahia e estudantes do Colégio Santo Antônio (ambos fundados por ela) engrossavam o cortejo.[2]

No fim do mês, dom Augusto ainda exultava e incitava o resto do clero a fazer o mesmo: "Não manifestamos ainda, porém, bastantemente o nosso agradecimento a Deus, à Igreja e às Forças Armadas, realizadoras precípuas da vitória. Louvai ao Senhor. Alegrai-vos, digo-vos outra vez: alegrai-vos".[3]

Como no resto do país, abril foi o mês de caça às bruxas em Salvador: com todas as celas dos quartéis abarrotadas de adversários, os militares requisitaram um navio da Companhia de Navegação Baiana para transformá-lo em prisão temporária. Nos dias seguintes ao golpe, os presos contavam-se às centenas na capital. Em alguns quartéis, simularam fuzilamentos.[4]

Se o tempo preservou as posições do cardeal-arcebispo graças à sua produção escrita, os sentimentos de Irmã Dulce sobre o golpe militar foram protegidos pelo silêncio. Ela não manteve diários nem abordava temas políticos na correspondência que tinha com familiares e outros religiosos. No trabalho, segundo pessoas que conviveram com a freira nos anos 1960, ela também não deixava escapar opiniões políticas nas conversas.

O golpe militar trouxe um contratempo imediato para Irmã Dulce. Gerson Mascarenhas, principal médico do hospital Santo Antônio, foi preso logo na primeira semana de abril por suas ligações com o Partido Comunista.

O médico é um personagem que silenciosamente teve um papel decisivo na história de Irmã Dulce: ele foi o arquiteto e o principal executor da transformação do precário albergue em um hospital de verdade. Metódico, Gerson Mascarenhas foi diretor do hospital Santo Antônio entre 1964 e 1972.[5] Os dois eram, em essência, muitíssimo diferentes – ele era comunista e espírita –, mas o compromisso com a saúde do povo pobre os unia. Os anos que eles passaram juntos foram bastante profícuos.

Mascarenhas era um ginecologista e obstetra bastante talentoso. Bem-sucedido, atendia em seu consultório particular mulheres da alta sociedade baiana e dava expediente nos principais hospitais da cidade. Ele trabalhava no hospital Santo Antônio pelas manhãs e se tornou o principal profissional da casa depois que o último médico voluntário americano deixou a obra, no início de 1964.

Na década de 1950, ele criou um serviço de obstetrícia em domicílio, que levava para a casa de gestantes pobres material esterilizado para o parto natural e obtinha resultados comparáveis aos das boas maternidades de Salvador. Em 1958, obtivera o título de livre-docente por seus estudos sobre parto natural sem dor e, no início dos anos 1960, passou a dar aulas de clínica obstétrica na Faculdade de Medicina da Universidade Federal da Bahia.[6]

Sua vocação médica tabelava com a política. Militante disciplinado do Partido Comunista, ele foi um dos organizadores da coleta por assinaturas na Bahia do Movimento pela Paz, uma ação de propaganda instrumentalizada por Stálin em 1948, na tentativa de se beneficiar do medo incipiente (especialmente dos europeus) da erupção de uma nova guerra. Na linha de frente, estavam cientistas e intelectuais, mas os comunistas controlavam os comitês e definiam a estratégia. A principal atividade era engrossar abaixo-assinados "pela paz", divulgando uma mensagem segundo a qual a União Soviética estava ao lado da paz, enquanto os Estados Unidos eram, por contraste, o grupo da guerra.[7]

Em Salvador, Mascarenhas pediu emprestada a casa desocupada de um amigo e montou um posto de saúde no Garcia, região central da cidade. Atendia quem o procurava em troca de assinatura dos pacientes e seus parentes nas listas "pela paz". Os abaixo-assinados depois eram remetidos a Paris. Por causa do Movimento pela Paz, o médico baiano se encontrava com outros célebres comunistas brasileiros, como Jorge Amado e o físico Mário Schenberg. Em 1958, Mascarenhas cicerroneou Luís Carlos Prestes em Salvador e levou o líder comunista para conhecer a favela dos Alagados.[7]

Com esse histórico, não foi exatamente uma surpresa que Gerson Mascarenhas estivesse nas primeiras listas de perseguidos pelo novo regime. Ele foi levado para uma cela do 19º Batalhão de Caçadores, no bairro do Cabula. Depois de sua detenção, um amigo esteve na sua casa para recolher livros que poderiam ser considerados comprometedores e os levou para um sítio nos arredores de Salvador. Ali, a biblioteca socialista que o médico levara anos para reunir queimou em menos de uma hora.[8]

Quando soube da prisão, Irmã Dulce foi atrás do comandante da 6ª Região Militar para pedir a soltura do médico. Após esperar algumas horas no quartel, a freira conseguiu finalmente encontrar o general Manuel Mendes Pereira. Pelo relato de pessoas que tiveram conhecimento do episódio, Irmã Dulce ponderou que precisava do médico em seu pequeno hospital. "Não podiam prender um médico que prestava tanto atendimento à população", teria dito a freira ao general, segundo a memória do próprio Mascarenhas.[9] O argumento não comoveu o homem forte da nova ordem em Salvador.

Após a tentativa frustrada, Irmã Dulce foi até a casa da família para consolar Margarida, a esposa do médico, e deu-lhe um terço de presente. A mulher tentava aguentar firme a intempérie que se abatera sobre a família. Sozinha, ela cuidou da casa e dos 3 filhos enquanto insistia nos pedidos de libertação. Ela também abrigou a esposa e a filha recém-nascida de um primo de Mascarenhas, que trabalhava na refinaria de Mataripe e que também fora preso durante as perseguições de abril.[10]

A rede de solidariedade em torno de Mascarenhas contou com mulheres da alta sociedade local. A pianista Maria Angélica Bahia Koellreutter esteve no consultório dele para pegar uma lista das clientes e depois bateu de porta em porta para pedir assinaturas para uma petição para libertar o ginecologista. "Algumas pessoas tinham receio de se envolver, mas a maioria acabou assinando porque muitas estavam grávidas e não queriam trocar de médico. Ele era um ginecologista excelente e um homem gentilíssimo", relembrou a pianista, quase cinquenta anos mais tarde.[11]

O abaixo-assinado foi entregue ao general, mas Gerson Mascarenhas ainda passou três meses preso. Percebendo que a temporada atrás das grades não seria curta, Mascarenhas pediu ao comandante do batalhão permitir que seus livros de medicina e material de trabalho fossem trazidos de casa. Mascarenhas redigiu um artigo científico na prisão. Como o médico apenas catava milho, um cabo ficou incumbido de recolher suas anotações e depois devolver-lhe as laudas datilografadas.[12] Em dezembro de 1964, a *Revista Médica da Bahia* publicou o artigo "Miomas do Colo de Útero", de sua autoria, em grande parte escrito na cadeia.

Esse médico de temperamento estoico foi uma das pessoas de confiança mais próximas de Irmã Dulce nos difíceis anos que se seguiram. Enquanto o país afundava na ditadura, a freira foi enredada em intrigas que quase lhe custaram o hábito religioso. Sob a nova tirania, contudo, suas obras sociais prosperaram como nunca antes.

CAPÍTULO 21

A GRANDE SOLIDÃO

No início de sua vida religiosa, Irmã Dulce passou praticamente despercebida, era apenas mais uma freira entre tantas de sua Congregação. Sua liderança começou a emergir no Círculo Operário da Bahia, com o afastamento de frei Hildebrando durante a Segunda Guerra Mundial. Depois disso, brilhou nas manobras que resultaram na construção do Cine Roma e nos improvisos para abrigar doentes miseráveis na capital baiana nos anos 1950. Após criação das Obras Sociais Irmã Dulce e o crescimento exponencial do atendimento, ela passou a ser encarada como uma ameaça por sua própria ordem religiosa.

O temor da Congregação das Irmãs Missionárias da Imaculada Conceição de ser soterrada pelas dívidas do hospital encurralou Irmã Dulce. O medo não era infundado. Irmã Dulce tinha uma lista de benfeitores – do governo aos empresários locais – a quem recorria para fazer frente aos gastos crescentes, mas ela não hesitava em pedir dinheiro emprestado para pagar as despesas para manter a estrutura funcionando.[1]

O cerco a ela começou a se fechar em agosto de 1964, quando seu principal avalista na Igreja, o cardeal-arcebispo Augusto Álvaro da Silva, perdeu o poder. No tabuleiro da política interna da Igreja, algumas peças foram movidas no Brasil ainda durante o curso do Concílio Vaticano Segundo. A Santa Sé transferiu de Natal para Salvador dom Eugenio Sales (1920-2012) na condição de administrador apostólico. O cardeal continuava desfrutando da honra de ser o primaz do Brasil, mas o poder de fato passou às mãos de dom Eugenio.

A mudança surpreendeu o envelhecido cardeal, mas não deveria. Além do afastamento voluntário do primaz dos novos rumos trazidos pelo Vaticano Segundo, dom Augusto completara 88 anos em 1964 e já contava quatro décadas como arcebispo de Salvador. Pesou igualmente uma experiência malsucedida da década anterior, quando a Santa Sé designou o arcebispo de Belém, dom Mário de Miranda Vilas-Boas (1903-1968), como arcebispo coadjutor de Salvador, com direito a suceder o primaz. Dom Mário jamais conseguiu participar das decisões da arquidiocese, porque o titular era muito cioso de sua autoridade. Em 1959, depois de três anos de difícil convivência, dom Mário desistiu da possibilidade da sucessão e foi transferido para João Pessoa. Escaldado, o Vaticano mandou dom Eugênio em 1964 com carta branca.[2]

A queda do protetor da freira foi a janela de oportunidade que a Congregação esperava para tentar afastá-la da linha de frente das Obras Sociais Irmã Dulce. Sob instrução direta da superiora-geral nos Estados Unidos, a alemã Scholastica Himmer, que chefiava o convento da Penha, procurou Irmã Dulce com a tarefa de convencê-la a passar o comando do hospital para outra pessoa ou instituição. O tom era de ultimato: se permanecesse no hospital, teria de deixar a vida religiosa porque, sob o ponto de vista da Congregação, as duas coisas passaram a ser incompatíveis.

Para Irmã Dulce, não havia contradição alguma; ao contrário, uma era o prolongamento natural da outra. Ser freira era sua razão de viver. Sua espiritualidade mística não comportava uma outra opção que não fosse a dedicação a Deus em tempo integral. No seu entendimento, isso só era plenamente viável para uma religiosa ligada à Igreja por votos. Ela acreditava genuinamente que Deus a chamara para servi-Lo, por meio do serviço aos mais pobres. Em 1964, seu hospital estava completamente abarrotado com mais de 200 doentes e indigentes.

Diante da escolha aterradora, Irmã Dulce primeiro agiu com ambiguidade. Em novembro de 1964, ela procurou irmã Scholastica para informá-la que encontraria alguém para assumir o hospital até fevereiro do ano seguinte.[3] Como não há registros nem testemunhos de que a freira tenha, ao menos, procurado um substituto para gerir as Obras Sociais, a intenção de deixar o hospital era apenas espuma. Fiel ao seu estilo, Irmã Dulce se debatia para tentar ganhar tempo, mas a superiora-geral da Congregação percebeu a manobra e transferiu o problema às mãos de dom Eugenio Sales.

"Nosso principal interesse não é que os nossos direitos de propriedade sejam reconhecidos e a administração própria seja garantida, mas que a complicada situação seja resolvida de modo que nem escândalo ou qualquer dano possa resultar para a Santa Mãe Igreja", escreveu a madre superiora Veneranda Bohlen ao administrador apostólico.[4]

Dom Eugenio já vinha monitorando o impasse com interesse. Para ele, a situação também era espinhosa: se bancasse Irmã Dulce contrariando as missionárias da Imaculada Conceição, isso poderia criar um precedente que iria minar a autoridade e o governo das ordens estabelecidas – o que definitivamente não era uma opção realista para alguém recém-nomeado administrador apostólico de uma das arquidioceses mais importantes do Brasil. Por outro lado, ele era sensível à doação integral de Irmã Dulce aos doentes, às crianças e aos pobres.[5]

Caso decidisse simplesmente apoiar a chantagem da Congregação contra Irmã Dulce, o dano à reputação da Igreja era líquido e certo. A margem de manobra de dom Eugênio estreitou-se um pouco mais em dezembro de 1964, quando o governador Lomanto Júnior oficializou a doação de uma fazenda no município de Simões Filho, colado à capital baiana, para as Obras Sociais Irmã Dulce. No local, Irmã Dulce mantinha os órfãos e crianças que recolhia das ruas. A doação da propriedade embutia também um recado à Igreja: o governo estava com Irmã Dulce.

Naquele mesmo mês, a freira foi chamada à arquidiocese. Na falta de solução melhor, dom Eugênio decidiu dar tempo ao tempo: Irmã Dulce seria afastada da Congregação por seis meses, período em que ficaria liberada de seus votos de obediência e de pobreza ao seu instituto religioso, devendo prestar contas diretamente a ele. Ela poderia continuar usando o hábito branco e azul que a fizera famosa em Salvador, mas deveria permitir a saída das demais freiras do convento Santo Antônio em dois meses.

O último item do acordo, não menos importante, constava na carta, que foi datilografada e assinada por Irmã Dulce e enviada no dia 20 de dezembro à superiora provincial: "A Congregação das Irmãs Missionárias da Imaculada Conceição não terá nenhuma responsabilidade com obras de construção e outras despesas por mim feitas".[6]

Era um remendo que funcionou no princípio. A escritura do terreno onde estavam edificados o convento Santo Antônio e o hospital foi transferida pela Congregação para as Obras Sociais Irmã Dulce.[7] Em fevereiro, as freiras abandonaram o local. Na falta das colegas religiosas, Irmã Dulce dependia somente dos funcionários e dos voluntários para enfrentar o pesado dia a dia da instituição.

Irmã Dulce já tinha 50 anos. Nunca estivera tão só.

***

Em agosto de 1965, a superiora-geral Veneranda Bohlen viajou dos Estados Unidos para o Brasil e se reuniu duas vezes com Irmã Dulce em Salvador. Elas já se conheciam pessoalmente desde a viagem da baiana aos Estados Unidos, quase três anos antes. Dessa vez o reencontro foi amargo. Primeiro, madre Veneranda visitou Irmã Dulce no convento Santo Antônio, vazio desde a partida das freiras, e conheceu o hospital-albergue, abarrotado de doentes. Mesmo sozinha, Irmã Dulce fez questão de tentar não alterar a rotina da casa.

"Eu estou em paz, assisto à missa todos os dias e comungo", disse Irmã Dulce à superiora.

No dia seguinte, Irmã Dulce foi ver a superiora Veneranda no Colégio Santa Bernadete. Ali, o tom foi duro. Sem rodeios, a madre disse que ela estava em um "caminho muito errado" e que havia quebrado completamente seus votos de obediência e pobreza. Encurralada, Irmã Dulce respondeu que era necessário que ela continuasse na obra porque os pobres não tinham mais a quem recorrer.

Também aumentou a aposta: disse que jamais deixaria a Congregação por vontade própria nem tiraria o hábito religioso. A conversa fez Veneranda Bohlen compreender finalmente que Irmã Dulce não abandonaria o hospital-albergue? O prazo de seis meses já se esgotara e não havia o que fazer.

"A meu ver, ela não está compreendendo a gravidade de sua situação", reclamou Veneranda a dom Eugenio.[7]

A superiora disse ao administrador apostólico que talvez seria necessário obter uma licença especial do Vaticano para o caso. Bem relacionado na Santa Sé e com medo da repercussão de uma expulsão pura e simples, dom Eugenio obteve a exclaustração, como é chamado na linguagem canônica esse tipo de licença.

Concedida em dezembro de 1965, a licença tinha prazo de duração de dois anos com a possibilidade de renovação. Os termos eram similares aos do primeiro acordo: Irmã Dulce continuaria no catálogo das religiosas e poderia seguir utilizando o hábito, mas seu dever de obediência seria diretamente com dom Eugenio. O arranjo permitiu à Congregação lavar as mãos de uma vez por todas.

A exclaustração era um instrumento útil para o Vaticano resolver imbróglios similares. Em agosto de 1948, Madre Teresa de Calcutá obteve o mesmo indulto e foi dispensada da Ordem das Irmãs de Nossa Senhora de Loreto para se dedicar ao seu apostolado social na Índia.[8] Esse foi um dos muitos pontos de contato na vida das duas religiosas. Madre Teresa, que foi declarada santa em 2016, fundou a sua própria ordem religiosa, as Irmãs Missionárias da Caridade.

Irmã Dulce, contudo, jamais desejou a exclaustração e, a despeito de sua desventura, tampouco considerou deixar de ser uma missionária da Imaculada Conceição. Aceitou-a apenas porque era a única possibilidade de seguir na condição de religiosa com votos sem abandonar os seus pobres. Ela jamais deixou de usar o hábito e a medalha da Congregação.

Sozinha, prosseguiu com o mesmo ritmo de vida religiosa que mantinha antes em comunidade: a rotina pesada de orações, os retiros, a missa e a comunhão diárias e a confissão semanal. Noite após noite, continuava a torturar-se dormindo sentada. Mesmo abandonada, Irmã Dulce não queimou as pontes.

Algumas freiras a visitavam esporadicamente no hospital. Numa dessas visitas, em 1966, irmã Maria das Neves, que conhecera Irmã Dulce em São Cristóvão quando eram noviças, convenceu a antiga colega a acompanhá-la até o convento do Colégio Santa Bernadete. Foi a primeira vez que Irmã Dulce voltou a uma casa de suas coirmãs desde a separação. A cena descrita por Maria das Neves foi comovente: as cerca de 15 freiras que jantavam no refeitório viram Irmã Dulce chegando e foram até ela. Houve abraços, beijos e muito choro.

"A gente se perguntava 'por quê?'. O desejo que a gente tinha era ver aquela situação resolvida", recapitulou Maria das Neves.[9]

***

Por mais incrível que isso possa parecer, Irmã Dulce e Veneranda mantiveram uma correspondência afetuosa nos anos seguintes. A baiana invariavelmente começava suas cartas por "Querida Mãe" e terminava pedindo a bênção da superiora. Sempre contava do grande volume de trabalho e garantia cumprir rigorosamente todas as suas obrigações religiosas. Irmã Dulce rezava muito para voltar à Congregação, mas não ousava pedir diretamente. Enfrentava com dignidade seu calvário particular.

"O santo hábito de Maria Imaculada, continuo com ele e com ele espero morrer. Espero que Deus me faça a graça de perseverar até o fim", escreveu.[10]

Na solidão da freira, a melancolia era companheira da convicção: "Estou só, não só, porque estou com Deus. Às vezes, sinto saudades dos nossos belos tempos de noviciado. Agora só tenho Deus e o trabalho, que é muito difícil e muito duro. Mas tudo que se faz para Deus na pessoa do pobre ainda é pouco".

Madre Veneranda enviava regularmente terços e santinhos que Irmã Dulce distribuía aos pacientes. Nas cartas, a madre chamava a freira desgarrada de "querida filha". Em pelo menos um aspecto, a acusação sobre a quebra dos votos de Irmã Dulce, formulada pela "querida mãe" em 1965, não fazia sentido.

Passaram pelas mãos de Irmã Dulce quantias muito expressivas, mas sua vida pessoal era de absoluta privação. Seus únicos bens pessoais eram suas roupas, uma cama e a cadeira onde dormia. O grosso das doações – inclusive, vindas dos Estados Unidos – foi injetado na construção do pavilhão do hospital que permitiria a separação definitiva de doentes e indigentes.

Até 1969, ano em que foi concluída, a obra já havia consumido 467 mil cruzeiros novos (3,6 milhões de reais em 2019).[11] Após breve escala na conta da associação, os recursos da obra iam direto para a construtora. Norberto Odebrecht, um amigo que nunca faltou à freira, tocou a obra mesmo sem ter recebido o pagamento integral. Segundo as atas da entidade, ele abateu 20 mil cruzeiros novos (140 mil reais, em 2019) assim que o novo prédio ficou pronto.[12]

Apesar de tanto dinheiro entrando e saindo da conta, Irmã Dulce não tinha sequer como comprar roupas para si. Seu hábito e o escapulário ainda estavam em boas condições, mas ela pediu a Veneranda Bohlen que lhe mandasse camisas e um par de sapatos em maio de 1969.

Permanecia fiel ao seu voto de pobreza.[13]

***

Além da construção do hospital, que drenou o grosso dos recursos que caíram no caixa, a freira também recebeu uma quantidade desconhecida de dinheiro, proveniente de pequenas doações, que era usada para fazer frente às pequenas emergências do cotidiano. Àquela altura, o Largo de Roma era um ponto de peregrinação de doentes e todo tipo de indigente. Além de alimentar centenas de bocas todo dia e de providenciar medicamentos para os doentes, Irmã Dulce tentava não deixar de mãos vazias quem aparecia com pedidos de passagens para voltar para casa, de pagamento de contas de luz e água e todo tipo de pequenas necessidades.

Se tinha dinheiro, Irmã Dulce resolvia o problema imediatamente. Se não, ela dizia para o pedinte esperar até conseguir. Quando a pessoa não era de Salvador, a freira oferecia teto e comida durante a espera.

Muitos voluntários que trabalhavam com a freira não concordavam com essas doações, porque o dinheiro que Irmã Dulce conseguia mal dava para dar conta dos doentes que apinhavam o hospital. Uma irmã, uma tia e uma cunhada do banqueiro Ângelo Calmon de Sá, que davam duro para conseguir donativos para o hospital, estavam entre as que achavam injusto que a freira usasse o dinheiro das doações para atender toda pessoa que aparecesse com um pedido.

"Elas angariavam recursos, mas Irmã Dulce usava para outra coisa. Uma vez, arranjaram dinheiro para trocar os lençóis do hospital, porém, em vez de comprar os lençóis, Irmã Dulce comprava remédio para os doentes ou punha para pagar despesas do hospital", disse Ângelo Calmon de Sá.[14]

Irmã Dulce dava de ombros para as reclamações dos colaboradores e reforçava o argumento de que Deus era o provedor.[15] Com dinheiro entrando (e saindo ainda mais rapidamente) era espantoso que Irmã Dulce passasse pelo constrangimento de ter de pedir um par de sapatos e camisas à superiora responsável pelo seu afastamento da Congregação. Mas assim eram as coisas.

***

Se permaneceu fiel ao voto de pobreza, ela faltara claramente com o seu juramento de obediência. A Congregação das Irmãs Missionárias da Imaculada Conceição é um ramo feminino do franciscanismo e, como tal, vincula o voto de obediência de suas religiosas à tradição teológica segundo a qual Jesus Cristo também abandonou Sua própria vontade para cumprir os desígnios de Deus na Terra. Essa interpretação é a pedra sobre a qual se edifica a disciplina que faz as ordens religiosas funcionarem corretamente. Na prática, é o voto de obediência que viabiliza a unidade da Igreja e a consequente comunhão de seus membros. Ao desobedecer, Irmã Dulce cometera uma falha grave.

Dom Eugenio exasperava-se com a teimosia de Irmã Dulce. Ele reclamava que ela raramente aparecia na arquidiocese e que, quando isso ocorria, ela não acatava qualquer orientação, mesmo que fosse para tirar alguns dias de férias. Em março de 1967, quando avalizou a primeira prorrogação da exclaustração, dom Eugenio dizia ter "poucas esperanças" de qualquer mudança por parte da freira.

Em novembro de 1969, já empossado como arcebispo de Salvador, após a morte do cardeal Augusto Álvaro da Silva (1968), dom Eugenio autorizou nova prorrogação. Já não tinha esperança alguma de que Irmã Dulce voltasse a obedecer.[16]

CAPÍTULO 22

FOME E FILHO PRODÍGIO

Nem sempre Irmã Dulce dependia apenas de dinheiro para ajudar desesperados que acorriam ao Largo de Roma. Em julho de 1967, 2 rapazes desembarcaram em Salvador, vindos de um longo périplo iniciado duas semanas antes, com uma fuga da Casa de Saúde Dr. Eiras, um hospital psiquiátrico no Rio.

Depois de cruzar os Estados do Rio, Minas, Bahia e Sergipe, Paulo Coelho e o seu acompanhante, Luís Carlos, desceram na rodoviária, famintos e sem um tostão no bolso. Embora não tivesse nenhuma doença psiquiátrica, Paulo fora internado 3 vezes por seus pais no hospício. Nas internações, foi submetido até ao suplício do eletrochoque. Paulo tinha então 19 anos.[1]

"Eu estava literalmente passando fome havia dias, doente, perdido em Salvador. Tinha fugido de um sanatório psiquiátrico onde fora internado por meus pais – não porque me queriam fazer mal, mas porque estavam desesperados para controlar o filho 'rebelde'", relembrou o Paulo Coelho em 2019, já consagrado como um dos escritores mais lidos no mundo.[2]

"Vaguei sem rumo pelas ruas da cidade que me era completamente estranha, sem um centavo no bolso, até que alguém me disse que havia uma freira que poderia me ajudar – ou eu corria o risco de ser preso por vagabundagem", recapitulou.

Os 5,5 quilômetros entre a velha rodoviária das Sete Portas e a casa de Irmã Dulce foram vencidos a pé por Paulo e Luís Carlos. Ao chegar, a dupla deu com a fila de miseráveis que esperava para chegar à mesa de Irmã Dulce. Quando chegou a sua vez, a freira perguntou a Paulo Coelho o que ele queria.

A resposta foi direta: "'Não aguento mais, quero voltar para casa e não tenho como'. Ela não fez mais perguntas – o que está fazendo aqui? Onde estão seus pais? – Eu não comentei que tinha fugido do hospício e que corria o risco de voltar".

Irmã Dulce puxou um pedaço de papel com o timbre das Obras Sociais e rabiscou rapidinho: "Estes 2 rapazes pedem um transporte grátis até o Rio. Ir. Dulce – 21/7/67". Depois deu algum dinheiro aos dois para se alimentarem, abençoou-os e disse a Paulo que seus pais deveriam estar preocupados.

"Saí dali, fui até Feira de Santana, e de lá para o Rio. Fui recebido com amor e não voltei a ser internado. É com lágrimas nos olhos que escrevo estas linhas. Obrigado, Irmã Dulce, por seus dois milagres: matar a fome de alguém, e permitir a volta do filho pródigo."

CAPÍTULO 23

HOSPITAL DE GUERRA

No momento em que sua Congregação lhe faltou, Irmã Dulce contou com 3 esteios para seguir em frente. O primeiro foi sua família. O pai, o dentista Augusto Lopes Pontes, convivia muito com ela e ajudava nas tarefas burocráticas das Obras Sociais. Sua irmã Dulcinha passou a viajar para Salvador mensalmente para ajudar a religiosa.

Dulcinha só ia para o Rio, onde estavam o marido e a filha, para descansar por alguns dias e depois regressava para o hospital em Salvador. Foi uma colaboradora muito valiosa de Irmã Dulce e a pessoa mais próxima dela nesse período.[1] Era para Dulcinha que a religiosa abria o coração. As duas ficaram mais próximas do que nunca. Alguns momentos de alegria eram quando estava com a sobrinha Maria Rita que ia para Salvador durante as férias escolares ou feriados prolongados. Irmã Dulce sempre amou Maria Rita como se fosse sua filha.

O segundo ponto de apoio foi a equipe de médicos e voluntários do hospital. Muitos voluntários chegavam porque tinham ouvido falar da freira pelos jornais e televisão. Alguns iam impelidos por gratidão. No início dos anos 1970, a adolescente Antônia Maria Bispo dos Santos se tornou voluntária porque, mesmo sem ninguém pedir, se sentiu "na obrigação moral" de ajudar depois que sua mãe foi operada no hospital sem ter de pagar. Ela ajudava a limpar os pacientes que a freira recolhia pelas ruas. Depois de se especializar em patologia clínica, foi contratada para trabalhar no laboratório, mas também ajudava no ambulatório porque o pessoal era escasso.[2]

O médico Gerson Mascarenhas era um companheiro do dia a dia em quem Irmã Dulce confiava plenamente. O ginecologista afastara-se da política desde sua prisão em 1964, mas ainda continuava no radar dos militares. Em 1968, Mascarenhas foi preso novamente. Ficou duas semanas atrás das grades à guisa de "revisão" do seu caso, mas foi libertado sem maiores dramas[3] – uma sorte não compartilhada por centenas de opositores do regime, que, nos anos seguintes, foram presos, torturados ou mortos quando a ditadura embicou para o seu período mais feroz.

Decretado em 13 de dezembro de 1968, o Ato Institucional nº 5 conferiu ao presidente da República o poder de fechar o Congresso Nacional, intervir nos estados e municípios, cassar mandatos de parlamentares, suspender os direitos políticos de qualquer cidadão por dez anos e suspender a garantia do *habeas corpus*. O Congresso fechado em dezembro só foi reaberto em outubro de 1969 para referendar a escolha do general Emílio Garrastazu Médici (1969-1974) para presidente da República. Com o preâmbulo repleto de expressões como "ordem democrática", "liberdade" e "respeito à dignidade da pessoa humana", copiados de atos institucionais anteriores, o AI-5 destruiu o que restava dos direitos políticos e iniciou um período brutal de caça aos opositores do regime.[4]

De volta ao batente, Gerson Mascarenhas continuou dando duro no hospital e projetando como o local deveria funcionar após a ampliação em curso. Já havia estudantes da Faculdade de Medicina trabalhando como voluntários, mas Mascarenhas arquitetou a transformação do Santo Antônio em hospital-escola de fato, casando a necessidade de mão de obra para atender a clientela miserável com o aprendizado dos estudantes.[5]

Em janeiro de 1970, o novo pavilhão foi inaugurado com a presença do governador Luís Viana Filho e com as bênçãos de dom Eugenio. A capacidade saltara para 305 doentes internados – quase o dobro de dez anos antes – que eram assistidos por 12 médicos e 170 estudantes das várias especialidades da saúde.[6] Gerson Mascarenhas trabalhou lá até 1972, quando foi substituído na direção do hospital por um pupilo, o médico Taciano Campos, que ainda continuou à frente da instituição até morrer, em 2015.

***

No Brasil do Milagre Econômico, a Salvador de Irmã Dulce tornava realista a frase atribuída ao general Médici de que a economia ia bem e o povo ia mal. A industrialização teve impulso com a inauguração do Centro

Industrial de Aratu e o início do processamento da nafta da refinaria de Mataripe, que daria origem ao polo petroquímico de Camaçari (apenas inaugurado em 1978). Os indicadores sociais, por outro lado, pioravam.

Puxada pela diarreia, a mortalidade infantil teve um salto de quase 50% entre 1968 e 1971, passando de 66,7 para 98 mortos para cada mil nascidos vivos na capital baiana.[7] Apesar da ampliação da capacidade, o Santo Antônio continuava tão lotado como antes. Irmã Dulce acomodava doentes em corredores, em bancos do jardim e até na sala destinada ao necrotério. "Uma noite, quando cheguei ao hospital, entrei num pavilhão de 300 metros quadrados onde não era possível andar, porque o chão estava repleto de doentes", contou Manoel Ventin Orge, dono de um depósito de materiais de construção onde Irmã Dulce costumava comprar.[8]

A realidade social de Salvador fez do Santo Antônio um hospital onde a prudência médica às vezes tinha de ser deixada de lado. O fato de sempre receber quem chegava doente, ignorando os problemas de superlotação, causava atrito com os médicos. José Américo Silva Fontes, que chegou ao hospital como estudante voluntário em 1960 e depois permaneceu vinte anos como chefe da pediatria, às vezes tentava chamar a freira à razão e impedir a internação de novos doentes, sobretudo se houvesse risco de contaminação dos demais.

Em uma ocasião, os dois brigaram por causa de um menino com escabiose que Irmã Dulce queria colocar no meio dos demais pacientes. A freira não aceitou a ponderação do médico.

"E eu sou médica, por acaso? Não é melhor deixar que todo mundo pegue sarna do que deixar esse menino morrer?", arrematou Irmã Dulce, dando o xeque-mate.[9]

Entre 1964 e 1974, foram realizadas cerca de 400 cirurgias no Santo Antônio. A média de uma cirurgia a cada nove dias é bastante enganosa, porque evoca uma ideia de certa tranquilidade e planejamento no intervalo entre cada intervenção. Em um depoimento que integra o dossiê da beatificação de Irmã Dulce, o cirurgião Luiz Alberto von Sohsten disse que muitas operações eram feitas de maneira irregular do ponto de vista técnico e legal. Às vezes, enquanto Von Sohsten estava operando um paciente com um quadro bastante grave, cirurgias mais simples eram executadas por estudantes do sexto ano de medicina.

"Todos os colegas conheciam bem as condições em que a gente trabalhava. Era mesmo como um hospital de guerra, mas curiosamente o número de infecções era muito baixo", disse o médico.[10]

Se a superlotação conferia uma aparência anárquica ao hospital, a limpeza era uma obsessão de Irmã Dulce. Voluntários e empregados do Santo Antônio dizem que a religiosa ralhava se encontrasse traço de sujeira nos pavilhões, corredores ou banheiros durante suas rondas para inspecionar os pacientes. Não se tratava de uma descompostura propriamente dita, mas Irmã Dulce deixava muito clara a reprovação com sua voz baixinha e meio balbuciante.[11]

Não raro, podia ela própria ser vista com uma vassoura, rodo e balde com água, esfregando o chão do hospital quando não o considerava suficientemente limpo. O cirurgião Von Sohsten, que levava sua esposa para visitar o hospital aos domingos, costumava encontrar Irmã Dulce fazendo faxina com a ajuda de pacientes em melhor estado.[12]

Outra encrenca que caía no colo da religiosa com frequência eram os pacientes em condições de receber alta, mas que não tinham para onde ir. No caso de idosos e crianças, o destino era, respectivamente, o albergue contíguo e o orfanato em Simões Filho. A situação mais delicada era a de bebês que haviam sido abandonados no hospital. Certa vez, a freira e uma estudante de medicina reanimaram, com massagem cardíaca, um recém-nascido. Era um caso grave, pois a criança tinha anemia profunda e, como foi diagnosticado depois, contraíra sífilis durante a gestação. Ao investigar as origens do paciente, o pediatra José Américo Fontes intuiu que se tratava do filho de uma prostituta e, a julgar pelos traços do filho, com algum marinheiro estrangeiro que passou por Salvador. Alguns meses depois, com o menino já restabelecido, Irmã Dulce arranjou uma família para acolhê-lo.

Esses casos que envolveram adoção, conforme a memória do médico, eram tratados à margem da lei, mas as autoridades não incomodavam a freira porque sabiam que ela encontraria uma família bem formada para a adoção.[13]

***

Além do apoio da família no plano pessoal e do trabalho dos médicos e voluntários, a proteção dos poderosos completou o tripé. Em diferentes graus, a transição de governadores baianos no período da exclaustração (1965-1976) roçou nas boas relações da própria família de Irmã Dulce.

Antônio Lomanto Júnior, que doou o terreno para o orfanato em Simões Filho em 1964, fora aluno do pai da freira na Faculdade de Odontologia. O governador costumava atender a freira sem hora marcada no palácio. Segundo ele, Irmã Dulce parecia cansada nessas visitas. "Uma coisa que fez crescer a minha admiração é que a Irmã Dulce jamais fez um pedido para beneficiar ela própria ou alguém de sua família", relembrou Lomanto.[14]

O sucessor, Luís Viana Filho, foi o primeiro governador investido do cargo sem a participação do povo em 1967. Luís Viana Filho exerceu a chefia do gabinete civil de Castelo Branco por indicação de Juracy Magalhães – aliado e protetor dos empreendimentos da freira desde os tempos de fundação do Círculo Operário da Bahia. Luís Viana Filho era o filho do conselheiro Luís Viana, cujas ligações com os Lopes Pontes remontavam ao século XIX. Foi sob o governo de Luís Viana (1896-1900) que o coronel Manoel Lopes Pontes, avô da freira, comandou o policiamento de Salvador durante a Guerra de Canudos e, mais tarde, foi eleito deputado. O governo de Viana Filho entrou com parte dos recursos para concluir a obra do hospital em 1970.

Nenhum deles, contudo, foi mais próximo da freira quanto Antonio Carlos Magalhães. Antonio Carlos, como ela o chamava sem falsa intimidade, era filho de um vizinho da sua família na rua Independência. Em 1971, após ter sido nomeado governador por Médici, ACM iniciou a construção de uma longa hegemonia política tão implacável a ponto de seu nome dar origem a um substantivo e um adjetivo do vocabulário político nacional. Alguns anos mais tarde, a habilidosa Irmã Dulce lograria a impressionante façanha de extrair todas as vantagens do carlismo sem passar recibo público de carlista.

CAPÍTULO 24

O CARDEAL ENSABOADO

IRMÃ DULCE PADECEU ONZE ANOS NO SERENO EM SUA VIDA RELIGIOSA. Ela só foi readmitida plenamente na Congregação das Irmãs Missionárias da Imaculada Conceição no início de 1976, graças ao empenho do cardeal Avelar Brandão Vilela. É inútil especular qual teria sido o destino de Irmã Dulce se o Santo Antônio tivesse fracassado enquanto ela estava afastada da Congregação, mas é certo que o êxito do hospital pesou, e a Igreja se rendeu aos fatos.

O caminho da reconciliação foi aberto com a remoção dos protagonistas dos fatos de 1965. Nos Estados Unidos, Madre Maria Pia Nienhaus substituiu a madre Veneranda Bohlen à frente da Congregação das Irmãs Missionárias da Imaculada Conceição no final de 1970. Dom Eugenio Sales foi transferido de Salvador para a arquidiocese do Rio. O novo arcebispo, dom Avelar Brandão Vilela, chegou à Bahia em maio de 1971 e viu na situação de Irmã Dulce tanto uma injustiça pessoal como uma fonte de constrangimento para o clero na Bahia. Como era possível explicar que uma religiosa com tamanha obra social estivesse exilada dentro de sua própria Igreja?

O caso da freira, contudo, não foi uma questão que dom Avelar enfrentou imediatamente, porque assumiu a arquidiocese sob outra urgência: cuidar da relação com os militares e proteger sacerdotes críticos ao regime. O alagoano era um desatador de nós políticos e movia-se bem nas ambiguidades. Ele integrou a comissão bipartite, que reunia altos membros do clero e militares para tentar evitar atritos substanciais entre o governo e a Igreja. Ao contrário de muitos religiosos, que não queriam ser identificados com a ditadura, o novo primaz celebrava missas a cada aniversário da "Revolução" e participava de comemorações da Semana do Exército. Longe dos holofotes, acolhia famílias de presos políticos e pressionava as autoridades para saber sobre o tratamento que recebiam. Dom Avelar era tão escorregadio que chegou a ganhar o apelido de "cardeal ensaboado".

Quando o episcopado paulista lançou uma dura condenação ao regime após o assassinato do jornalista Wladimir Herzog nas dependências do DOI-CODI em 1975, dom Avelar manteve-se em silêncio. Mas, na Bahia, ele protegia religiosos tachados como subversivos pela ditadura e permitia que operassem livremente para recolher relatos de tortura e divulgá-los no exterior.[1] Em 1978, quando a abertura política já estava em marcha, dom Avelar aderiu à campanha pela Anistia, liderada nacionalmente por seu irmão, o senador alagoano Teotônio Vilela.

Nomeado cardeal em 1973, dom Avelar avalizou duas prorrogações do indulto de exclaustração da freira. Em 1975, resolveu acabar com aquela situação constrangedora e procurou as duas partes do litígio. Avisou à superiora provincial que a regularização de Irmã Dulce era uma prioridade da qual ele se ocuparia pessoalmente. E orientou a freira a escrever uma carta requisitando a sua reintegração plena.

"Jamais passou pela minha cabeça deixar a Congregação e, se assinei o documento de pedido de exclaustração, foi por ordem da Provincial à época. Daí julgar que não haja da parte da atual Provincial e seu Conselho algo que impeça de reintegrarem uma irmã que, durante dez anos de exclaustração, tem permanecido fiel à sua vocação", pediu Irmã Dulce.[2]

Cinco dias depois, o conselho provincial deferira o pedido. A decisão final cabia, contudo, ao comando da ordem nos Estados Unidos. Sabendo onde estava a origem do problema, o cardeal-arcebispo encomendou um parecer jurídico ao advogado Barachísio Lisboa, ligado a Irmã Dulce, para detalhar a situação legal das Obras Sociais. O sucinto documento de 6 pontos, que chegou às mãos de dom Avelar em agosto de 1975, deixava claro que as dívidas assumidas pelas Obras Sociais Irmã Dulce não recairiam, em hipótese alguma, sobre a Congregação.[3]

O parecer foi enviado pelo cardeal-arcebispo à superiora-geral da Congregação nos Estados Unidos no dia 5 de setembro, com um forte apelo do cardeal: "Entendo que é chegado o momento de dar-lhe esse conforto espiritual. Ela [Irmã Dulce] quer ardentemente merecer essa graça. E a merece de fato".[4]

A Congregação cedeu. Três semanas mais tarde, a superiora informava ao cardeal que Irmã Dulce fora readmitida, mas a reabilitação plena foi formalizada em 2 de janeiro de 1976, após o caso cumprir os trâmites na Sagrada Congregação dos Religiosos, no Vaticano.

O plano de dom Avelar funcionara: removido o principal obstáculo para o entendimento, cabia às partes passarem uma borracha nos atos de desobediência de Irmã Dulce. À exceção de uma mágoa interna da própria ordem, que nas décadas seguintes não apresentava Irmã Dulce como um exemplo de religiosa a ser seguida no curso de formação de freiras,[5] a amnésia sobre a rebeldia prevaleceu.

O tempo serenou espíritos. Em 2000, dom Eugenio, então cardeal-arcebispo do Rio de Janeiro, repassou os acontecimentos com indulgência: "Se na atitude de Irmã Dulce houve traços de desobediência, esta há de ser considerada necessária, posto que é desobediência em favor do bem comum de muita gente que, de outro modo, ficaria sem proteção".[6]

O bispo-auxiliar do Rio de Janeiro Karl Josef Romer, um dos muitos sacerdotes europeus que trabalharam na Bahia sob o governo de dom Eugenio, tinha uma visão mais ácida: "Ela [Irmã Dulce] não teve interlocutores à altura, capazes de dialogar, mas sim quem quisesse constrangê-la a limites muito estreitos, com uma mentalidade que ainda não havia compreendido a grandeza do espírito eclesiástico".[7]

***

A alegria de Irmã Dulce de voltar à Congregação foi abalada por uma notícia triste na manhã de 25 de fevereiro de 1976: seu pai, o dentista Augusto Lopes Pontes, morreu em decorrência de falência múltipla dos órgãos, aos 86 anos. Ela passou toda a noite rezando ao lado do caixão do pai. Dulcinha e Ana Maria (a irmã mais nova) juntaram-se a ela e, entre orações, trocaram sussurros sobre a morte. Irmã Dulce sempre se lembraria do momento do funeral do pai como o dia mais triste da sua vida.[8] O dentista foi sepultado na tarde de 27 de fevereiro.

De volta ao convento e ao hospital, passava boa parte do tempo rezando em silêncio com o terço que carregava no bolso do hábito enquanto se desincumbia das tarefas diárias. O luto pela morte do pai não alterou a estafante rotina do trabalho diário.

A primeira religiosa a ser designada para o Santo Antônio foi a pernambucana Olívia Lucinda da Silva. Sua escolha diz muito sobre como Irmã Dulce podia ser intuitiva para se cercar de gente de confiança. Olívia nem sequer concluíra o noviciado, fase final da formação de freiras, quando as duas se conheceram em novembro de 1975, durante a visita de um grupo de estudantes de enfermagem de Sergipe ao hospital Santo Antônio.

"Ela não sabia nem que eu era da Congregação. Ela pegou no meu cabelo e me disse: 'quando você se formar, você vem ficar aqui comigo'. Aí eu disse que estava no convento e que a decisão seria da superiora", relembrou irmã Olívia.[9]

Havia muito em comum entre elas: ambas perderam a mãe cedo e, na adolescência, enfrentaram a própria família para seguir a vida consagrada. A jovem Olívia fugiu de São Paulo, onde seu pai se instalara, para o convento de São Cristóvão. Ela acompanhou Irmã Dulce até o final da vida e, mais de duas décadas depois do falecimento dela, ainda permanecia trabalhando no hospital.

Por dia, dezenas de pessoas batiam à porta em busca de ajuda para pagar aluguéis, enterros, comprar comida, leite, remédios e uma infinidade de outras pequenas emergências.[10] Irmã Dilecta, que trabalhou cinco anos no hospital, relembrou o episódio de uma mulher que chegou ao hospital para pedir uma passagem para São Paulo, mas Irmã Dulce, que não tinha o dinheiro na hora, mandou a pedinte esperar no albergue. Pela versão de Dilecta, algumas horas depois apareceu uma mulher com um envelope com uma pequena doação. Irmã Dulce abriu o envelope e chamou a colega.

"Dilecta, olha para aqui, se não é a quantia que aquela senhora precisa, você não acredita, não? Pois agora, depois da janta, desça e diga à senhora que tome café e que amanhã ela vai viajar", disse Irmã Dulce.

Dilecta deu o braço a torcer: "Eu não concordava muito com essas doações porque tinha lá o hospital cheio de gente e ela esmolava para dar de comer àqueles doentes. Não aceitava, mas depois eu compreendi que ela tinha que dar porque era Deus que dava a ela. Ele não negava nada a ela".[11]

CAPÍTULO 25

ANTONIO CARLOS NA TERRA

PARA OS BAIANOS, ANTONIO CARLOS MAGALHÃES SEMPRE FOI ANTONIO Carlos, uma informalidade que reforça o costume brasileiro de se referir a políticos pelo primeiro nome ou pelo apelido, gerando uma ilusão de proximidade. Irmã Dulce também tratava o governador pelo nome de batismo, mas nisso não havia ilusão nenhuma. Ela vira nascer, em 1927, o segundo filho do médico Francisco Peixoto de Magalhães Neto, vizinho de sua família na rua Independência. Magalhães Neto e Augusto Lopes Pontes eram professores da mesma universidade, e o médico, quando deputado estadual e federal nas décadas de 1920 e 1930, obteve apoio financeiro para o Abrigo dos Filhos do Povo, dirigido pelo pai da freira no bairro da Liberdade.

Os dois se conheciam desde sempre, mas não eram amigos chegados no princípio. Treze anos mais novo, Antonio Carlos contava apenas 5 anos e meio quando Maria Rita partiu para o convento, em São Cristóvão. Quando voltou de Sergipe, Irmã Dulce foi viver no Colégio Santa Bernadete e eles pouco se viram nas décadas seguintes. Juracy Magalhães, com quem Irmã Dulce contava desde os tempos do Círculo Operário da Bahia, foi o chefe político da UDN, legenda pela qual ACM foi eleito deputado estadual em 1955 e federal em 1958 e 1962. Juracy era o ministro da Justiça quando o Ato Institucional nº 2 extinguiu as antigas agremiações, impondo o bipartidarismo da Aliança Renovadora Nacional e da oposição tolerada do Movimento Democrático Brasileiro. Juracy e Antonio Carlos (que não tinham parentesco) embarcaram no partido do regime. Irmã Dulce e ACM se aproximaram por volta de 1967, quando ele foi escolhido – sem um único sufrágio popular – prefeito de Salvador. Em 1971, Antonio Carlos Magalhães, empossado governador, começou a assentar os alicerces de seu próprio império.

A experiência do carlismo surtiu efeito profundo na vida pública baiana. Ao lado de um esquema eficiente de cooptação de líderes políticos do Estado, a arena escolhida por ACM foi a da política nacional, ênfase definida tanto por questão de vocação pessoal quanto por funcionalidade operacional. Como não admitia dissidências em suas fileiras, ACM sempre foi um aliado confiável dos presidentes, porque mantinha os congressistas baianos sob estrito controle. A confiança sempre foi recompensada com benesses, verbas públicas e poder absoluto sobre nomeações para cargos públicos federais na Bahia. Seu estilo de governar permitia o reconhecimento de assessores talentosos, mas a palavra final sempre cabia ao chefe. O carlismo foi moldado pela personalidade de seu carismático líder.

O banqueiro Clemente Mariani experimentou o sistema recompensas e castigos com o qual ACM lidava com seus aliados e desafetos. Em 1973, Mariani vendeu 55% das ações do Banco da Bahia ao Bradesco, a contragosto do governador, que trabalhava em favor de uma fusão da instituição com o Banco Econômico, do também baiano Ângelo Calmon de Sá. Furioso pelo fato de o controle da instituição ter sido transferido para fora da Bahia, o governador assinou um decreto declarando a utilidade pública da casa onde morava Clemente Mariani "a bem do interesse público". A vingança veio salpicada de requinte: ACM anunciou que transformaria a belíssima mansão na ladeira da Barra, em área remanescente de Mata Atlântica de Salvador, em "escola-parque" para crianças excepcionais. A desapropriação foi barrada na Justiça.

A despeito de seu fascínio de mandarim, ACM não tinha medo de mudanças. Sob o genérico lema do "bem da Bahia", o carlismo apostou na estabilização e na modernização como diretriz de governo. Muitas das transformações na infraestrutura, no planejamento urbano e no investimento industrial foram concebidas e iniciadas sob a autoridade de ACM. Sob seu primeiro governo, começou a ser organizado o projeto de montar uma indústria petroquímica para aproveitar a nafta da refinaria de Mataripe, embrião do polo petroquímico de Camaçari (inaugurado em 1978), marco definitivo da tardia industrialização baiana. Com apoio do Palácio do Planalto, o governador foi um tocador de obras que abriu novas avenidas, como a Paralela, e, mais tarde, construiu o Centro Administrativo da Bahia.

Os temperamentos de ACM e Irmã Dulce eram muito diferentes. A natureza exata da relação pessoal entre eles ainda é controversa, conforme a memória de quem conviveu com ambos. O ex-banqueiro Ângelo Calmon de Sá afirma que ele nunca deixou de atender a um apelo da freira por causa do "enorme carinho" que devotava a ela. No memorial dedicado a ACM no Pelourinho, há uma enorme gravura em que os dois aparecem abraçados.[1] Em um depoimento em dezembro de 2000 que integra os autos do processo canônico de Irmã Dulce, Antonio Carlos Magalhães evocou a grande amizade.

Quando a religiosa morreu em 1992 e ele estava no exercício de seu terceiro mandato como governador da Bahia (pela primeira vez por voto direto), ACM percorreu a pé, ao lado do caixão, os cerca de 7 quilômetros entre o Hospital Santo Antônio e a igreja de Conceição da Praia, primeiro lugar onde o corpo foi sepultado. Segundo ACM, o gesto transcendeu o cargo que ocupava ou a importância de Irmã Dulce para a Bahia.

"Como amigo me senti obrigado a estar presente naquele último momento", relembrou. "Eu nunca estive em posição de dizer 'não' a ela. Não era possível, porque ela chegava com aquela doçura capaz de desarmar o coração mais duro. Muitas vezes ela me abraçou e acariciou com ternura, e eu conhecia o interesse que ela tinha em ajudar os pobres", disse o então presidente do Senado, em 2000.[2]

Em uma entrevista vinte anos depois da morte de Irmã Dulce e cinco após o falecimento de Antonio Carlos Magalhães, o engenheiro Norberto Odebrecht, que conviveu com os dois ao longo de várias décadas, disse que o alegado carinho era jogo de cena. Por trás dos abraços que estamparam páginas da imprensa, segundo o empreiteiro, havia cálculo político: "Tudo isso era enrolação. Ele sentia como se ela fosse uma concorrente. No fundo, Antonio Carlos sabia que ela podia arrastar muitos votos atrás dela. Não era [uma relação] tão afetuosa, essa era a realidade. Nunca foi".[3]

Por carinho, pragmatismo ou as duas coisas, ACM e Irmã Dulce conviveram bem. Desde que foi empossado no governo pela primeira vez em 1971, ACM destinou verbas para bancar o custeio do hospital Santo Antônio. No longo prazo, o mandarim facilitou a expansão das Obras Sociais. A volta de ACM ao governo baiano em 1979, por arbítrio dos militares, foi providencial para viabilizar para Irmã Dulce a construção de uma nova ala destinada aos pacientes excepcionais e uma fantástica ampliação do hospital Santo Antônio. Ela não tinha terreno nem dinheiro para a custear a empreitada.

Mas tinha o Antonio Carlos.

***

Na primeira visita do general João Baptista Figueiredo (1979-1985) a Salvador como presidente da República, em setembro de 1979, ACM conseguiu incluir o hospital de Irmã Dulce na agenda presidencial. O general viajara à Bahia para inaugurar um terminal de exportação de granéis líquidos no porto de Aratu, mas, nos domínios de ACM, a agenda corriqueira virou um espetáculo pirotécnico e emocional com o único objetivo de fazer o general se sentir querido.

Por onde passou, Figueiredo deu de cara com multidões que queriam apertar sua mão, abraçá-lo, vê-lo de perto. O banho de multidão foi produzido com propagandas de rádio e em alto-falantes de kombis que, incessantemente nos dias anteriores, convidaram a população para apreciar pessoalmente a figura do general. A favela dos Alagados, onde estava prevista a inauguração de um ponto de venda de alimentos a preços subsidiados, foi maquiada por operários, que drenaram as ruas, taparam buracos, pintaram passeios e enfeitaram as paredes com papel coloridos. O roteiro foi concebido para que o presidente e sua comitiva não dessem de cara com os barracos erguidos sob palafitas a algumas centenas de metros.[4]

Faixas carinhosas foram espalhadas pela capital. Uma delas – "Figueiredo, o presidente batizado pelo povo" – aludia ao prenome bíblico do homenageado e embutia a ironia (possivelmente) involuntária de que o presidente fora "batizado pelo povo", mas não eleito por ele.

Uma outra, pendurada em frente do hospital Santo Antônio, ponto seguinte da visita, não continha ironia alguma: "A Bahia e Irmã Dulce muito esperam do presidente Figueiredo".[5]

A princípio, estava previsto somente um rápido cumprimento de Figueiredo à freira e ao corpo de médicos, antes que ele seguisse para uma missa na igreja do Senhor do Bonfim, a 1 quilômetro dali. Segundo o relato de jornais, cerca de 2 mil pessoas – muitas delas, estudantes uniformizados – se aglomeraram na rua em frente ao hospital. Quando desceu do carro, um sujeito com a perna engessada furou o cordão de seguranças e aplicou um abraço efusivo no presidente, que retribuiu. Foi a senha para que a multidão tomasse a rua e o general fosse abraçado, beijado e apalpado. Com dificuldade para se mover em meio ao empurra-empurra, o presidente chegou finalmente até o hospital, ladeado por Antonio Carlos. Os seguranças rapidamente fecharam o portão.

Irmã Dulce tomou o presidente pelo braço e o levou para conhecer o hospital. Lá dentro, pacientes em cadeiras de rodas jogavam pétalas de rosas vermelhas em Figueiredo, em ACM e nos 8 ministros da comitiva. A visita começou pelo setor de geriatria. Figueiredo viu doentes amontoados em macas nos corredores, aboletados em colchões no chão e instalados onde quer que houvesse uma brecha.

O xeque-mate ocorreu quando chegaram à sala do necrotério. Segundo o relato de quem testemunhou a visita, a voz do presidente ficou embargada e os olhos nublados ao ver pacientes no espaço destinado aos defuntos. A freira contou que o hospital vivia superlotado porque era o único da Bahia que recebia qualquer tipo de doente pobre, por mais que a prudência e a falta de espaço recomendassem que não fossem aceitos. Figueiredo prometeu que a ajudaria.[6]

A promessa foi cumprida trinta meses mais tarde, em março de 1982, quando Irmã Dulce encontrou-se com o presidente novamente em Salvador. Faltavam algumas semanas para o início da construção das novas alas do hospital. A capacidade de atendimento saltaria de 360 para 800 leitos. ACM levou a freira para apresentar o projeto de ampliação. Irmã Dulce cobrou a promessa.

"Já falei com Santo Antônio e ele me disse que o senhor só entra lá no céu se nos ajudar na construção do novo hospital", disse a freira.

"Eu vou arranjar o dinheiro para a senhora, nem que eu tenha que assaltar um banco", respondeu o presidente, em sua rusticidade habitual.

"Pois o senhor me avise que eu vou com o senhor", devolveu, arrancando uma risada do general.[7]

Na semana seguinte, o Ministério do Planejamento liberou 50 milhões de cruzeiros (4,3 milhões de reais em maio de 2019) para começar a obra. Quantia idêntica foi transferida pelo Fundo de Investimento Social no ano seguinte. Esses dois repasses, autorizados pessoalmente pelo presidente, representaram 35% do valor global da obra.

***

Uma lenda que floresceu em torno de Irmã Dulce é que ela obteve o terreno para ampliar o Santo Antônio após invadi-lo com crianças excepcionais e pacientes do hospital. O simbólico ato público, que gerou comoção na Bahia, ecoava os tempos em que a freira mandara arrombar as casinhas fechadas na Ilha dos Ratos para abrigar seus doentes em 1939. Mas, em 1981, foi teatro: a invasão do terreno fora sugerida por ACM durante um encontro com a freira no palácio de Ondina quando o destino do imóvel já estava decidido.[8]

O terreno ao lado do Santo Antônio pertencia à falida Companhia Empório Industrial do Norte e estava hipotecado por dívidas junto ao Banco do Nordeste do Brasil (BNB). Irmã Dulce procurou Phídias Martins Júnior, advogado da massa falida, perguntando se podia receber o terreno em doação ou mesmo comprá-lo. O advogado disse que não, porque, pela Lei de Falências, o bem deveria ser usado para pagar os credores. A freira insistiu e pediu que Phídias fosse ao hospital para uma visita. Depois de percorrer o Santo Antônio, quando já se despediam, ela voltou à carga: "Santo Antônio me disse que o senhor irá conseguir...".[9]

O advogado elaborou uma fórmula complicada. Envolvia o governo do Estado aceitar a área como pagamento para os débitos fiscais da empresa falida e, depois disso, realizar a doação para o hospital. O enrosco então passaria a ser liberar o terreno da hipoteca do Banco do Nordeste e, em seguida, fazer o governo baiano furar a fila dos credores que tinham prioridade, segundo a Lei de Falências.

Pela memória de Phídias Martins, a explicação fez os olhos de Irmã Dulce brilharem. No dia seguinte, o advogado recebeu um telefonema do Palácio de Ondina convidando-o para uma reunião com ACM e Irmã Dulce. O governador ouviu o passo a passo da estratégia, incluindo os obstáculos com o banco e a dificuldade de driblar a Lei de Falências. Pela memória do advogado, o encontro terminou com o seguinte diálogo:

"Irmã Dulce, o terreno é seu. Pode invadir", soltou ACM em tom de brincadeira, mas falando sério.

"Já que o senhor está mandando, vou colocar no jornal isso que o senhor acaba de dizer", respondeu Phídias, fazendo graça.

"Assim não, doutor."[10]

O presidente Banco do Nordeste era Camilo Calazans Magalhães, indicado por ACM, que levantou a hipoteca. Mais tarde, o BNB ainda doou mais 30 milhões de cruzeiros em 1981 (4 milhões de reais, em 2019) a título de doação para a construção do pavilhão dos excepcionais do hospital.[11]

O passo seguinte foi fazer o Estado passar na frente de ex-empregados que tinham a receber direitos trabalhistas ou que esperavam indenizações por acidentes de trabalho e o também maior credor que era... o Banco do Nordeste.

Depois de obter um edital expedido pela quarta vara cível que determinava a entrega do terreno ao Estado da Bahia para liquidação de dívidas, o advogado Phídias Martins e Irmã Dulce foram até a Imprensa Oficial do Estado para pedir que o documento fosse publicado com o menor destaque possível para diminuir as chances de ser visto pelos credores que podiam melar a operação. Deu certo: decorrido o prazo sem nenhuma contestação, o terreno foi entregue ao governo.[12]

No final de 1981, em uma solenidade no palácio da Aclamação, ACM assinou o ato de doação do terreno para as Obras Sociais Irmã Dulce. Ao olhar para trás, o advogado Phídias Martins, já aposentado como juiz na Bahia, chamou a gambiarra de "milagre jurídico" de Irmã Dulce.

CAPÍTULO 26

A CONTROVÉRSIA COM TERESA DE CALCUTÁ

Irmã Dulce e Madre Teresa de Calcutá encontraram-se em julho de 1979, quando a freira de origem albanesa visitou Salvador. Madre Teresa chegou ao Brasil três meses antes de ser agraciada com o Nobel da Paz e envolta em uma aura de celebridade global. Ela já era possivelmente o rosto mais popular do catolicismo com sua fama mundial de santa viva das favelas de Calcutá. Sob seu comando estava uma vistosa multinacional da filantropia. A Ordem das Missionárias da Caridade, fundada por ela em 1950, tinha conventos, casas de assistência e orfanatos em 20 países, 1.800 freiras e 400 noviças. A ida a Salvador, durante o seu périplo brasileiro, atendeu a convite do cardeal-arcebispo Avelar Brandão Vilela (1912-1986) para abrir uma casa de assistência no Uruguai, bairro surgido na região dos Alagados.[1]

Irmã Dulce e Madre Teresa estiveram reunidas por cerca de duas horas no convento Dom Amando Bahlmann, sede da Congregação das Irmãs Missionárias da Imaculada Conceição, em Salvador. Por meio de uma intérprete, a conversa entre as duas foi informal. Irmã Dulce perguntou a Madre Teresa se ela estaria interessada em assumir a obra social. Não é possível saber se a baiana estava falando sério ou não, mas esse é um dos primeiros registros de que a baiana já pensava em deixar encaminhada uma transição, que garantisse o atendimento aos pobres após a sua morte. Madre Teresa declinou a oferta porque sua ordem não assumia trabalhos sociais que envolvessem compromissos financeiros.

A negativa de Madre Teresa não surpreende. Ela jamais incorporou um hospital ao seu trabalho social.[2] A conversa terminou sem consequências, mas o encontro de cortesia foi o prelúdio da controvérsia que envolveu as duas religiosas.

O fato de a Ordem das Missionárias da Caridade ter recebido um terreno do governo do Estado e recursos da arquidiocese de Salvador para construir uma casa de assistência gerou celeuma na cidade e questionamentos sobre o arcebispo. A polêmica foi insuflada na imprensa baiana por apoiadores de Irmã Dulce, que consideravam o dinheiro doado a Madre Teresa uma injustiça contra Irmã Dulce, que gramava para manter sua obra funcionando.

As críticas embutiam mais ciúme do que fundamento já que Irmã Dulce também contava com apoio da arquidiocese e do governo nas suas empreitadas.

O cardeal-arcebispo cutucou uma casa de marimbondos ao declarar que não conhecia "testemunha maior de amor aos mais humildes" do que Madre Teresa de Calcutá. Era para ser apenas deferência gentil à visitante ilustre, mas virou pretexto para ataques a dom Avelar. José Augusto Bebert, que era primo de Irmã Dulce, enumerou de maneira áspera as qualidades da baiana e questionou a Igreja por não oferecer qualquer ajuda material ao trabalho social no Largo de Roma. Terminou o artigo espumando zanga com o arcebispo por ter supostamente comparado Madre Teresa e Irmã Dulce, em desfavor desta última.[3] Dom Avelar não fez comparações. Dias depois, um outro artigo na imprensa ecoava a queixa, comparando as duas, mas exaltando Irmã Dulce por se debater com "mil dificuldades" para manter aberta a sua obra social.[4]

O episódio teve um sabor amargo para dom Avelar, justamente o responsável pela reabilitação plena da freira na Igreja. Parecia apenas espuma na imprensa, mas dom Avelar considerou os ataques uma tentativa de demarcar território. Ele passou alguns dias digerindo as descomposturas e compondo a resposta enérgica. A raiva amadureceu num sermão dominical publicado no jornal. "Quem chegou por último não veio para empobrecer nem para ofuscar; e sim, somar. São estilos diferentes embora servas da mesma caridade. São filhas do mesmo Pai, que as quer e abençoa de coração", respondeu dom Avelar, visivelmente contrariado.[5]

Embora sua resposta tenha isentado Irmã Dulce da responsabilidade pelos ataques, o cardeal jamais esqueceu o episódio.

***

Comparações entre Madre Teresa de Calcutá e Irmã Dulce tendem a ser enganosas. Há muitos pontos de conexão entre as ideias, a prática de assistência social e as trajetórias pessoais das duas. Esse aspecto foi muito ressaltado no curso do processo de Irmã Dulce na Santa Sé. Dos 9 teólogos da Congregação das Causas dos Santos que se reuniram, em 2008, para avaliar as virtudes da religiosa baiana, 3 deles mencionaram, em seus votos, traços de similaridade com Madre Teresa, que já havia sido beatificada em 2003 por João Paulo II.[6]

A rigor, o primeiro deles é que ambas eram consideradas exemplos de santidade ainda em vida porque renunciaram voluntariamente aos valores de um mundo em que o êxito costuma ser medido pelos sinais exteriores de riqueza e prestígio.

Teresa e Dulce pertencem à mesma geração (a primeira era só 4 anos mais velha que a segunda) e se engajaram na vida religiosa buscando honrar o seu compromisso com Deus por meio da assistência aos mais pobres.[7]

Madre Teresa e Irmã Dulce compartilhavam o mesmo método de tratar da questão da miséria atendendo indivíduos em suas necessidades mais imediatas, porém não se debruçando sobre as raízes da miséria. Mais do que isso: coincidiam na visão de que o mundo sempre estaria povoado de pobres e ricos, uma herança da *Rerum Novarum*. Madre Teresa culpava o "egoísmo" e a "falta de generosidade de partilhar" pelo abismo social no mundo. A missão de suas Missionárias da Caridade seria, segundo ela, estabelecer "uma ponte entre esses dois mundos".[8]

Irmã Dulce professava idêntico fatalismo sobre a desigualdade: "Deus disse que sempre haveria pobres, mas, se as pessoas e os poderes públicos se conscientizassem mais, para os pobres a situação seria melhor". Segundo ela, a existência da miséria atendia a um desígnio divino "para que existam pessoas em relação às quais possamos fazer o bem".[9]

Como ocorreu com Irmã Dulce, Madre Teresa respondeu às necessidades humanas urgentes, abandonando o conforto relativo da sala de aula de uma escola (de elite) em Calcutá para embrenhar-se nas favelas. Sua opção pelos miseráveis também provocou a ruptura com as Irmãs de Loreto, ordem com sede na Irlanda pela qual ela professou seus votos. Ela viveu dois anos isolada por um indulto de exclaustração, um mal menor frente à alternativa da secularização.

Reabilitada, Madre Teresa fundou, em 1950, a Ordem das Missionárias da Caridade. As duas freiras se igualavam ainda em sua visível austeridade pessoal – uma das razões pelas quais as duas atraíam empatia e doações. No início dos anos 1960, as obras sociais de Irmã Dulce na Bahia e de

Maria Rita de Souza Brito Lopes Pontes aos dois anos. A futura Irmã Dulce teve origem em uma família abastada de Salvador. Pelo lado paterno, era neta de um político; o avô materno era um médico proeminente na cidade.

Maria Rita fez catequese e recebeu a primeira comunhão, aos 8 anos na famosa igreja de Santo Antônio Além do Carmo, em Salvador. É nesta época que ela desperta uma outra devoção por influência do pai e do irmão mais velho: torna-se torcedora do Ypiranga, potência do futebol baiano nos anos 1920.

O dentista Augusto e Dulce com a prole: Augustinho (1913), Maria Rita (1914), Dulce Maria (1915), Aloysio Raimundo (1918) e o recém-nascido Geraldo Majella (1919). A mãe Dulce morreu em 1921. Foi a primeira tragédia que se abateu sobre a família.

O convento do Carmo, em São Cristóvão (SE): ali Irmã Dulce teve a introdução à pesada rotina de orações e ao trabalho duro que a definiram até o final da vida.

Pendor musical existia desde a infância. Já adulta, Irmã Dulce costumava tocar sanfona para os órfãos que acolhia na propriedade de Simões Filho, colado à capital.

Irmã Dulce e o pai, Augusto Lopes Pontes. Voo solo de Irmã Dulce pela caridade começou com forte dose de personalismo: foi ele que redigiu os estatutos das Obras Sociais que levaram o nome da filha.

Irmã Dulce e a sobrinha Maria Rita, filha de Dulcinha. Foi pelo restabelecimento da saúde de sua irmã que a freira começou a dormir em uma cadeira. A penitência durou três décadas.

Inauguração do Albergue Santo Antônio, em 1960. O acolhimento de doentes que começou improvisado, em um galinheiro em 1949, teve um salto de qualidade, mas suscitou preocupações da Congregação das Irmãs Missionárias da Imaculada Conceição com as dívidas que Irmã Dulce assumia.

Irmã Dulce viu Antonio Carlos nascer. Suas famílias eram vizinhas na rua Independência. No futuro, o poderoso ACM foi um aliado fundamental da freira, montando uma complicada operação para liberar um terreno para a ampliação do hospital.

O então presidente José Sarney e Irmã Dulce. A freira era a única pessoa fora do governo que tinha o número do telefone vermelho no gabinete do presidente no Palácio do Planalto, tendo acesso a ele sem passar por secretárias e assessores.

Irmã Dulce e dois aliados: o então governador Antonio Carlos Magalhães e o general João Figueiredo, último presidente da ditadura militar. Habitualmente rústico, Figueiredo prometeu arranjar verbas para a freira ampliar o hospital "nem que tivesse que assaltar um banco".

Irmã Dulce foi pioneira na assistência social nos Alagados, a impressionante favela baiana erguida sobre palafitas no leito do mar. Nada era capaz de afastá-la dos mais pobres entre os pobres nos quais via a figura do Cristo a ser acolhido.

Num encontro cercado de controvérsia, Madre Teresa e Irmã Dulce estiveram juntas em Salvador em 1979, meses antes da freira de Calcutá ganhar o Nobel da Paz. Frutos da mesma geração de religiosas, as duas tiveram circunstâncias parecidas, mas tinham visões opostas sobre como tratar os pobres que batiam às suas portas. Hoje, as duas são santas católicas.

Irmã Dulce encontrou o papa João Paulo II em julho de 1980. Ela foi "contrabandeada" por um general para a recepção do papa no aeroporto, mas aclamada pela multidão na grande missa campal celebrada pelo pontífice em Salvador.

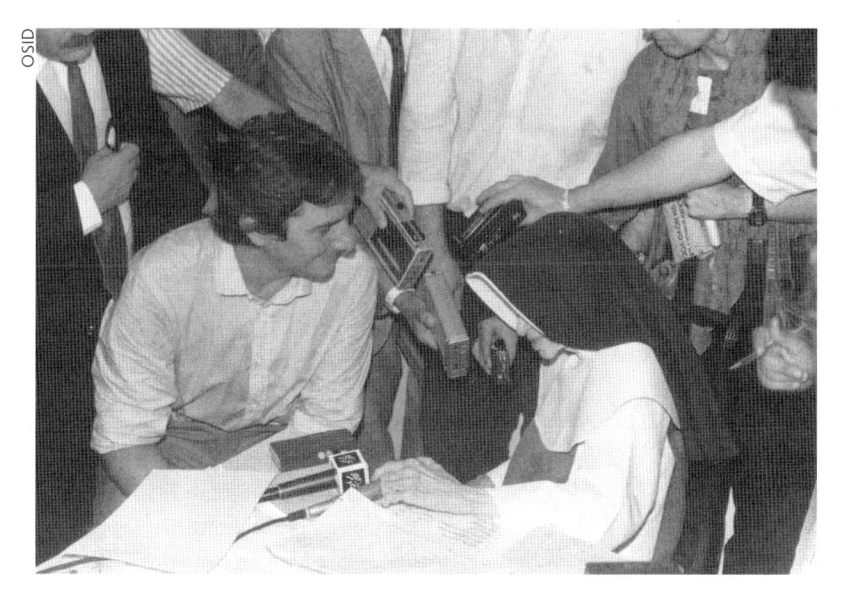

Irmã Dulce com o candidato Fernando Collor de Mello. Ele foi o primeiro presidente eleito pelo voto direto após a redemocratização do país. Hospital fundado por ela passou a ser um roteiro obrigatório de pretendentes ao Planalto entre 1989 e 2014.

Irmã Dulce acolheu órfãos em Simões Filho. Para essas crianças, Irmã Dulce era enfermeira cuidadosa, professora exigente, psicóloga ardilosa e mãe afetuosa.

Dulce e Dulcinha, nascida em 1915. Muito ligadas desde a infância, irmã da freira foi um de seus grandes esteios durante toda a vida, especialmente nos duros anos em que esteve afastada de sua Congregação.

Irmã Dulce e as crianças do Centro Educacional Santo Antônio. A espiritualidade simples, o senso de humor divertido e o dom de contadora de histórias sempre aproximaram a freira das crianças.

Multidão se aglomera em frente à histórica igreja de Conceição da Praia, onde Irmã Dulce foi velada e sepultada em 1992. A morte deu o início aos apelos pela santificação.

Irmã Dulce foi beatificada em 2011, após o papa Bento XVI ter decretado, no final do ano anterior, que a cura de uma mulher teria se devido à intervenção da baiana junto a Deus. Processar alegações de milagres move uma poderosa burocracia no Vaticano, mas a declaração final cabe apenas ao chefe da Igreja.

Album/Philippe Lissac/Godong/akg-images/ Fotoarena

Fachada das Obras Sociais Irmã Dulce: entidade é uma das maiores instituições filantrópicas do Brasil, com cerca de 4 milhões de atendimentos por ano a usuários do Sistema Único de Saúde.

O memorial de Irmã Dulce funciona no mesmo prédio em que ela e Norberto Odebrecht construíram um cinema inaugurado em 1948. Ao lado do hospital, este local virou um ponto de peregrinação por abrigar o corpo e o santuário da primeira santa nascida no Brasil.

Madre Teresa na Índia contaram com a mesma rede de apoio nos Estados Unidos, montada pelo Catholic Relief Services, e receberam donativo do programa *Alimentos para a Paz*, criado durante a presidência de John Kennedy.[10]

Se em espírito e aparência eram parecidas, havia, contudo, notáveis diferenças na substância do que cada uma fazia com os doentes que cruzavam seus caminhos. O compromisso de Irmã Dulce era oferecer aos seus pacientes, mesmo amontoados por falta de espaço, o melhor tratamento disponível conforme o diagnóstico feito pelos médicos. Pessoas que trabalharam no Santo Antônio ou em outros hospitais da cidade afirmam que, quando ela não tinha os recursos para realizar um exame ou um determinado medicamento para um paciente, ela pedia ajuda aos diretores de outros hospitais de Salvador. No Santo Antônio, Deus podia até curar, mas eram os médicos que decidiam o tipo de tratamento de cada doente.

Em sua essência, as casas de assistência de Madre Teresa não eram hospitais, mas locais de acolhimento, onde as pessoas basicamente esperavam a hora de morrer. Após visitar Nirmal Hriday, a principal casa de moribundos de Madre Teresa na Índia, o inglês Robin Fox, então editor da prestigiosa revista médica *Lancet*, constatou a negligência nos diagnósticos e uma opção deliberada da Congregação de não prescrever analgésicos fortes para aliviar a dor de doentes terminais. Segundo ele, muitas vezes os diagnósticos eram feitos por voluntárias sem treinamento adequado e prescindido de exames básicos, como a coleta de sangue. Fox ficou particularmente chocado com a não utilização de um liquidificador doado à instituição para a preparação de alimentos para pacientes que tinham dificuldade de engolir. "Métodos sistemáticos [de diagnóstico] são estranhos aos princípios da Casa. Madre Teresa dá preferência à Providência ao invés do planejamento. Seus regulamentos visam evitar qualquer desvio materialista", escreveu o médico.[11]

A mais virulenta crítica contra Madre Teresa partiria do jornalista Christopher Hitchins no documentário *Hell's Angel – Mother Teresa of Calcutta* [Madre Teresa, o Anjo do Inferno], exibido na TV americana, em 1994. Hitchens afirmou que Madre Teresa recebia "adulações extravagantes" da mídia ao mesmo tempo que era complacente com ditadores que a financiavam. O programa trouxe ainda o depoimento de uma ex-voluntária, que relatava que as Missionárias de Caridade se recusavam a enviar pacientes para tratamento médico em hospitais.

Hitchens se valeu do discurso de Madre Teresa ao receber o Nobel da Paz para acusá-la de ser uma fundamentalista religiosa. Na ocasião, ela fez uma pregação contra o aborto: "O aborto é o maior destruidor da paz. Se uma mãe pode assassinar o seu próprio filho, o que falta para você ou para mim matar-nos uns aos outros?".[12]

A oposição pública ao aborto e a métodos de contracepção foi um ponto importante da agenda internacional do Vaticano sob o pontificado de João Paulo II. O papa e Madre Teresa mantiveram uma relação muito calorosa e ele insistia para que ela sempre expressasse seu ponto de vista em questões importantes. Madre Teresa teve um papel ativo condenando a "cultura da morte" durante a controversa cruzada papal contra os métodos contraceptivos e o acordo nas Nações Unidas sobre planejamento familiar em 1994.

Mesmo sendo uma figura de proa no maior país católico do mundo, Irmã Dulce jamais alcançou relevância similar no cenário internacional. Em 1988, quando a candidatura de Irmã Dulce foi apresentada ao Nobel da Paz, articulada pelo presidente José Sarney, admirador da obra da baiana, a honraria foi concedida aos Capacetes Azuis, as Forças de Manutenção de Paz da ONU.

CAPÍTULO 27

A MULTIDÃO ACLAMA IRMÃ DULCE NA FRENTE DO PAPA

As "informações" produzidas pelo Serviço Nacional de Informações (SNI) sobre Irmã Dulce durante os governos Geisel e Figueiredo revelam mais a devoção dos agentes pela freira do que o que ela, de fato, pensava sobre a ditadura militar. Embora estivessem reunidas sob o carimbo "confidencial", as "informações" vão entre aspas por serem imprestáveis sob a perspectiva do que já não havia saído antes nos jornais.

Num despacho da sucursal soteropolitana do SNI, datado de 20 de abril de 1976, não havia qualquer registro de "posição ideológica", "ligações políticas", "atitude face à Revolução de 31 Mar 64" ou "atividades subversivas", itens elencados no documento Juízo Sintético nº 003/116/76. No item conduta civil, uma única frase: "não existem registros que desabonem sua conduta como religiosa".

O relatório do araponga, sem a assinatura do autor, traz somente um reconhecimento polido da freira: "a nominada serve de exemplo de dedicação, abnegação e espírito humanitário". No quesito "probidade administrativa", somente um sonolento comentário: "é elogiado, através da imprensa, o seu caráter íntegro à frente da Instituição que preside".[1]

A falta de conteúdo do documento evidencia tanto a discrição de Irmã Dulce quanto a provável preguiça do autor do relatório em revirar os próprios arquivos da ditadura. Naquele momento, abril de 1976, eram muito sólidas as ligações dela com o ex-governador Antonio Carlos Magalhães e com Norberto Odebrecht, a estrela em ascensão do clube de empreiteiras desde que Ernesto Geisel (1974-1979), o então presidente, foi nomeado presidente da Petrobras em 1969. Não havia sequer menção às duas prisões do médico Gerson Magalhães, ligado ao PCB e ex-braço direito da freira no hospital. Tratando-se da conduta da religiosa, nada sobre a briga de dez anos travada por Irmã Dulce e sua Congregação.

Um pouco mais saboroso é um relatório do mesmo SNI datado de 22 de janeiro de 1981, já sob o governo Figueiredo. Respondendo a uma demanda dos chefes de Brasília, os arapongas de Salvador trataram de listar os "Religiosos ou leigos que podem cooperar com o governo", assunto do informe catalogado sob o código 011/116/ASV/SNI.

Nele, o agente do SNI "informa" Brasília que "Irmã Dulce é considerada pelo povo o maior patrimônio espiritual da Bahia; sua popularidade atinge índices invejados pelos políticos que, de quando em vez, procuram sensibilizar o povo dando pequenas contribuições para a sua obra, ou ganhar simpatias posando ao seu lado em fotos que são divulgadas pela imprensa".[2]

A descrição do oportunismo político cabia ao próprio general João Figueiredo, que visitou o hospital Santo Antônio, em 1979. Na ocasião, o presidente recém-empossado prometera ajudar a freira e, no momento que o informe foi despachado para Brasília, o general ainda não havia liberado os recursos para a ampliação do hospital.

Outra coisa que os relatórios do SNI omitem é que as relações de Irmã Dulce com militares importantes eram bem azeitadas. Como muitas pessoas de sua geração, a freira referia-se ao regime militar como "revolução" e, naquele momento, se dava muito bem com militares de alta patente na Bahia. Em especial com o general Gustavo Moraes Rego, poderoso comandante da 6ª Região Militar que havia sido um dos assessores mais próximos de Geisel na Presidência da República. Foi ele quem promoveu o primeiro encontro de Irmã Dulce com o Papa João Paulo II, quando este visitou o Brasil pela primeira vez, em 1980, furando um bloqueio da Arquidiocese. Irmã Dulce o chamava o general de "padrinho".[3]

Assim que circulou a notícia de que João Paulo II iria para a Bahia, Irmã Dulce enviou uma carta à Santa Sé pedindo para que o Hospital Santo Antônio fosse incluído no roteiro do pontífice. Na carta, datada de 23 de janeiro de 1980, Irmã Dulce relatava a trajetória de suas Obras Sociais, detalhava o atendimento aos doentes pobres e órfãos baianos e expressava sua devoção pelo líder da Igreja. A carta, segundo a sobrinha e biógrafa Maria Rita Pontes, foi enviada com o conhecimento da Arquidiocese de Salvador.

A resposta enviada em 7 de fevereiro não poderia ser mais protolocar. Nela, um funcionário da Secretaria de Estado do Vaticano informava que Sua Santidade "tomou conhecimento do teor dos escritos" e afagava, em termos bastante genéricos, a freira "e as demais pessoas que se dedicam a tal ajuda aos irmãos em necessidade". Na "palavra de estímulo" atribuída ao papa, a carta incitava apenas a "viverem na condição cristã e o testemunho da caridade na luz do amor com que são amados por Deus". E, finalmente, a resposta incluía a informação de que o Santo Padre "envia-lhes a implorada bênção apostólica". Nenhuma menção ao pedido feito pela freira.[4]

Com os ataques sofridos no episódio de Madre Teresa ainda frescos na memória, dom Avelar não incluiu Irmã Dulce na lista de religiosos que receberiam o papa no Aeroporto Dois de Julho. A Arquidiocese previa que Irmã Dulce cumprimentaria o papa somente na grande missa campal prevista para a tarde de 7 de julho. Irmã Dulce não se conformou com a exclusão pelo primaz e o "padrinho" foi o atalho.

Logo na manhã de 6 de julho, Irmã Dulce foi levada ao aeroporto pelo general Moraes Rego, que a colocou na fila de autoridades para cumprimentar João Paulo II, que chegava do Rio. O arcebispo estava na recepção, mas não há registro de como ele reagiu ao ver que a freira contornara sua autoridade. João Paulo II cumprimentou, um a um, os presentes. O primeiro encontro do papa com a freira, protocolar, durou apenas alguns segundos.

Pelo relato da sobrinha Maria Rita Pontes, Irmã Dulce ficou "muda de emoção".[5]

***

Naquele 6 de julho, Salvador amanheceu sob chuva. O papa polonês despertava um entusiasmo sem precedentes por onde passava. Diferentemente da passagem pelo Rio, onde houve uma mudança de itinerário do papa e milhares de pessoas que foram às ruas não conseguiram vê-lo, João Paulo II foi festejado com muito barulho nas ruas da capital baiana. A comitiva papal percorreu bem devagar a orla atlântica. Ainda que a contagem de 500 mil pessoas feita pelos jornais da época seja duvidosa, multidões se apinharam nas margens de ruas e avenidas para ver o pontífice passar, mesmo sob o clima chuvoso. Foguetes, bandas de música, estudantes, grupos de padres, freiras, muita gente de blusa amarela e baianas com lenços na cabeça.

Por onde João Paulo II passava, havia explosões de alegria: bandeirinhas se agitando, lenços, gritos, braços erguidos e gestos de vitória. A onda de encantamento teve uma amplitude de quase 30 quilômetros, entre o aeroporto e a catedral, e durava apenas alguns poucos segundos para os espectadores que saíram de casa para ver o líder do catolicismo mundial passar.[6]

A passagem de João Paulo II por Salvador seguiu à risca o roteiro de sua campanha de visitas internacionais e o levou a ser conhecido como o papa Peregrino, que levava ao mundo sua pessoa e sua fé.

A experiência como prelado nascido em um país da Cortina de Ferro repercutiu profundamente em como o polonês Karol Wojtyla moldou a política do Vaticano à sua convicção anticomunista, deslocando a liderança católica para um papel contundente na oposição às ditaduras aliadas de Moscou. No relato tradicional do colapso do comunismo e do fim da Guerra Fria, as viagens internacionais do papa foram um instrumento de política externa do Vaticano em proporções nunca vistas na era moderna. E, em grande parte, isso se devia à personalidade carismática do pontífice. A viagem apostólica ao Brasil seguiu à risca esse roteiro.[7]

Era como a turnê de *superstar*: aparições em imensos espaços abertos, grandes crucifixos, efeitos de luz, som e roteiros que transformavam as missas campais em eventos impressionantes. Sua agenda apertada também valida a comparação com as turnês de fenômenos do *pop* global: antes de Salvador, ele havia passado por Brasília, Belo Horizonte, Rio de Janeiro, Aparecida, São Paulo, Porto Alegre e Curitiba. Depois da Bahia, ele ainda visitou Recife, Teresina, Belém e Manaus.

O papa reuniu-se com o general Figueiredo, visitou a penitenciária da Papuda em Brasília, ordenou padres no Maracanã e, temas caros ao seu pontificado, manteve encontros inter-religiosos com judeus e cristãos ortodoxos em São Paulo. Do ponto de vista de relações públicas, a viagem foi um sucesso de crítica e de público.

Wojtyla fez 5 discursos na capital baiana, repletos de forte conteúdo político. Ao falar às autoridades da Bahia, o papa defendeu a "participação responsável na vida da nação", algo perfeitamente sintonizado com um país que já via no horizonte o fim da ditadura militar. Criticou a injustiça e a pobreza como causadoras da indignidade, mas manteve os governantes a salvo da saraivada.

"Toda sociedade, se não quiser ser destruída a partir de dentro, deve estabelecer uma ordem social justa. Este apelo não é uma justificação da luta de classes, pois a luta de classes é destinada à esterilidade e à destruição", pregou o papa, ressaltando suas indiscutíveis credenciais anticomunistas.⁽⁸⁾

Repleta de simbolismos, a agenda soteropolitana elaborada pelo primaz dom Avelar levou o papa a um encontro com os doentes de hanseníase e à inauguração de uma igreja nos Alagados. Quando falou aos moradores da favela por onde Irmã Dulce fazia suas andanças nos anos 1950 e 1960, João Paulo II disse que a pobreza, a doença e a má habitação, que contrariam a dignidade humana, não eram "vontade de Deus" e incitou os pobres a não ficarem esperando "tudo de fora".

"Não digam: 'É Deus quem quer'. Sei que isso não depende só de vocês. Não ignoro que muita coisa deverá ser feita por outros para acabar com as más condições que afligem vocês ou para melhorá-las. Mas vocês é que têm de ser sempre os primeiros no tornar melhor a própria vida em todos os aspectos. Desejar superar as más condições, dar as mãos uns aos outros para juntos buscar melhores dias, não esperar tudo de fora, mas começar a fazer todo o possível, procurar instruir-se para ter mais possibilidades de melhoria", discursou o papa.⁽⁹⁾

Foi uma pregação muito parecida com a que havia feito antes na favela do Vidigal, no Rio.

***

A apoteose aconteceu no dia seguinte, 7 de julho, quando o povo baiano teve oportunidade de vê-lo, ouvi-lo e rezar junto com ele. O local da missa campal, ponto alto da visita de João Paulo II, era a esplanada do Centro Administrativo da Bahia, uma das vitrines de Antonio Carlos Magalhães no governo. Continuava chovendo, mas as pessoas começaram a chegar ao local bem cedo. Nos sempre imprecisos cálculos de multidão, houve quem publicasse que 500 mil pessoas foram à grande missa. Números corretos ou não, havia uma multidão de homens, mulheres, velhos, crianças abarrotando o grande espaço em torno do qual se espalham os principais edifícios da administração pública baiana.⁽¹⁰⁾ Quem chegou mais cedo conseguiu se empoleirar nas poucas árvores para ver melhor o palco.

Irmã Dulce deixou o hospital e foi com as freiras para o Centro Administrativo. Ela havia acertado antes os detalhes da caravana dos meninos do orfanato de Simões Filho para ver o papa. O clima era de empolgação entre as religiosas da Congregação, sobretudo porque Irmã Dulce era uma das escolhidas para receber uma bênção pessoal do pontífice. Ao lado de Irmã Dulce, a inseparável Olívia, freira que chegara ao Santo Antônio, em 1976.⁽¹¹⁾

O helicóptero que levava João Paulo II sobrevoou a região e pousou atrás do lugar onde foi montado o grande altar, detonando a ovação. Festa baiana: gritos, palmas, alegria, emoção e sons de atabaques, agogôs e berimbaus.

O papa estava em grande forma naquele dia. Na sua homilia, brilhou como pastor e como intelectual católico. João Paulo II falou sobre os três primeiros séculos do país nos quais se mesclaram índios, europeus e africanos, a que se somaram, mais tarde, migrantes árabes e japoneses, constituindo uma grande comunidade predominantemente católica. Ao discorrer sobre origens do Brasil, o papa exaltou a diversidade racial que formou o "catolicismo brasileiro". Essa diversidade, disse, estabeleceu um dos "caldeamentos mais importantes da história humana".

"Nesse sentido, o Brasil oferece um testemunho altamente positivo: aqui vai sendo construída com inspiração cristã uma comunidade humana multirracial. Um verdadeiro tapete de raças, como afirmam os sociólogos, amalgamadas todas pelo vínculo da mesma língua e da mesma fé", celebrou, não mencionando temas como escravidão dos negros e extermínio da população indígena.[12]

Ciente do momento histórico do país, o papa disse que a boa vontade e a fé cristã construiriam uma "democracia marcada pelo humanismo e fraternidade".

Quando os alto-falantes anunciaram o nome de Irmã Dulce para receber uma bênção pessoal do papa, a multidão explodiu.

A massa formou um coro gritando o nome da freira, sob aplausos. A cena provavelmente impressionou João Paulo II: aquelas dezenas ou centenas de milhares de pessoas gritando "ela merece" fervorosamente. Certamente o papa havia sido informado de quem era Irmã Dulce pelo cerimonial, mas a reação da multidão ofereceu uma medida concreta do tamanho da devoção dos baianos por sua freira mais popular.

A chuva já havia cedido quando Irmã Dulce subiu devagarinho os 54 degraus até o altar onde estava o papa. João Paulo II recebeu-a com um sorriso caloroso e um toque fraterno no ombro. O pontífice tirou do bolso direito da impressionante veste branca um terço e entregou nas mãos de Irmã Dulce, apertando-as.

"Continue, irmã, continue", disse o papa, segundo o relato feito por Irmã Dulce depois da cerimônia.[13]

A cena durou apenas alguns segundos, mas ficaria gravada para sempre na mente da freira Olívia. Mais de trinta anos depois daquela longínqua tarde chuvosa, a religiosa situou aquele dia como o mais sublime da vida de Irmã Dulce (e da sua própria).

***

Depois da missa, Irmã Dulce foi ao aeroporto despedir-se de João Paulo II, que seguiria para o Recife, etapa seguinte de seu périplo brasileiro. Dessa vez, entrou sem precisar ser contrabandeada pelo general. Durante a conversa com o papa antes do embarque, o polonês disse que ela deveria cuidar mais de sua saúde.

Tinha razão: Irmã Dulce contraiu pneumonia logo depois. Passou vinte dias internada. Dali para a frente, os problemas de saúde seriam cada vez mais frequentes.[14]

CAPÍTULO 28

OS FILHOS DA FREIRA

O ritual se repetia duas vezes por semana, às quartas e sábados. De manhã cedo, antes de partir para o orfanato em Simões Filho, a 20 quilômetros de Salvador, Irmã Dulce tomava as providências para que tudo corresse bem na sua ausência. Na calçada, antes de entrar no carro, a religiosa olhava a pequena multidão formada em frente ao ambulatório e explicava que ia ver "os meninos", mas que à tarde estaria de volta. Quando foi instalado no terreno doado pelo Estado em 1964, o orfanato Santo Antônio começou com cerca de 100 crianças – número que triplicou nas duas décadas seguintes. Uma impressionante profusão de histórias tristes empurrava essas crianças para os braços de Irmã Dulce.

A maioria vinha de famílias pobres demais para criá-los. Alguns haviam sido recolhidos perambulando nas ruas ou então a crueldade dos pais fazia as crianças preferirem o orfanato a ter de viver unicamente à espera da próxima surra. Para essas crianças, Irmã Dulce era enfermeira cuidadosa, professora exigente, psicóloga ardilosa e mãe afetuosa. Segundo as lembranças de pessoas que trabalharam no orfanato ou que lá cresceram entre as décadas de 1960 e 1980, não houve um recém-chegado que não fosse pessoalmente abraçado pela freira.

Os rostos das crianças se transformavam e eles se aglomeravam com a chegada da mãe, como eles a chamavam.[1] Ela conhecia cada um pelo nome. Durante a semana, os meninos estudavam no colégio do orfanato, rezavam diariamente na capela e trabalhavam na horta, na padaria, na marcenaria e na manutenção do próprio orfanato. Entre os maiores, havia disputa para quem seria o escolhido para, nos fins de semana, ir ao hospital ajudar na limpeza. Eram algumas horas em Salvador, longe da calmaria da zona rural e das regras do orfanato. Uma das preocupações de Irmã Dulce era que os rapazes ganhassem pelo trabalho que executavam e ela os levava periodicamente para abrirem cadernetas de poupança: "Nunca vão descobrir a dignidade do trabalho se não forem pagos".[2]

Para Hildemário Antônio Lauria, o orfanato de Simões Filho foi o único lar digno desse nome que conheceu. Sua mãe partiu para São Paulo em busca de tratamento para um irmão que padecia de poliomielite. O pai formou outra família e, considerando o garoto um estorvo, passou a bater nele com frequência. Era mais bem tratado pelos vizinhos do que pela própria família. Aos 8 anos, Hildemário foi levado por uma enfermeira do Santo Antônio para pedir que Irmã Dulce o criasse. A princípio, a freira rejeitou porque o menino era filho de um empregado da Petrobras com uma situação financeira estabilizada.

Algum tempo depois, ouvindo histórias sobre os maus-tratos sucessivos, acolheu-o. "Minhas notas andavam muito mal. Ela me chamou com muita delicadeza, mas bem firme, dizendo que eu deveria melhorar bastante se quisesse ser alguém na vida", relembrou Hildemário.[3] Adulto, tornou-se comerciante.

Irmã Dulce gostava particularmente do sábado porque era o dia em que levava consigo a Simões Filho um padre. Sua maior alegria era ver a capela lotada de crianças para a missa semanal. Além do estudo e do trabalho, ela buscava incutir nos meninos o gosto pela oração. No orfanato, eles faziam o catecismo e a primeira comunhão, e Irmã Dulce gostava de perguntar de supetão, quando conversava com algum dos meninos, sobre os mistérios do rosário que supostamente eles recitavam todo dia.

A partir de 1983, quando seu problema de insuficiência respiratória ficou bastante severo causando crises frequentes, a freira levava no carro um tubo de oxigênio. Medindo 1,48 metro e com pouco mais de 40 quilos, Irmã Dulce sempre pareceu ter todo o tempo do mundo para dedicar aos seus interlocutores. Tranquila ao andar e ao falar, ela ia conversando enquanto inspecionava devagarinho o orfanato. Às vezes seu semblante ficava subitamente opaco e ela mandava chamar Adalício, o administrador do orfanato, ou João Batista, o diretor da escola. A freira exercia sua autoridade de um jeito duro com a voz baixinha: "Meu filho, isso aqui não pode ficar assim".[4]

Não é moleza tocar um orfanato. Certa vez, um menino chamado Márcio esperou a chegada de Irmã Dulce escondido com uma vassoura nas mãos. Quando a freira se afastou do carro, ele arrebentou o para-brisa. Em outra ocasião, outro menino estilhaçou um dos vidros do carro a pedradas para roubar uma maçã e uma banana da merenda da freira. Os colegas cercaram o pequeno gatuno para aplicar um corretivo. Irmã Dulce interveio para que parassem. Ela reprovava as malandragens, mas era contra castigo físico.[5]

Quando alguém cometia uma falta disciplinar mais grave ou andava muito mal na escola, Irmã Dulce cortava o "baba", como os baianos chamam as peladas. O futebol era uma coisa tão séria que, na lembrança de Raimundo José Araújo Santos, seu dia mais triste em nove anos de orfanato foi 5 de julho de 1982. Naquela tarde, após traçarem uma macarronada no almoço, os meninos se espremeram diante da televisão. Os 3 tiros disparados por Paolo Rossi no goleiro brasileiro Waldir Peres, um deles entre as pernas, mataram a ilusão. A eliminação da Seleção Brasileira pela Itália da Copa de 1982 detonou choradeira coletiva entre os meninos de Simões Filho.[6]

Certa vez, Irmã Dulce conversava com Raimundo quando subitamente mandou chamar o diretor da escola com urgência. Raimundo (que vivia confundindo os mistérios do Rosário) gelou, recapitulando o que fizera de errado.

Quando João Batista chegou correndo, a freira perguntou: "Mas como é que esse menino já está deste tamanho?".

Depois que deixou o orfanato, Raimundo foi trabalhar no setor de recursos humanos do hospital Santo Antônio. Ele media 1,86 metro de altura.

Algumas pestes de Simões Filho viviam puxando o véu do hábito na tentativa de ver como eram os cabelos de Irmã Dulce. Ela pedia para que parassem, mas a brincadeira era recorrente. Houve um episódio, por volta de 1979, que a freira foi nocauteada por uma bolada no peito. Foi um acidente e a partida foi interrompida. O dono do pé torto, primeiro a socorrê-la, chegou a tempo de ajudar a freira a se levantar. Rindo, Irmã Dulce deu de ombros, dizendo que não estava bem colocada.[7]

A fim de incentivar os meninos, muitas vezes recorria a pequenas chantagens. Como a que usou, em uma ocasião, para evitar que seus "filhos" continuassem a cortar as solas dos sapatos, para usar a borracha na confecção de estilingues. "Vamos fazer um negócio: quem me trouxer no fim do mês a sola da alpargata gasta mas inteira ganha um tênis".[8]

Basicamente, o orfanato era tocado com as doações que Irmã Dulce conseguia. Durante os nove anos que viveu em Simões Filho, Raimundo não se lembra de ter faltado comida. Quando a carne escasseava, as barrigas ficavam cheias à base da baianíssima moqueca de ovo. Apesar das dificuldades, festa nunca faltou. Na Páscoa, os meninos faziam retiros e no Natal sempre ganhavam presentes que a freira arranjava com colaboradores. O mês da alegria mesmo era junho: com o orfanato enfeitado com bandeirolas, a criançada se empanturrava de canjica, mungunzás e milho assado nas fogueiras. Irmã Dulce sempre promoveu e participou das festas de São João com as crianças. Algumas vezes, a freira levava uma sanfona e tocava para os meninos.[9]

Renato Batista dos Santos, que aos 2 anos sobreviveu a um incêndio que carbonizou toda sua família na favela dos Alagados, cresceu tendo em Irmã Dulce a figura da mãe. Algumas de suas memórias mais remotas de menino são do tempo em que vivia no Santo Antônio por causa das queimaduras. Já recuperado, porém ainda pequeno demais para ir para o orfanato, ele ficava perambulando pelo hospital e, quando deixavam, entrava no convento para ficar mais perto de Irmã Dulce. Aos 12 anos, ele foi para o orfanato contra a vontade, mas pouco a pouco se habituou e passou a tomar conta dos meninos menores.

"Quando ela chegava, todo mundo ia para perto dela. Ela abraçava um de cada vez e contava histórias. Nós sabíamos que ela amava a gente."[10]

CAPÍTULO 29

AS SEMENTES DE MOSTARDA

Em dezembro de 1982, antes do Natal e até o Ano-Novo, a TV Globo levou ao ar uma minissérie de 10 capítulos, em horário nobre, dramatizando a vida da freira. O *Caso Verdade Especial* reconstituiu os passos de Irmã Dulce, da infância à construção do hospital, enfatizando o temperamento lutador da freira. O programa, que foi escrito por Walter Negrão e dirigido por Milton Gonçalves, desatou grande comoção no país.

"Enquanto muitos discutem, Irmã Dulce atua. Todos nós sabemos que não se resolvem as causas, mas não é importante minorar as consequências? Voltar o rosto e dizer que é inútil é simplesmente uma desculpa para a omissão", disse a atriz Nathalia Timberg, que interpretou a freira na fase adulta.[1]

Com o *Caso Verdade*, a imagem de Irmã Dulce explodiu nacionalmente. Nas semanas e nos meses seguintes, uma profusão de cartas chegou ao Largo de Roma. Pessoas se diziam dispostas a colaborar de algum modo com a freira após terem assistido ao programa. A repercussão da minissérie permitiu a Irmã Dulce pôr em marcha um plano que acalentava desde 1979, quando começou a ter preocupações cada vez maiores com o futuro de seus trabalhos sociais depois de sua morte.[2]

Depois do *Caso Verdade*, Irmã Dulce começou a receber jovens voluntárias que desejavam ajudá-la no atendimento aos pobres. Algumas também consideravam ter vocação religiosa. Essas jovens foram as "sementes de mostarda", como a freira disse uma vez, quando criou uma associação religiosa chamada Associação Filhas de Maria Servas dos Pobres, em 1982. Uma associação religiosa pode vir a se constituir em uma congregação, caso obtenha autorização da Santa Sé. As voluntárias passaram a viver numa casa contígua ao orfanato em Simões Filho – que Irmã Dulce chamava de "conventinho" – e ficaram responsáveis por ajudar na criação de seus meninos.

Em 1984, ano em que o arcebispo primaz aprovou os estatutos da associação, já eram 17 servas.[3] A escolha de levá-las ao educandário não foi casual. Irmã Dulce se inquietava com o aspecto afetivo dos meninos que sentiam falta de uma figura materna. A freira decidiu que as moças da associação deveriam estar permanentemente no orfanato para poder cuidar da educação e do espírito.

A missão das Servas dos Pobres era, nas palavras de Irmã Dulce, "conquistar coraçõezinhos, às vezes tão revoltados, para Deus".[4]

"Na minha terra, havia crianças pobres, mas cada uma tinha onde morar. Aqui era bem diferente", relembrou a enfermeira Maria Gorette da Silva, uma voluntária que se juntou à Associação Filhas de Maria Servas dos Pobres.

Gorette conheceu a história de Irmã Dulce pela TV e, onze meses mais tarde, em novembro de 1983, mudou-se para Salvador para trabalhar com a freira. Ela deu bastante duro. Como era enfermeira, passou algum tempo no hospital antes de ser mandada para o orfanato. Sem saber fritar um ovo, foi parar na cozinha porque Irmã Dulce a convenceu de que, para administrar a alimentação dos meninos, não era necessária intimidade com as panelas. Certa noite, ela se exasperou com a "absoluta falta de alimentos" e ligou para Irmã Dulce para pedir socorro.

"Eu insisti dizendo que não haveria nada para dar de comer às crianças e ela voltou a me dizer que eu confiasse na Providência, mesmo sabendo que ela mesma não tinha nada para oferecer. Às 10h da noite, quando os meninos já estavam dormindo, ela me ligou dizendo que tinha conseguido alguma coisa e ia mandar. Era uma quantidade imensa de comida", contou Gorette.[5]

O cardeal-arcebispo Avelar Brandão Vilela apoiou a iniciativa da criação da associação e designou padres para darem orientação religiosa às moças.[6] Como era de se esperar, a Congregação das Irmãs Missionárias da Imaculada Conceição inquietou-se com os movimentos de Irmã Dulce para criar a sua própria ordem religiosa e cobrou explicações. A freira foi franca.

"Sei perfeitamente que, quando Deus me chamar, as nossas Irmãs não ficarão aqui desde que nossa Congregação não quis assumir a Obra. Então o jeito foi rezar muito ao Espírito Santo, pensar em fazer qualquer coisa para o futuro das crianças, velhos e doentes", respondeu Irmã Dulce em uma carta à madre superiora da Congregação.[7]

"No futuro as coisas podem tomar outro rumo, ser uma Congregação, mas por enquanto não é. As moças que temos vêm de outros Estados ou do interior. Elas têm notícia do nosso trabalho e querem seguir uma vida igual à nossa. Precisando tanto de ajuda, não posso deixar de aceitar essa oferta da Providência (...). Não parte de mim esta ideia. Sei que o Espírito Santo a quem peço tanto que me ajude e me ilumine é quem está conduzindo as coisas."

O coração de Irmã Dulce continuava indomável como sempre.

***

Um dos conjuntos mais importantes de documentos anexados ao processo canônico de Irmã Dulce é composto de 13 cartas e reflexões escritas entre 1984 e 1989 destinadas às servas dos pobres. Nesses repositório de ensinamentos para as aspirantes, não há evasivas nem dúvidas, mas o brilho de uma espiritualidade madura e o talento para motivar jovens com indícios de vocação religiosa.

Nesses textos, Irmã Dulce prega que cada pessoa é um Evangelho vivo e descreve a vida consagrada como uma aliança e uma íntima comunhão entre cada alma consagrada e Deus. O carisma (termo religioso que designa dom pessoal concedido por Deus para ser utilizado em prol do próximo) das servas dos pobres era cuidar dos "mais pobres entre os pobres, cuidando das crianças, doentes e velhos desamparados".[8] A maior preocupação terrena que ela expressava nas cartas às "queridas filhas" era com a molecada de Simões Filho: "As crianças a nós confiadas são crianças-problema, agressivas, violentas, sem nenhuma formação, na maioria meninos de rua. Se em nossa família temos às vezes irmãos que não querem seguir o que os nossos pais ensinam, o que se pode esperar de um menino abandonado? Devemos ter muita paciência e procurar cativá-los pelo amor de Deus e para Deus".[9]

As cartas refletem a personalidade ao mesmo tempo mística e pragmática da autora. Era uma motivadora que repetia que a tristeza, o desânimo e as dúvidas não deveriam ser motivos de enfraquecimento da vocação religiosa: "Nossa vida é por certo de sacrifícios, mas este sacrifício é para Deus. Quantos no mundo se sacrificam pelo amor do mundo, atrás da vil recompensa e da ambição?! O nosso sacrifício é meritório, o deles, não".[10]

Uma das mais poéticas foi escrita onze dias antes do Natal de 1985. Já bastante fragilizada pela insuficiência respiratória, Irmã Dulce incentiva as jovens da associação a transformar o próprio coração em um presépio para receber o menino Jesus. As pecinhas desse presépio seriam, segundo ela, atos de caridade, humildade, perdão e sacrifícios feitos para agradar a Deus.[11] Irmã Dulce estimulava as jovens que, ao assumirem tarefas que detestavam, tinham a oportunidade de oferecer aquilo como sacrifício.

O mais triste, segundo ela, era dar margem a comentários do estilo "nem parece uma freira": "Uma religiosa deve ser ativa, empreendedora, dar o bom exemplo de estar sempre trabalhando e exercitando seus deveres. O público repara a religiosa que trabalha pouco e conversa muito, mas vê o exemplo de uma dedicada. Em tudo que fizermos, deve nos mover o desejo de salvar almas".[12]

Josefa Dulce dos Santos foi destinatária de uma carta em que Irmã Dulce sugeria que, nas horas difíceis, ela se prostrasse diante do sacrário e não esmorecesse ao pedir ajuda de Jesus, porque a oração sempre a ajudou a superar os problemas. Irmã Dulce também recomendou que ela buscasse sempre os conselhos dos religiosos da Cúria.

E terminou com um conselho bem ao seu estilo: "E não esqueça de fazer sempre propaganda para arranjar mais candidatas".[13]

CAPÍTULO 30

O TELEFONE VERMELHO DO PLANALTO

Irmã Dulce sempre foi habilidosa para cativar presidentes e extrair o que necessitava sem parecer que estava a serviço deles. De Figueiredo, Irmã Dulce arrancou risadas e dinheiro para ampliar seu hospital. A Tancredo Neves, escreveu uma carta em fevereiro de 1985, convidando-o para conhecer o hospital quando estivesse em Salvador. "Não rezei uma ave-maria, rezei várias e diversas vezes. Graças a Deus foi realizado o desejo maior de todo brasileiro – ver o senhor chefiando nossa Nação", afagou Irmã Dulce.[1]

Se ela desejou mesmo ver o oposicionista na Presidência, a única coisa a fazer era mesmo rezar, já que o Congresso rejeitara, no ano anterior, a emenda que restabelecia o voto direto para presidente. Tancredo, que derrotou Paulo Maluf no colégio eleitoral, morreu em 21 de abril de 1985, deixando a Presidência para o vice José Sarney. Egresso da governista Arena, o maranhense aderiu à oposição quando a ditadura militar estava em fase terminal.

Sarney e Irmã Dulce conheceram-se em 1985, quando ele visitou Salvador pela primeira vez em agenda oficial. A iniciativa de ir ao Largo de Roma foi dele, que já conhecia a fama de santa dos pobres da Bahia, mas jamais estivera com ela pessoalmente. Foi um caso de afeto mútuo – ou "comunhão de espíritos", para usar uma expressão adotada pelo ex-presidente para descrever o seu primeiro encontro com a freira.[2]

"Ela praticava a virtude cristã sem adjetivos, nunca se deixou contaminar pelos ismos", me disse Sarney em uma entrevista para este livro, em junho de 2019. Por "ismos", entenda-se particularmente a Teologia da Libertação, corrente progressista católica popular nos anos 1980.[3]

Naquele encontro, Sarney deu a Irmã Dulce um número de telefone que tocava diretamente em sua mesa no gabinete do terceiro andar do Palácio do Planalto, sem passar por secretárias ou assessores. O aparelho tinha a cor vermelha. O conhecimento daquele número restringia-se aos ministros militares e alguns funcionários graduados da inteligência e só deveria ser acionado em situações de crise.

Na memória do maranhense, a freira usou o canal exclusivo pouquíssimas vezes, talvez três ou quatro ao longo de cinco anos, sempre em emergências ligadas à Obra Social. Quando isso acontecia, o então presidente designava o general Rubens Bayma Denis, ministro do Gabinete Militar, para socorrê-la, mobilizando o governo. Pedidos mais corriqueiros eram encaminhados por meio de correspondência enviada pela freira ou por Maria Rita, sobrinha e sucessora de Irmã Dulce à frente do hospital, depois que Sarney deixou a Presidência e voltou à vida pública como senador pelo Amapá.[4]

Em janeiro de 1989, Norberto Odebrecht, um dos empresários que integravam a comitiva do presidente em uma viagem a Angola, perguntou a Sarney se ele acreditava mesmo na santidade de Irmã Dulce. Eles estavam em um helicóptero quando Sarney tirou do bolso a medalhinha de Nossa Senhora que ganhara da freira. "Aquela mulher é uma santa, Norberto. O que ela me pedir, eu dou", respondeu o presidente, segundo a lembrança do empreiteiro.[5]

Sem que Irmã Dulce pedisse, o presidente patrocinou a candidatura da freira ao prêmio Nobel da Paz em 1988. No plano internacional, a campanha teve o apoio da rainha Silvia da Suécia (nascida na Alemanha, filha de mãe brasileira). Muitos anos mais tarde, em uma sessão que comemorou o centenário de nascimento de Irmã Dulce, o então senador José Sarney disse que a indicação da freira à honraria não estava atestando somente uma escolha pessoal sua, mas a expressão de um sentimento de gratidão profunda que habitava a alma brasileira, principalmente os pobres que foram acolhidos por ela.

O afeto era tamanho que Irmã Dulce, ao concluir a reforma do ambulatório do hospital no final de 1986, resolveu batizá-lo com o nome do presidente. Médicos e conselheiros da Obra tentaram demover Irmã Dulce daquela ideia, sobretudo porque o ambulatório era a principal porta de entrada de milhares de pessoas atendidas pelo hospital e o plano Cruzado já estava fazendo água.

"Essa injustiça eu não vou cometer. Vai ser Sarney mesmo", disse Irmã Dulce, ao diretor do hospital, Taciano Paula Campos, na época.[6]

A homenagem com o nome do ambulatório foi uma deferência que nem Antonio Carlos Magalhães nem qualquer outro mandatário receberam da freira enquanto ela estava viva. Irmã Dulce quebrou sua regra de ouro de evitar vincular sua Obra à imagem de políticos. Ela gostava realmente de Sarney.

***

Católico praticante, Sarney costuma carregar no bolso do paletó uma espécie de argolinha onde estão penduradas medalhas de Nossa Senhora das Graças, de Nossa Senhora da Medalha Milagrosa (que lhe foi dada pela mãe), outra com o rosto de Irmã Dulce, uma imagenzinha de Cristo similar à usada por João Paulo II, outra do Menino Jesus e a aliança de casamento. O conjunto o protege, segundo acredita.

Quando fala sobre Irmã Dulce, José Sarney guarda uma reminiscência de seu último dia como presidente. No dia 15 de março de 1990, Sarney reuniu a esposa, Marly, e os filhos no Palácio do Planalto pouco antes da posse do sucessor eleito, Fernando Collor de Mello. Após ter conduzido o país na transição para a democracia, ele deixava o cargo melancolicamente com um país açoitado pela hiperinflação. Na conversa, ele tentava preparar o espírito da família para a certeira hostilidade na hora de descer a rampa do Planalto.

"O Collor fez uma campanha brutal me atacando. O PT também me combatia. Havia uma multidão incalculável na Praça [dos Três Poderes]: a metade vinha para aplaudir o candidato vencedor. A outra metade estava lá para vaiá-lo. E todas as duas correntes estavam lá para me vaiar. Cheguei para a minha família e disse: 'eu cumpri o meu dever e, pela porta do fundo, eu não saio'", me disse.[7]

O que se passou na sequência é algo que ainda é capaz de embargar a voz do ex-presidente quase três décadas mais tarde.

"Peguei a mão da minha mulher e fomos descer a rampa. Ao descer, senti a presença de alguém e olhei para o lado e procurei e não vi nada. Senti que era a Irmã Dulce, era como se ela estivesse descendo comigo. Tirei o lenço do bolso e sacudi, despedindo-me. E aquela multidão de repente começou a me aplaudir. Foi um milagre."

Um espírito mais cético poderia atribuir a epifania a alguma peça pregada pelas emoções ou a um lampejo de civilidade coletiva. Produto de sua fé ou não, mas o relato é coerente com a visão religiosa que o ex-presidente tem de Irmã Dulce: "Eu sei que a missão dela não era uma missão adquirida aqui na Terra".

No momento em que ele descia a rampa, a 1.400 quilômetros dali, no Largo de Roma, Irmã Dulce sofria na carne e na alma. O espírito era torturado pela incerteza quanto ao futuro dos velhos, crianças e doentes que dependiam dela. No plano físico, seu corpo dava mostras de que seus dias estavam se esgotando.

CAPÍTULO 31

DEUS E O RAIO X

Os dois pulmões de Irmã Dulce foram destruídos, pouco a pouco, por uma bronquiectasia. A doença impede a retenção de oxigênio e provoca acúmulo de dióxido de carbono, um gás tóxico, pelo organismo. Sucessivas pneumonias foram agravando o quadro e reduziram sua capacidade respiratória a cerca de um terço do normal em 1985. A causa da bronquiectasia nunca foi devidamente identificada: poderia ser um resquício de tuberculose ou mesmo um problema alérgico mal-curado na juventude. Pneumonias, como a que ela contraiu depois da missa do Papa João Paulo II em 1980, eram fruto do descaso da freira com a própria saúde. A idade cobrou o tributo também dos seus ossos. No final da vida, Irmã Dulce era maltratada pela osteoporose e pela artrose nos joelhos.[1]

Embora morasse praticamente dentro de um hospital, Irmã Dulce tinha um comportamento que ela própria não recomendava aos pacientes: não concluía os tratamentos com antibióticos, não tinha paciência para as sessões de fisioterapia, alimentava-se mal e tampouco aceitava repousar. No convento Santo Antônio, havia duas geladeiras: uma cheia de mantimentos servia às demais freiras que viviam lá; na outra, pequena, ficava depositado somente um copo vazio e alimentos e frutas de Irmã Dulce. A separação não se devia a um privilégio, mas ao temor que algumas religiosas tinham de contraírem tuberculose, segundo a freira Célia Soeiro.

No segundo semestre de 1985, quando o médico Alberto Serravale convenceu a freira de encerrar de uma vez por todas a insana penitência de dormir na cadeira, foi irmã Célia que acompanhou Irmã Dulce na (difícil) adaptação para a cama: "Ela dormia na cadeira tanto pela promessa feita [na década de 1950] quanto pela dificuldade de respirar. Quando voltou para a cama, o sono era fragmentado e ela acabava dormindo muito pouco e levantava bem antes de o sol nascer".[2]

A fisioterapia visava retardar a deterioração de sua condição respiratória, mas Carlos José de Carvalho, o fisioterapeuta da freira, madrugava para encontrar a paciente antes que ela deixasse o convento e começasse a andar pelos pavilhões. Se chegasse depois que ela iniciasse o atendimento, não conseguia arrastá-la para as sessões. Mesmo quando conseguia, era uma luta para mantê-la mais do que dez minutos fazendo os exercícios, embora cada sessão devesse durar meia hora.

"De manhã, quando eu chegava, ela sempre parecia cansada pela falta de sono. Depois da sessão, ela relaxava e conseguia até dormir um pouco. Eu dizia para a enfermeira não deixar ninguém incomodar o repouso. Quando ela levantava, ela me dava um puxão de orelha dizendo que eu a tinha deixado dormir demais", contou o fisioterapeuta.[3]

A piora gradativa da saúde deixou intacto o senso de humor. Ou aguçou-o. Ela chamava pulmões de "jamelengos", as pernas de "mariquinhas" e o coração de "Joãozinho".[4] Depois dos 70 anos, Irmã Dulce estava de bem com a vida a despeito da bronquiectasia nos jamelengos e da artrose nas mariquinhas. O Joãozinho não lhe faltava.

"Quem sabe de mim é Deus e o raio X", costumava dizer Irmã Dulce, fazendo troça.

Nas horas em que estava sozinha com as outras freiras, no recreio, brincava muito. Às vezes declamava de memória poemas aprendidos na infância. Quando as irmãs entoavam cantos religiosos no convento, ela ensaiava alguns passos de dança, mas era tão desajeitada que as colegas caíam na risada. Nessa época, passou a chamar uma freira que guardava a chave do armário com os materiais da pediatria de "Nonô Corrêa", um notório pão-duro interpretado pelo Ary Fontoura em uma novela de TV. Irmã Emerência, já passada dos 90 anos, era "A Garotinha".[5]

Ninguém, contudo, mereceu apelido tão irônico como Walkíria Oliveira Cardoso Maciel, "Esqueleto". Era uma negra gordona, que pesava 120 quilos. Irmã Dulce tinha adoração por Esqueleto.

Walkíria chegou ao hospital Santo Antônio como voluntária em 1984 e, dois anos mais tarde, passou a ser assalariada com a função de ajudar a limpar os doentes. Em novembro de 1986, ela estava ajudando a fazer a faxina do ambulatório, quando a freira deu um grito. Ao passar o pano no piso molhado de um dos banheiros, Irmã Dulce escorregou e estatelou-se no chão. Na queda, fraturou uma perna.[6]

Os médicos e o fisioterapeuta conseguiram que a freira aceitasse passar alguns dias na Casa de Retiro São Francisco, criada pelo frei Hildebrando Kruthaup (que morrera em janeiro de 1986), para se recuperar longe do alvoroço do hospital. O afastamento durou apenas uma semana. Ela voltou querendo retomar a rotina e, no princípio, circulava em cadeira de rodas. O fisioterapeuta receitou que, pelo menos uma vez por dia, a freira subisse a escada do convento a pé (um elevador havia sido instalado). Em pouco tempo, Irmã Dulce só usava a cadeira de rodas para se apoiar enquanto andava manquitolando com a perna engessada. Foi nesse momento que Esqueleto foi escalada para ficar plantada ao lado da freira para impedir que ela se metesse em novas confusões. Elas se tornaram amigas íntimas. Esqueleto era uma das poucas pessoas que viam Irmã Dulce sem o véu.

Mesmo quando estava doente, Irmã Dulce continuava caxias com suas obrigações religiosas: comungava todo dia, confessava-se às quintas e não abria mão de seguir recitando o rosário. Era ela, somente ela, que controlava as contas bancárias do hospital. O hábito de visitar o comércio para pedir, ainda que cada vez mais esparso, continuava.

Pela memória de Walkíria, a freira chegava dizendo: "Quem está aqui não é Irmã Dulce, é Santo Antônio, o tesoureiro da Obra".

Algumas vezes, entrava em ônibus de turistas que visitavam o convento, antes de ir à Igreja do Senhor do Bonfim, para pedir doações: "É como fazer uma poupança no céu".

Ela se preocupava com as grandes questões do hospital e do orfanato – que, somados, davam umas mil bocas para alimentar todo dia – sem negligenciar os detalhes do dia a dia.[7]

"Irmão, estou precisando do pessoal", telefonava Irmã Dulce para o banqueiro Ângelo Calmon de Sá, herdeiro e presidente do Banco Econômico. Era a senha sempre que ela desconfiava que material hospitalar ou mantimentos estavam durando menos do que deveriam.

O "irmão Ângelo", como Irmã Dulce chamava Calmon de Sá, enviava técnicos do banco para auditar o almoxarifado e, de acordo com a memória do ex-dono do Banco Econômico, a freira não costumava errar nas desconfianças.[8] Certa vez, uma funcionária foi flagrada roubando. Depois de conversar com Irmã Dulce, a mulher pediu demissão sem fazer escândalo.[9]

Escoltada por Esqueleto, a freira continuava a passar em revista os pacientes diariamente. Ela não tomava notas, mas se lembrava dos casos dos pacientes. Em uma ocasião, irmã Célia estava cuidando de uma menina com uma deformação grave na coluna vertebral que já supurava. A freira perdeu completamente o apetite e deu um cacho de uvas que levava para acalmar a criança. A menina, que jamais havia provado a fruta antes, ficou encantada com o sabor. Irmã Dulce, que soube da história, passou a mandar uvas para a menina todos os dias.[10]

***

Irmã Dulce tinha verdadeiro horror a que o hospital Santo Antônio se tornasse um "hospital do INPS" ou privado. Sua recusa obstinada em receber recursos regulares da Previdência Social devia-se ao temor de que, ao ajudar a pagar as contas, o Governo Federal poderia impor critérios dificultando o atendimento aos pacientes que não tinham nenhum tipo de cobertura. Irmã Dulce não permitia sequer cogitar a possibilidade de fechar a última porta, sempre aberta aos desesperados da Bahia. Em 1979, em uma carta aos seus benfeitores, ela pôs a preocupação por escrito tocando, pela primeira vez, no espinhoso assunto de sua sucessão:

"Minha única preocupação é esta: para onde irão os pobres que ninguém aceita?"[11]

Em 1984, ela voltou ao assunto em uma espécie de testamento para o banqueiro Ângelo Calmon de Sá: em quem confiava plenamente.

> *Estimado irmão doutor Ângelo,*
> *Esta é uma carta testamento. Entrego às suas mãos generosas e ao seu bondoso coração os nossos doentes, os nossos pobres, as nossas crianças. (...)*
> *Peço sempre a Deus que Ele coloque no coração de quem vai me substituir o mesmo amor que tenho aos pobres. Sem isso, vai ser difícil levar o trabalho para frente. Neste serviço de Deus e dos pobres, chega-se a um ponto que não se vive mais a própria vida e sim, a vida deles; a gente se esquece de si para viver só para Deus e para eles.*
> *Querido irmão, na idade em que me encontro (70 anos), outra coisa não me espera senão o chamado de Deus, a morte. E, antes que isso ocorra, estou entregando tudo ao senhor, o nosso trabalho, confiante de que fará tudo para manter o espírito da Obra.*
> *Não permita que o nosso hospital se transforme em hospital do INPS ou de outra autarquia. Que o Santo Antônio seja sempre*

para o indigente, o necessitado. Faça tudo, eu lhe peço, para que a nossa porta, esteja sempre aberta para os doentes, os pobres, as crianças. Sei que o senhor envidará todos os esforços para que não falte nada aos que estão confiados aos nossos cuidados.

O mais difícil vai ser conseguir pessoas capazes para este trabalho.

Não desanime, do Céu olharei sempre e rezarei para meu irmão (...).[12]

A recusa de receber recursos da Previdência não era da boca para fora. Em 1985, empossado ministro da Previdência do governo José Sarney, o baiano Waldir Pires procurou Irmã Dulce com a proposta de um convênio para estabelecer uma injeção de recursos mensalmente no hospital. Pressionada pelos conselheiros que viam nos recursos a possibilidade de sobrevivência do hospital no longo prazo, a freira resistia como podia.

No auge da discussão, Irmã Dulce se levantou da reunião e foi até a capela do convento para rezar diante da imagem de Santo Antônio (a que havia pertencido a seu avô). Ao cabo de alguns minutos, voltou com um argumento engenhoso para continuar teimando: Santo Antônio dissera-lhe, durante a oração, que ela poderia ofender gravemente a Deus se confiasse mais na Previdência Social do que na Providência Divina.[13]

Como Irmã Dulce empacara, acabou prevalecendo um acordo no qual o ministério repassava recursos carimbados como doação; isto é, sem qualquer contrapartida ou exigência. Irmã Dulce só foi convencida a aderir ao Sistema Único de Saúde (criado pela Constituição de 1988) após o médico Taciano de Campos entregar um levantamento mostrando que 8 em cada 10 pacientes do Santo Antônio se encaixavam no perfil do sistema público. Ou seja, o Santo Antônio atendia de graça a uma enorme parcela de pacientes pelos quais deveria ser remunerado pelo governo.

"Foi a primeira vez que ela aceitou assinar alguma coisa porque não haveria ingerência no hospital dela. Expliquei que a gente já estava atendendo pessoas que buscavam atendimento no INSS e, como não conseguiam, acabavam vindo para cá. Só aí ela se conformou", recapitulou Calmon de Sá, em entrevista a este livro.

***

O principal problema, contudo, restava em aberto: quem administraria o hospital Santo Antônio caso Irmã Dulce morresse de repente. A piora do grave quadro respiratório, que tirava a freira de combate com uma frequência cada vez maior, provocava sobressaltos nos conselheiros das Obras Sociais Irmã Dulce. Ângelo Calmon de Sá e, mais agudamente, Norberto Odebrecht temiam que a morte súbita os deixasse com o pepino do hospital nas mãos. Não era paranoia: em 11 de julho de 1989, em uma das recaídas da freira, um exame a partir de suas secreções detectou a presença de *Pseudomonas klebsiella*, uma bactéria potencialmente mortífera, e ela voltou a ser medicada com antibióticos.

O caso era bastante sério, segundo o diretor do hospital Taciano de Campos: "Provavelmente ela fez um acordo com a bactéria, que era poderosíssima e ficou alojada na garganta e não saiu de lá. Se tivesse chegado aos pulmões, era uma questão de morte em quarenta e oito horas".[14]

Sem qualquer esperança de que sua Congregação viesse a assumir o hospital, a freira autorizou, a contragosto, que os conselheiros buscassem uma solução para transição. Norberto Odebrecht argumentava que o hospital tinha tomado proporções muito grandes e, para que tivesse continuidade, era preciso decidir um sucessor. Em 1989, Odebrecht começou a sondar a ordem dos camilianos. Houve interesse dos filhos de São Camilo, religiosos da ordem fundada pelo santo italiano do século XVI dedicada ao atendimento de doentes. Irmã Dulce detestou o arranjo, mas não disse nada. Só tentava ganhar tempo.

"Meu filho, quem decide é Deus. Deus é que sabe quem vai ser", enrolava a freira.

"Sim, você está certa, por isso mesmo temos que tratar hoje. Ele está nos comandando", rebatia o empreiteiro.[15]

As reuniões se sucediam conduzindo a lugar nenhum.

A contragosto, Irmã Dulce finalmente autorizou Odebrecht a acertar a terceirização do hospital para os camilianos. Em outubro de 1990, quando o contrato estava pronto para ser assinado, Ângelo Calmon de Sá, presidente da entidade mantenedora do hospital, avisou a Odebrecht que Irmã Dulce continuava indecisa. O engenheiro não acreditou até que a própria freira disse claramente: "Norberto, me dê mais trinta dias para eu assinar isto".

"A senhora não quer assinar, pronto, não assina", explodiu Odebrecht, deixando o hospital.[16]

Foi a única vez que o empreiteiro se irritou de verdade com Irmã Dulce, quase pondo fim à longa amizade iniciada durante a Segunda Guerra Mundial. Odebrecht escreveu uma carta demitindo-se do conselho das Obras Sociais. O documento chegou às mãos de Calmon de Sá, que achou aquilo um despropósito, mas não conseguiu demovê-lo da decisão. A ruptura durou pouco tempo.[17]

Em 11 de novembro de 1990, Irmã Dulce foi internada às pressas por causa de uma crise respiratória mais grave do que as costumeiras. Ela foi levada ao Hospital Português com apenas 20% da capacidade de seus pulmões. O quadro era sério a ponto de Irmã Dulce ter sido transferida, quatro dias depois, para uma unidade de terapia intensiva no Hospital Aliança, melhor equipado.

Consciente, Irmã Dulce foi submetida a uma traqueostomia – procedimento em que a traqueia é perfurada para a introdução de um tubo para levar oxigênio diretamente aos pulmões. A retirada de secreções passou a ser feita por sucção. Necessária para mantê-la viva, a traqueostomia a submeteu a dores terríveis. Pesava parcos 30 quilos.[18]

No começo de dezembro de 1990, Norberto Odebrecht recebeu um telefonema do presidente do hospital informando que era muito difícil que a freira escapasse daquela vez. Os conselheiros da Obras se reuniram no próprio Aliança. "Para mim, a carta não existe mais. Com o estado de Irmã Dulce, eu estou no esquema dela", disse Odebrecht.

Naquela noite, depois de se inteirar das pouquíssimas chances de a freira sobreviver, o empreiteiro fez um prognóstico sombrio do futuro do hospital: "O milagre acabou".[19]

Sem que nenhum dos conselheiros soubesse, a freira havia assinado, antes de adoecer, o contrato com os camilianos. Ela não havia dito nada a Calmon de Sá nem a Odebrecht, mas não quis deixar o problema nas costas dos outros. Ela arcou sozinha com o peso da decisão à qual se opunha.[20]

E, outra vez, Irmã Dulce partiu sozinha para enfrentar seu destino.

Dessa vez, o calvário durou quase quinhentos dias.

CAPÍTULO 32

O SOFRIMENTO DOS INOCENTES

Três dias depois do Natal de 1990, Irmã Dulce foi levada de volta ao convento Santo Antônio, onde uma unidade de terapia intensiva foi montada em seu quarto. A bronquiectasia reduzira a absorção de oxigênio a apenas 20% do total de seus pulmões. O hospital Aliança oferecia melhores condições de tratamento, mas a transferência era desejo da freira.

Seu corpo havia se transformado em um invólucro frágil de 30 quilos de carne, ossos e dor. Irmã Dulce sempre dissera que gostaria de morrer em seu hospital, na triagem, no meio dos pobres que sempre socorreu. A internação no convento, ao lado do hospital, foi o mais próximo disso.

O quadro de Irmã Dulce era uma montanha-russa: picos de dor eram sucedidos por mergulhos no coma; quando recobrava os sentidos, voltava a sentir muita dor. A vida ia se sucedendo de agonia em agonia.

Só foi possível montar uma UTI no convento Santo Antônio porque dois aparelhos portáteis de ventilação mecânica foram enviados dos Estados Unidos.[1] Equipamentos foram emprestados por outros hospitais. Ligados ao corpo da freira também estavam um oxímetro, 2 monitores cardíacos, uma bomba de infusão e um outro aparelho eletrocardiográfico. A alimentação era introduzida por sonda.

A comunicação com as outras pessoas se dava basicamente por gestos lentos e pelo olhar. O reencontro com Walkíria Maciel, a quem Irmã Dulce apelidara de Esqueleto em 1984, foi particularmente tocante. Sem poder falar, a freira fez um grande esforço para mover o braço apontando o dedo indicador em direção da amiga e depois levou a mão ao lado esquerdo do peito, ao coração. Esqueleto ficou com um nó na garganta ao ver aquilo.[2]

Desde o primeiro momento, Dulcinha assumiu a liderança, controlando as visitas e lidando com os médicos. A irmã da freira tentava manter os nervos no lugar diante da decomposição lenta da vida da velha companheira. A tortura a que Irmã Dulce foi submetida com a traqueostomia jamais abandonou a memória de outra irmã, Ana Maria Lopes Pontes, que também presenciou a agonia: "O problema não era o tubo do oxigênio, mas a sucção para tirar a secreção. Às vezes ela parecia que estava pedindo para morrer com os olhos, porque não aguentava aquilo, não. Quando fazia a sucção, eu saía do quarto, eu não aguentava, não tinha força para ver aquele sofrimento. Ela se debatia. Aquilo tirava a alma da gente junto. Não é para ser humano".[3]

Na virada para 1991, o quadro de Irmã Dulce era estável e grave. Foi preciso sedá-la por causa da dor: respirava com o aparelho, passara por sessão de fisioterapia respiratória e estava submetida a um coquetel de 14 medicamentos diferentes, incluindo uma pequena dose de 3 miligramas do tranquilizante Lexotan.[4] Ao longo do ano, o número de medicamentos administrados simultaneamente chegaria a 19 – broncodilatadores, anticonvulsivos, substâncias para profilaxia do estômago e do duodeno, sedativos, tranquilizantes e vitaminas. Isso impunha um desafio particularmente difícil aos médicos por causa das interações desconhecidas entre tantas substâncias em um único organismo.

O recibo do corpo vinha em forma de febre constante e taquicardia. Ela tossia muito e suava em bicas. Quando se agitava, o coração atingia picos de 120 batimentos por minuto. Os médicos retiravam a respiração mecânica para ver como a freira reagia. O que restava dos pulmões só conseguia processar o oxigênio por conta própria por menos de 30 minutos. O recorde foi de duas horas sem os aparelhos.[5] O rosto e as mãos começaram a inchar por causa da falta de albumina no sangue. A proteína é responsável pela manutenção da pressão sanguínea.

No final da segunda semana de janeiro de 1991, ela teve uma crise de pressão e perdeu a consciência durante quatro dias – o que os médicos chamaram didaticamente de pré-coma. Na manhã do dia 22, contrariando a expectativa de um mergulho natural em um coma profundo, Irmã Dulce acordou mexendo os olhos e foi recuperando a consciência gradualmente, segundo registram os prontuários da paciente.

"Não acredito em milagres, mas sei que eles existem", disse o pneumologista Almério Machado, que a imprensa baiana apelidara de "médico da santa".[6]

A tirada espirituosa de Machado afagava e servia como incentivo para o povo simples de Salvador prosseguir com as preces. Essa gente pôde ver Irmã Dulce pela última vez em março, durante uma procissão puxada pelo primaz dom Lucas Moreira Neves (1925-2002) que passou em frente ao hospital Santo Antônio. Consciente e fraquinha, Irmã Dulce foi posta sentada em uma cadeira e levada até a janela de seu quarto no convento. Vestia o seu famoso hábito azul e branco.

O fiapinho de força que restava foi usado para acenar para o povaréu que caminhava embaixo, na rua, fazendo penitência até a igreja de Senhor do Bonfim, a 1 quilômetro dali. O gesto comoveu a procissão, que entoou um pai-nosso e uma ave-maria em frente ao convento. Foi a última aparição pública de Irmã Dulce, cercada pelas freiras Olívia e Helena, durou dez minutos, mas reacendeu a confiança.[7]

A esperança começou a ceder em maio. As dores eram "intensas e contínuas", segundo registram os relatórios médicos da primeira quinzena daquele mês. Bastante agitada e sem poder falar, Irmã Dulce apontava para o local da traqueostomia, o quadril e o joelho como fontes da sua agonia. Para dar um pouco de alívio, além de ministrar analgésicos, as enfermeiras tentavam resfriar o tubo que atravessava a traqueia. Naquele mês, a única vez que o médico a encontrou sem se queixar de fortes dores mereceu um registro no relatório no dia 11.

O suor era descomunal e os alimentos ingeridos via sonda eram rejeitados. Além da medicação, a freira também recebeu transfusões de sangue para aumentar o nível dos glóbulos vermelhos, que haviam caído drasticamente.[8]

A febre, contínua havia quatro dias, ultrapassou os 40 graus na noite de 15 de maio, anunciando a crise que estouraria pouco depois: por volta da 1 hora da madrugada do dia 16, Irmã Dulce começou a ter convulsões. As primeiras foram rapidamente controladas por medicação intravenosa. Duas horas mais tarde, as convulsões voltaram com intensidade maior. O coração da freira chegou a 220 batimentos por minuto – o equivalente ao de um piloto de Fórmula 1 ao fazer uma curva. Pegos de surpresa, os médicos não conseguiram entender imediatamente o que causara a crise.

Debelada a segunda onda de convulsões, extraiu-se material líquido da coluna para a análise.[9] A suspeita de que a crise teria sido causada por uma simples encefalite, o melhor dos cenários, despareceu quando chegou o resultado do exame naquela mesma manhã. Era coisa muito pior: possivelmente uma bactéria teria sido levada pela corrente sanguínea até o cérebro provocando um abcesso ou um coágulo.

Para ter certeza, Irmã Dulce deveria ser transferida para outro hospital, para fazer uma tomografia e obter um diagnóstico mais preciso. A família, Dulcinha à frente, foi enérgica na recusa por considerar que a transferência e o que viria depois seriam apenas sofrimento desnecessário. O argumento fazia sentido: caso a tomografia constatasse um abcesso ou coágulo, a freira teria de ser submetida a uma cirurgia no cérebro e suas chances de sobrevivência eram virtualmente nulas. Se havia mesmo um abcesso, segundo o médico Almério Machado, ele caracterizaria septicemia (infecção generalizada), contra a qual não havia como lutar com uma paciente naquele estado. Com o coração espremido de angústia, a família deixou a natureza seguir seu curso.

"É um sofrimento bárbaro", pontificou a arrasada Dulcinha.[10]

A morte passou raspando na madrugada daquele 16 de maio de 1991 e parecia então somente uma questão de dias. A crise foi tão séria que o cardeal Lucas Moreira Neves entrou no quarto às 14h30 para rezar ao seu lado. O quadro, contudo, se estabilizou e a freira recuperou a consciência aos poucos. Um mês mais tarde, ela já conseguia se comunicar por gestos novamente. Miudinho e castigado, seu corpo não se rendia.

***

Espíritos mais práticos – mesmo dentro da Igreja – levantaram objeções bastante racionais sobre o sofrimento de Irmã Dulce. Para muitos, mantê-la viva naquelas circunstâncias não passava de crueldade. Os questionamentos duros tangenciaram o debate da eutanásia. Ainda em fevereiro de 1991, em um artigo publicado pelo jornal *A Tarde*, um empresário fez um apelo bastante claro: "Deixem-na morrer".[11]

Não era voz isolada. Em junho, depois que Irmã Dulce já tinha entrado e saído do coma duas vezes, o eminente pintor e escultor Carybé perguntou, em termos ácidos, se ela não estaria sendo castigada inutilmente por quem queria mantê-la viva a todo custo. O bispo da cidade de Barra (a 680 km de Salvador), dom Itamar Vian (1940), chegou a declarar que o melhor era o desligamento dos aparelhos.[12]

Naquele momento, 4 equipes formadas por médico, fisioterapeuta, enfermeiro e auxiliar de enfermagem se revezavam para cuidar da paciente a cada doze horas. O time tinha o auxílio diário de um neurologista e de um nefrologista. No segundo semestre de 1991, a atividade renal também beirava a falência depois que seus rins infeccionaram. Homem de confiança de Irmã Dulce à frente do hospital Santo Antônio, o médico

Taciano Campos admitiu que não havia mais possibilidade de a paciente voltar a viver sem o respirador artificial, mas defendeu energicamente o trabalho da equipe que cuidava da paciente. "Enquanto há vida, há esperança. Enquanto houver qualquer coisa que possa ser feita, nós faremos. Nos Estados Unidos e na Europa, se um médico não agir desta forma, pode ser punido", disse o médico.[13]

Os médicos tinham o apoio da família. A jornalista Maria Rita Lopes Pontes, sobrinha da freira, chegou a pensar que o suplício da tia não deveria ser prolongado, mas mudou de ideia: "Eu não aguentava ver aquele sofrimento, porém percebi que ela queria viver. Se quisesse morrer, arrancaria o tubo da traqueia porque ainda tem bastante força nas mãos".

No front religioso, dois padres também se revezavam para rezar ao lado do paciente. A evolução do quadro clínico não deixava muita alternativa e, no final de agosto, o cardeal Lucas Moreira Neves ministrou pessoalmente a unção dos enfermos a Irmã Dulce.[14]

No começo de setembro, as convulsões voltaram. O coma, o terceiro em quase nove meses, durou seis dias. A recuperação fez o chefe da equipe médica, Almério Machado, se dizer "desconcertado" com a nova retomada da consciência.[15]

Irmã Dulce seguia na sua montanha-russa. A nova escalada rumo à consciência permitiu à freira tempo suficiente para uma grande alegria: ver de novo o Papa João Paulo II, que realizava sua segunda viagem pastoral ao Brasil. No dia 20 de outubro, véspera do retorno a Roma, João Paulo II foi visitar Irmã Dulce acompanhado do cardeal-arcebispo Lucas Moreira Neves. O polonês certamente se lembrava daquele dia chuvoso de 1980, quando Irmã Dulce foi ovacionada pela multidão ao subir para cumprimentá-lo na missa campal em Salvador. A Santa Sé só incluiu a visita na agenda quando o pontífice já estava na capital baiana, no intervalo entre dois compromissos.

O papa e o cardeal atravessaram um corredor apinhado de gente, cumprimentando a todos rapidamente com apertos de mão, e seguiram direto para o quarto de Irmã Dulce no convento. Lá dentro estavam o médico Almério Machado, uma enfermeira, uma fisioterapeuta e uma técnica de enfermagem de prontidão, caso a freira passasse mal. Também estava no quarto Dulcinha, que só conseguiu estar presente ao encontro, furando o bloqueio do protocolo do Vaticano, graças a um acidente poucos dias antes, em que fraturara um braço e uma perna. Dulcinha estava sentada em uma cadeira de rodas com os membros engessados.

A visita de João Paulo II durou poucos minutos. Curvado sobre o leito, o papa colocou um terço entre as mãos de Irmã Dulce. A freira se esforçou para pronunciar "papa". Os lábios descreveram os fonemas, mas deles não saiu som algum.[16] Só um barulhinho baixo, silvado. Ela repetiu a tentativa, mas se aquietou quando o papa acariciou a cabeça, consolando-a.

As mãozinhas de Irmã Dulce apertavam o terço, enquanto eram envolvidas ternamente pela mão direita do pontífice, segundo a foto que registrou o encontro. O resto aconteceu em silêncio. Por alguns instantes, o papa e a freira ficaram com o olhar fixo um no outro, até que João Paulo II fez o sinal da cruz na testa, benzendo-a.

"É o sofrimento dos inocentes, igual ao de Jesus", murmurou João Paulo II a dom Lucas, quando ainda estavam ao lado do leito de Irmã Dulce.[17]

Quem esteve com Irmã Dulce logo depois que o papa deixou seu quarto, encontrou-a com os olhos arregalados, ainda emocionada. João Paulo II desceu então à capela do convento e se ajoelhou em frente à velha imagem de Santo Antônio, exatamente no mesmo lugar onde Irmã Dulce costumava rezar. Prostrado, com a cabeça baixa e os olhos fechados, o líder da Igreja Católica rezou por cinco ou seis minutos.

***

No dia 29 de novembro, Irmã Dulce teve de ser removida às pressas para a Clínica de Ortopedia e Traumatologia (COT), no bairro do Canela, por causa de uma fratura do fêmur esquerdo. Segundo o médico Almério Machado, a quebra do osso foi espontânea quando ela se moveu no leito (a freira também sofria de osteoporose). Na hora, a equipe médica que estava no quarto escutou o estalo do osso e os gemidos de dor.

O trabalho de remoção foi lento porque Irmã Dulce teve de ser retirada com todos os aparelhos ligados e instalada em uma UTI móvel, emprestada pelo Hospital Aliança. Batedores da Polícia Militar escoltaram a ambulância até o bairro do Canela. A cirurgia correu bem, e ela foi mantida sedada.[18]

No terceiro dia do pós-operatório, ela teve uma forte crise de falta de ar. Pouco depois, uma convulsão generalizada, que foi controlada em quarenta segundos pelos médicos. Para evitar o trânsito e o calor, a operação para levá-la de volta ao Santo Antônio foi marcada para a noite de 3 de dezembro. Pouco antes de Irmã Dulce entrar na ambulância, sua pressão despencou para 5 por 2 e ela recebeu transfusão de sangue. Era o problema da falta de albumina novamente. Mais tarde, já de volta ao seu quarto no convento, a pressão alcançou 10 por 5 e ela chegou a abrir os olhos, apesar dos sedativos.

O semblante, segundo o registro da equipe médica, era de dor.

***

No começo de 1992, o ex-presidente José Sarney, renascido politicamente como senador pelo Estado do Amapá, esteve no convento para ver a amiga. Foi uma das muitas visitas que ele fez completamente incógnito. Sarney encontrou a religiosa sedada. Diante do leito de morte de Irmã Dulce, Sarney ajoelhou-se na extremidade da cama e beijou os pés da freira.[19]

Na noite de 12 de março, uma quinta-feira, o médico Almério Machado concluiu que o corpo de Irmã Dulce não respondia mais à medicação e, por volta das 8h da noite, suspendeu-a completamente mantendo apenas os suprimentos de oxigênio e soro glicosado. A expectativa é que ela morresse antes da meia-noite. Os registros médicos da noite e da madrugada mostram que a pressão chegou três vezes perto de zero, mas se recuperou naturalmente.

Pouco antes das 3h da manhã, o ritmo dos batimentos cardíacos desacelerou de 78 para 50 por minuto e o desespero era palpável no quarto onde os familiares e amigos muito próximos se reuniram em torno do leito. Em seguida, houve uma nova crise convulsiva. Dulcinha e irmã Olívia atravessaram a madrugada na cabeceira da cama, rezando.

Quando o sol brilhou na sexta-feira 13, o coração de Irmã Dulce continuava batendo. De manhã, a pressão mergulhou para 3 por zero, mas subiu espontaneamente e estacionou em 5 por 2.[20]

Ainda que previsível, a notícia que Irmã Dulce vivia os seus últimos momentos gerou choque na Bahia ao passo que a população se inteirava pelo rádio e pela televisão. Muitas pessoas que foram ajudadas por Irmã Dulce abandonaram seus afazeres para tentar estar perto da velha protetora. Outros eram somente admiradores. No início da tarde, uma multidão começou a se formar em frente ao convento e ao hospital, repetindo preces. Alguns não resistiam à emoção e choravam de tristeza. Dentro do hospital, políticos, jornalistas, funcionários e até pacientes se espremiam em uma vigília à espera de notícias.[21] Dentro do quarto, somente familiares, a equipe médica e as religiosas mais próximas.

Inconsciente, Irmã Dulce estava alheia a tudo o que se passava a seu redor. Sedada, o semblante era sereno. Esqueleto era uma das pessoas ao lado do leito quando seu coração finalmente se deu por vencido. Dulcinha segurava as mãos. O médico Almério Machado olhou no relógio e rabiscou uma anotação no prontuário.[22]

Às 16h45, Deus chamou Irmã Dulce.

• PARTE 4 •

Como se faz um santo

CAPÍTULO 33

O HOSPITAL PRECISA DE UMA SANTA

O TÚMULO DE IRMÃ DULCE É OBJETO DE DEVOÇÃO DE MILHARES DE PESsoas que peregrinam até a periferia de Salvador nos momentos de desespero, doença e dor. O santuário abriga um pequeno convento e fica anexo ao complexo hospitalar. O hospital, um dos maiores do país, foi erguido a partir do que era um galinheiro. Muitos parentes de pacientes rezam diariamente pela intervenção da Irmã Dulce pela cura dos seus familiares. Muitos turistas do resto do Brasil também visitam o local.

Desde 1992, o ano da sua morte, Irmã Dulce faz pequenos e grandes milagres, de acordo com a fé decantada na profusão de relatos enviados ao santuário. A crença de que ela opera feitos sobrenaturais está espalhada em quase todos os estados brasileiros. Pelo padrão dos relatos, a especialidade da primeira santa baiana é o conserto de erros médicos, como fazer desaparecer sequelas de acidentes ou cura de doenças não diagnosticadas pelos médicos. Muitas vezes, o apelo à freira é feito em momentos de desespero. Em uma carta de 1993, uma dona de casa de Salvador contou que acabou em uma cadeira de rodas após ser submetida a uma cirurgia malsucedida em 1988. Conforme o relato, ela sonhou com Irmã Dulce em 20 de junho de 1992, cerca de três meses após a morte da religiosa, e foi visitar o seu túmulo à época ainda abrigado na histórica Basílica de Nossa Senhora da Conceição da Praia, em frente à Baía de Todos-os-Santos. Duas semanas depois, conforme o relato, a dona de casa ficou em pé pela primeira vez para provar um vestido e conseguiu voltar a andar com a ajuda de muletas.[1]

Um morador de Três Lagoas, Mato Grosso do Sul, fraturou 4 costelas e a escápula em um tombo de cavalo em 2002. Após cirurgia e meses no gesso, o acidentado foi castigado por uma tendinite. O plano de saúde cortou o tratamento. Em uma carta de 2003, o homem alegou que a tendinite desapareceu após ele rezar diante do túmulo de Irmã Dulce. Os relatos abrangem também fim de alergias, correção de deformações em cirurgias plásticas, cura de enfisemas, contaminação por metais pesados, câncer, acidentes vasculares cerebrais e infecções misteriosas.

De acordo com muitas cartas lidas durante a pesquisa deste livro, Irmã Dulce parece ter um campo de atuação bastante amplo em se tratando de obras espantosas. É atribuído a ela o poder de destravar processos judiciais, de transferir funcionários públicos ou arranjar emprego. As cartas ainda atestam que a religiosa também reconcilia irmãs intrigadas, ajuda estudantes a gabaritar provas do vestibular e dá uma forcinha em concurso público. Há quem garanta que a fé na freira desvie golpes de navalha e traga harmonia no relacionamento amoroso – mesmo entre casais do mesmo sexo, o que soa contraditório à política do Vaticano para o tema. As cartas formam um bonito mosaico de fé popular, das aspirações de pessoas simples e da força que procuram em Deus para vencer os desafios da vida.

"Depois de tantos meses lhe pedindo para ajudar-me a vender o Opala velho, conseguimos. Agora vamos comprar o material para fazer a nossa casa", agradeceu em uma folha de caderno uma moradora de Estrela Rio Grande do Sul, em agosto de 2002.

Nos vinte anos seguintes à morte de Irmã Dulce, mais de 10 mil milagres – grandes e pequenos – foram atribuídos à religiosa.[2] Mais de 90% deles foram relatados a partir de 2000, ano em que foi iniciado o complicado processo que levou, um dia, à canonização da baiana.

O início do processo impulsionou também uma campanha organizada, com estratégia bem definida, para fazer a triagem dos relatos de graça, separando os absolutamente extravagantes daqueles com potencial para serem abordados e documentados de forma a instruir o processo para análise de cientistas e teólogos designados pelo Vaticano. O segundo grupo é composto quase que exclusivamente por fenômenos na área da saúde, como curas supostamente inexplicáveis de doentes desenganados pelos médicos.[3]

***

A fé das pessoas foi a matéria-prima, mas a ideia de transformar Irmã Dulce em santa surgiu inicialmente como um plano para superar as incertezas após a morte da fundadora. O pessimismo tinha fundamento. Ao longo reinado de Irmã Dulce seguiu-se um interlúdio de incerteza: ainda em 1991, com o hospital já administrado pelos camilianos (e Irmã Dulce ainda em seu leito de morte), houve uma queda brutal nas doações[4] e uma transição bastante atabalhoada. O conselho das Obras Sociais decidiu não renovar o contrato de terceirização e tentou uma solução caseira.

Com a saída dos camilianos, o leme do hospital foi destinado a uma pessoa sem experiência prévia em gestão hospitalar e que foi empurrada contra a vontade para a superintendência das Obras Sociais. A jornalista Maria Rita Pontes, sobrinha da freira, era uma candidata implausível para o cargo: era empregada do departamento de comunicação da Odebrecht e não queria trocar o Rio por Salvador.[5] Acabou sendo convencida por Norberto Odebrecht.

Em 1992, Odebrecht substituíra Ângelo Calmon de Sá na presidência do conselho das Obras Sociais, porque o banqueiro passara a integrar a equipe ministerial do presidente Fernando Collor de Mello (1990-1992).[6] Com o fim espetacular do governo Collor, que enfrentou um processo de impeachment e renunciou para escapar à cassação por suspeitas de corrupção, o dono do Banco Econômico voltou à Bahia e reassumiu a presidência da entidade. A parceria com os camilianos acabou sendo desfeita, e Maria Rita, num arranjo que lhe custou até um noivado no Rio, tornou-se a principal gestora da entidade.

Mas o "irmão Ângelo" logo entrou no centro de um terremoto político e financeiro. Calmon de Sá beijou a lona em agosto de 1995, quando o Banco Central interveio no Banco Econômico. O mais antigo banco privado brasileiro e o oitavo em tamanho vinha operando no vermelho durante todo aquele ano, tendo de recorrer a empréstimos diários da Caixa Econômica Federal para preencher a diferença diária entre o que captava e tudo que era retirado. A quebra do Econômico deu-se no ano seguinte à criação do Plano Real, que debelara o processo inflacionário. Todas as soluções propostas pelo banqueiro ao governo foram rejeitadas pela equipe econômica, porque custavam caro demais para o contribuinte.

No dia 11 de agosto de 1995, a sexta-feira que antecedeu a intervenção do Banco Central, ACM falou duas vezes por telefone com o presidente Fernando Henrique Cardoso. No final do dia, o poderoso senador baiano já sabia, por ter ouvido do próprio presidente, que o Econômico não tinha mais saída. Na segunda-feira, dia 14, todas as 279 agências do banco amanheceram lacradas e os 800 mil correntistas não podiam sacar nada além do limite de 5 mil reais definido pelo Banco Central, enquanto durasse a intervenção. Calmon de Sá ficou proibido de participar na condução dos negócios do banco e teve seus bens, declarados à Receita em 93 milhões de dólares, declarados indisponíveis. "Foi um período difícil, porque todo o fundo de emergência, uma reserva importante para garantir o funcionamento do hospital, estava depositado no Econômico", relembrou Maria Rita Pontes.[7]

O bloqueio durou oito meses até a solução da compra do Econômico pelo Banco Excel. O estrago não foi só financeiro, mas de imagem. Calmon de Sá, príncipe da elite baiana, tornou-se o ser humano mais desprezível do Brasil para as centenas de milhares de pessoas que tinham deixado suas economias no banco. Na imprensa, os detalhes de empréstimos suspeitos concedidos pelo Econômico se somavam a descrições pouco lisonjeiras sobre a personalidade do próprio Calmon de Sá, que incluíam mesquinharias, como a proibição que outros diretores do banco utilizassem o seu elevador privativo ou que viajassem com ele no jato particular do banco.

Houve um movimento para afastá-lo da presidência das Obras Sociais Irmã Dulce, por temor de que contaminasse o legado social da freira. Norberto Odebrecht bateu o pé e bancou a permanência dele na entidade. "O Banco Econômico ajudava muito, mas alguns conselheiros foram insuflados por causa daquela situação do banco, dizendo que o Ângelo não podia mais ser o presidente [das Obras Sociais]. Quando vieram falar comigo, eu disse para terem calma e não bulirem com o Ângelo. Era melhor deixar o tempo correr, porque o tempo se encarrega de botar tudo nos lugares certos", disse Odebrecht ao repassar os acontecimentos de 1995.[8]

De fato, Ângelo Calmon de Sá permaneceu no cargo que lhe fora confiado por Irmã Dulce durante as décadas seguintes. Em novembro de 2012, quando concedeu entrevista para este livro, o ex-banqueiro continuava a presidir a entidade enquanto ainda era réu em ações judiciais que pipocaram após a intervenção do Banco Central.

Na entrevista para este livro, Calmon de Sá reforçou o argumento de que ele e seu banco tinham sido vítimas de uma decisão errada da cúpula do Banco Central e do estardalhaço da imprensa na cobertura do caso. O ex-banqueiro também afirma ter sido abandonado por aliados políticos, principalmente ACM, que tinha muito poder no início do governo Fernando Henrique. "O Banco Central estava tão errado que jamais repetiu o mesmo tipo de intervenção violenta que fez no Econômico. Quando houve o problema do banco, até por conta daquela parafernália que o BC montou com vocês, a imprensa, eu talvez tenha sido a única pessoa no Brasil que tenha merecido cobertura diária durante tanto tempo no *Jornal Nacional*. Afinal, por causa do erro do Banco Central, todos os correntistas ficaram sem ver o dinheiro muitos meses".[9]

A desventura de Calmon de Sá não foi o fato desencadeador do processo canônico de Irmã Dulce, mas foi somente depois do colapso do Econômico que as Obras Sociais Irmã Dulce começaram a avaliar concretamente como a imensa devoção popular a Irmã Dulce poderia transformá-la em santa e, com isso, incrementar as doações espontâneas de devotos à entidade para assegurar a permanência do legado da fundadora.

Pragmático, Norberto Odebrecht resumiu sem rodeios como a santidade de Irmã Dulce poderia ter consequências no futuro do hospital: se dizia "fanaticamente a favor" da causa porque, uma vez santa, Irmã Dulce continuaria a trazer dinheiro ao caixa da entidade, mesmo depois de morta. Quando interrogado no curso do processo canônico, o empreiteiro não fez rodeios: "Sou fanaticamente a favor [da canonização] porque será um modo de continuar a obter os meios e as condições também econômicas para continuar a agir em favor dos pobres".[10]

***

No dia 13 de março de 1997, exatos cinco anos depois da morte de Irmã Dulce, o cantor Roberto Carlos lançou a campanha para beatificá-la em uma aparição surpresa na basílica de Conceição da Praia. Com a igreja lotada para a missa de aniversário do falecimento, Roberto Carlos depositou uma coroa de flores no túmulo da freira e depois cantou a música "Nossa Senhora". O Padre Antônio Maria, eminente comunicador católico, também cantou na cerimônia. O ofício religioso durou duas horas e teve o ex-dono do Econômico fazendo a leitura da *Bíblia*. Na cerimônia, Roberto Carlos disse que Irmã Dulce era santa pela "preocupação com os pobres e necessitados". O prazo de cinco anos para o início da tramitação do processo é uma exigência do Vaticano.[11]

Não havia ninguém mais adequado para lançar a campanha da beatificação do que ele: famoso, admirado e, sobretudo, um verdadeiro devoto da heroína dos pobres baianos. Ele e Irmã Dulce tinham uma ligação pessoal muito forte. Os dois se conheceram em 1965, quando o cantor se apresentou pela primeira vez em Salvador. Por falta de luz no ginásio onde o ídolo da Jovem Guarda deveria se apresentar, o show foi transferido para o Cine Roma, construído por Irmã Dulce.[12]

Desde esse primeiro encontro, em que Irmã Dulce presenteou o jovem Roberto Carlos com um terço, eles nunca mais perderam o contato. Todas as vezes que ele se apresentava em Salvador, eles se encontravam e Roberto Carlos passou a contribuir anonimamente para a Obra Social. A amiga era também admiradora: na sala em que a freira despachava no hospital Santo Antônio, havia um pôster do cantor na parede. Desnecessário dizer que as músicas em que o cantor louvava a Deus, como "Jesus Cristo", eram as preferidas da freira.[13]

Entre setembro de 1998 e dezembro de 1999, Roberto Carlos enfrentou uma provação, a doença de sua esposa, Maria Rita. Médicos diagnosticaram nela um tipo raro de câncer na região pélvica, chamado carcinoma neuroendócrino. Ela foi submetida a uma cirurgia e a tratamentos de rádio e quimioterapia. Ao lado do tratamento médico, Roberto Carlos também se apegava à fé. O Padre Antônio Maria era um companheiro de oração e levava aos domingos hóstias para a paciente. Aos poucos, Maria Rita parecia se recuperar, retomando o apetite e parte do peso perdido com o tratamento.

Em março de 1999, Roberto Carlos e o Padre Antônio Maria rezaram durante três horas seguidas no santuário da Mãe Três Vezes Admirável, no bairro do Jaraguá, em São Paulo. As preces eram dirigidas para que Irmã Dulce intercedesse junto a Deus e curasse Maria Rita. No dia seguinte, o cantor recebeu uma notícia incrível dos médicos: o tumor maligno parecia sob controle e dava sinais de retração. Ela ainda permaneceria no hospital até julho. O cantor chegou a dizer em entrevistas que a Maria Rita havia recebido "um milagre de Deus".

Entretanto, novos nódulos foram descobertos em setembro de 1999, e a esposa do cantor morreu no final daquele ano.[14]

***

A declaração de santidade é a maior honra que a Igreja concede a um fiel. Em termos canônicos, santo é a pessoa que morreu e está próxima a Deus o suficiente para intervir junto a Ele e obter graças para quem pede em oração. Com um pouco de graça, pode-se dizer também que um santo é um pecador editado e revisado, cuja vida é esquadrinhada num bizantino processo burocrático na Congregação da Causa dos Santos, a estrutura vaticana que existe para analisar os pedidos de santificação e as alegações de milagres. Depois que João Paulo II simplificou os ritos nos anos 1980, um milagre faz o beato e o segundo o torna santo.

Fazer um santo custa caro e é uma coisa trabalhosa. Em entrevista para este livro, Ângelo Calmon de Sá estimou que a causa de Irmã Dulce tenha custado 1 milhão de reais entre entre 1999 e dezembro de 2010, momento do anúncio da beatificação da freira pelo Papa Bento XVI, em dezembro de 2010. O dinheiro veio de doações.

Não existe beato ou santo cujo processo tenha custado menos de 200 mil euros. Os custos desse tipo de processo são bastante opacos, mesmo depois da reforma da Congregação para a Causa dos Santos, feita em 2016. Para tentar conferir um pouco de transparência e previsibilidade aos processos, o Vaticano estabeleceu uma tabela de preços de referência dos trâmites canônicos e dos honorários dos postuladores – os "advogados" dos candidatos a santo. Só para registrar uma *positio*, o calhamaço com depoimentos e documentos que formam a biografia canônica para a análise dos especialistas da Cúria tem o preço fixo de 6 mil euros. O custo da tradução para o italiano dos documentos e anexos que a compõem não está incluído nesse valor e obviamente corre por conta dos proponentes da causa.

"A Itália tem muitos santos porque é tudo mais fácil para eles. Não há custo de tradução, e a burocracia está próxima. Para as causas abertas no Brasil, a despesa já começa com a passagem de avião", disse, em tom resignado, o padre jesuíta César Augusto dos Santos, postulador da causa de José de Anchieta e ex-diretor do programa brasileiro da Radio Vaticana.

Quando padre César foi entrevistado por este autor em Roma, a causa de Anchieta já contava mais de quatrocentos anos na burocracia do Vaticano. O jesuíta, que foi um dos fundadores do colégio que deu origem à cidade de São Paulo (1554), só foi declarado beato por João Paulo II em 1980 e virou santo por obra de um colega de Companhia de Jesus, o Papa Francisco, em abril de 2014. Tanto a beatificação quanto a canonização de Anchieta ocorreram de forma equipolente, isto é, por decisão papal, sem a que lhe fossem atribuídos milagres.

Antes mesmo de ser formalizado o processo, a pretensão de canonizar Irmã Dulce contou com uma conselheira valiosa, a freira Célia Cadorin, pioneira brasileira na navegação pela burocracia da Santa Sé. Irmã Célia trabalhou nas causas de Madre Paulina e Frei Galvão, que foram declarados santos. Madre Paulina nasceu na Itália, mas atuou em Santa Catarina. Galvão era paulista. Foi graças ao aconselhamento dela que foram evitadas algumas cascas de banana.

Foi ideia dela sugerir que a Congregação das Irmãs Missionárias da Imaculada Conceição, a ordem de Irmã Dulce, figurasse como proponente do processo, ainda que somente no papel. Isso se mostraria uma cautela sábia, porque o envolvimento da ordem funcionou como um recibo de que estavam superados os desentendimentos que levaram à exclaustração de Irmã Dulce.

De fato, a questão do voto de obediência de Irmã Dulce, posto em dúvida quando ela se recusou a abandonar o hospital em 1965, foi um dos pontos mais questionados pelos teólogos da Congregação das Causas dos Santos, em seu processo, quando decidiram, em 2008, que sua causa deveria seguir em frente.

A Congregação aceitou figurar como parte na causa depois que Maria Rita Pontes, sobrinha da freira, assegurou, em cartório, que nenhum encargo financeiro recairia sobre a ordem. Toda a arrecadação de dinheiro e o gerenciamento dos recursos para o processo canônico ficaram sob responsabilidade das Obras Sociais Irmã Dulce, segundo a promessa formalizada em um documento e registrado no cartório do 5º ofício de Salvador. O dinheiro já vinha sendo arrecadado desde agosto de 1998, quando foi constituído um movimento para a beatificação de Irmã Dulce. O dinheiro circulou por duas contas do Banco do Brasil e no Banco do Estado da Bahia, criadas para esse fim. Quando o arcebispo dom Geraldo Majella Agnelo deu início à causa em 2000, havia pouco mais de 14 mil reais nestas contas (equivalentes a 70 mil reais em maio de 2019).

Irmã Célia também insistiu que Irmã Dulce tivesse santuário próprio, como é recomendado pela Santa Sé. Pura questão de bom senso: quando era postuladora da causa de Frei Galvão, a freira passou por um apuro prosaico. A capela do Mosteiro da Luz, um dos centros de devoção a Frei Galvão, em São Paulo, fica próxima da Igreja de Santo Expedito. Muitos fiéis que iam pedir alguma graça a Frei Galvão, antes de ele ser canonizado, acabavam aproveitando a viagem e reforçando o pedido no santo vizinho. Assim, em caso de "milagre", ficava impossível apontar quem fora o "responsável" já que o fiel rezara para os dois.

"Tive de abrir mão de bons milagres por causa disso", disse a freira certa vez em entrevista à revista *Veja*.

Aí surgiu uma bondade estatal não incluída na contabilidade dos custos do processo: em 1999, o então governador da Bahia, Paulo Souto, afilhado de ACM, desapropriou o prédio do antigo Cine Roma e doou-o às Obras Sociais Irmã Dulce. No edifício construído por Irmã Dulce e Norberto Odebrecht com o temerário empréstimo do Banco do Brasil para o Círculo Operário da Bahia, funciona hoje o santuário de Irmã Dulce, cujo corpo foi transferido para lá em 2000. Familiares e pacientes do hospital Santo Antônio podem pedir graças à freira sem a concorrência de nenhum santo na vizinhança. A famosa igreja do Senhor do Bonfim fica a 1 quilômetro de distância.

Célia Cadorin também indicou o franciscano italiano Paolo Lombardo, a quem conhecia de Roma, para ser o postulador da causa de Irmã Dulce. Em termos didáticos, postulador é o "advogado" do candidato a santo junto à Santa Sé. É ele que cuida dos autos, controla as movimentações do processo e, numa regra não escrita similar à dos tribunais mundanos, suas boas relações na Congregação da Causa dos Santos podem influenciar o ritmo da causa. Depois da beatificação em 2011, Lombardo passou o trabalho para um leigo, o advogado italiano Paolo Vilotta. Quando me encontrei com os dois no apartamento de Lombardo em Roma, Vilotta me disse que estava representando 3 dezenas de causas na Santa Sé.

Em 2000, mesmo ano em que o túmulo da freira foi transferido da Conceição da Praia para o santuário ao lado do hospital, a fase histórica ou diocesana deslanchou. Essa etapa é considerada bastante difícil porque envolve um trabalho metódico de coleta de informações e documentos. No caso de Irmã Dulce, o custo das pesquisas históricas foi amortizado graças à existência de uma estrutura dedicada à preservação da memória da fundadora sob o comando do museólogo Osvaldo Gouveia, funcionário das Obras Sociais Irmã Dulce e presidente da comissão histórica. Para elaborar a *positio* de Irmã Dulce, o tribunal eclesiástico foi instaurado em Salvador, em 2000, e recolheu 78 depoimentos de pessoas que conviveram com a religiosa.

***

Em abril de 2008, teólogos da Congregação das Causas dos Santos se reuniram, em Roma, para analisar o processo de Irmã Dulce. Reconheceram que ela praticou as virtudes cristãs em grau heroico e deram o aval para que o processo fosse adiante. Faltava apenas o milagre, mas naquele momento isso já estava engatilhado.

A etapa seguinte do acidentado processo seria o reconhecimento pela Igreja de que Irmã Dulce foi acionada por meio de oração e interveio junto a Deus para interromper temporariamente o curso da natureza. Nos termos do direito canônico, o primeiro milagre reconhecido leva à beatificação, ou seja, a pessoa em questão pode receber culto limitado nos lugares onde viveu. O segundo faz o santo, permitindo o culto universal na Igreja.

Em 2008, a causa de Irmã Dulce já tinha uma alegação de milagre engatilhada.

CAPÍTULO 34

OS CAÇADORES DE MILAGRES

Nem sempre o relato de um feito sobrenatural atribuído a Irmã Dulce surge espontaneamente. Há um grupo de devotos que cultuam a santidade da freira baiana, que dedicam tempo e dinheiro para fazer o Vaticano reconhecer seus milagres.

Os caçadores de milagres percorrem hospitais distribuindo imagens de Irmã Dulce e incentivando pacientes e seus familiares a pedirem a intervenção da freira baiana para superar a doença. A busca por um "milagre" hospitalar funciona como pescaria. Quanto mais iscas o pescador espalhar na margem, maior a probabilidade de que algo fisgue o anzol. Daí a boa relação com hospitais e o acesso a pacientes foi um ativo imprescindível no plano para santificar Irmã Dulce.

Se um paciente que tinha um diagnóstico dado como irreversível (ou pelo menos com chances improváveis de cura) consegue virar o jogo, obtém-se a matéria-prima para o que pode ser um feito passível de reconhecimento pelo Vaticano. Eles documentam todos os pontos do diagnóstico e do tratamento, rastreiam os dados do ex-paciente por anos a fio e constroem a narrativa que estabelece uma suposta relação de causa e efeito entre a fé na religiosa e a cura.

Radicada em Aracaju, a advogada cearense Ana Lúcia Aguiar foi a primeira a ser bem-sucedida nisso. Ana Lúcia não tem ligação oficial com as Obras Sociais Irmã Dulce, mas se tornou uma espécie de embaixadora da entidade em Sergipe. Desde a abertura do processo, atuou para documentar os passos da freira em São Cristóvão, a antiga capital sergipana, durante o levantamento de dados da fase histórica do processo e montou uma elaborada máquina para estimular a devoção.

O aparelho de Ana Lúcia começa com a distribuição de santinhos para oração e de imagens de Irmã Dulce no estado e o recrutamento de leigos e religiosos para encontrar os supostos milagres. Quando uma cura parecia inexplicável, ela entrava em ação para documentar cada etapa do processo metodicamente e entrevistar pessoas envolvidas.

Ana Lúcia é como uma força da natureza. É uma mulher de porte imponente, tem fala decidida e uma fé de aço. Além de cuidar de "captar" relatos de curas espantosas, ela também providenciava a assistência de que as famílias dos supostos miraculados necessitavam.[1] Às vezes essa assistência nada tinha a ver com religião propriamente dita. Ana Lúcia já fez um funcionário abrir um hemocentro num sábado para ajudar um paciente que precisava de sangue com urgência e trabalhou sem cobrar honorários em uma causa judicial para uma devota da freira.

Ana Lúcia, que é uma mulher expansiva com um vozeirão simpático, nega que receba qualquer remuneração pelo serviço. Sua ligação com a causa tem uma natureza mística. Vítima de violência doméstica em seu primeiro casamento, segundo seu próprio relato, ela conta ter sido salva por uma aparição de Irmã Dulce na ilha de Itaparica em agosto ou setembro de 1987 (quando a freira ainda estava viva e trabalhando ativamente no hospital do outro lado da Baía de Todos-os-Santos). Pela história de Ana, seu primeiro marido a agredira quando ela ainda segurava o único filho do casal, um bebê de colo. Ainda segundo ela, ao ser agredida, ela apertou a criança junto ao peito e desfaleceu. O marido teria fugido de casa e, num lapso de algumas horas, Ana Lúcia diz ter acordado em um dos cômodos da casa com a presença de um "anjo". Ela afirma que o quarto estava trancado por dentro. Após divorciar-se, ela mudou-se para Sergipe com o filho e formou uma nova família. No dia 13 de março de 1992, quando viu a notícia da morte de Irmã Dulce, ela diz ter sido percorrida por um intenso calafrio e ouvido uma voz: "É chegada a hora de conhecer o teu anjo".

Na madrugada seguinte, ela e o segundo marido dirigiram sem parar até chegar a Salvador. Ao se aproximar da igreja de Conceição da Praia, ela deu com uma fila quilométrica e ficou parada em frente ao local onde Irmã Dulce estava sendo velada. Um policial viu-a com lágrimas no rosto e ordenou que ela entrasse, sem passar pela fila. No interior da catedral, aproximou-se do caixão e tocou a mão da freira morta.

"Quando toquei a mão, aí sim... foi a graça de Deus, eu chorei, me ajoelhei, disse que naquele momento estava ali a discípula de Irmã Dulce e que Deus fizesse de mim a sua vontade porque eu era a discípula dela. Eu estou aqui. Chorei. Não sei dizer quanto tempo fiquei, a gente acha que é uma eternidade, mas eu acho que foi um bom tempo", relembrou, duas décadas mais tarde, em uma entrevista em seu escritório em Aracaju.

A ligação efetiva com as Obras Sociais Irmã Dulce começou quando Ana Lúcia articulou doações da companhia de telefonia onde trabalhava para a entidade. Já atuando como colaboradora do projeto de canonização de Irmã Dulce, Ana Lúcia recrutou o padre diocesano José Almi de Menezes, que trabalha como capelão em hospitais da capital sergipana. Eles se conheceram em 1999, quando Ana Lúcia foi à arquidiocese de Aracaju pedir ajuda com acesso ao convento de São Cristóvão durante as pesquisas históricas para instruir a causa de Irmã Dulce. Padre Almi, que tinha interesse por Irmã Dulce desde a exibição do *Caso Verdade* sobre a vida da freira, era o assessor de imprensa da arquidiocese. Os dois passaram a trabalhar juntos.

Como o padre tinha acesso a pacientes e seus familiares, ele estimulou as pessoas a rezarem por Irmã Dulce e depois monitorou supostas curas milagrosas. Padre Almi diz se inspirar em Irmã Dulce no acolhimento de pobres no Hospital de Urgências de Sergipe. Além do trabalho religioso, o padre ajuda em pequenas tarefas, como arranjar macas, checar medicação e o estado do soro, observar dietas. "Como padre, encontramos um carisma de Irmã Dulce, resolvi fazer o que Irmã Dulce fazia, não tudo, mas acolher os pobres. Quando chego num hospital público, tem gente miserável, muitos acidentes, pessoas com todo tipo de enfermidades, vejo sempre o que eu posso fazer para ajudar", contou.[2]

Ana Lúcia também percorreu ela própria os hospitais aos finais de semana. Aos domingos, depois da missa das 10 horas, ela costumava ir ao São Lucas e à noite visitava o Hospital de Urgências. A advogada e o padre distribuíram pelo menos 200 mil santinhos da freira nos hospitais de Sergipe no período entre 1999 e 2012 – o que resultou em cerca de 10 alegações de milagres com potencial de reconhecimento pelo Vaticano.[3]

Um desses casos foi o do menino João Victor Santana, diagnosticado com leucemia em maio de 2006 aos 2 anos. Suyan Santana, mãe do garoto, crê que ele foi curado após orações a Irmã Dulce. A criança tinha, debaixo do travesseiro, uma pequena imagem da religiosa dada por Ana Lúcia. O menino, incapaz de entender a gravidade de sua doença, chamava a freira de "pampinha" (santinha). Ana Lúcia aproximou-se da família.

"A Ana Lúcia é uma espécie de anjo na terra. E tem um jeito envolvente e determinado que conseguiu abrir o hemocentro num sábado para coleta de sangue de emergência para salvar o meu filho. Foi Irmã Dulce que curou meu filho", disse Suyan.[4]

Apesar da convicção da mãe, casos de câncer não eram recolhidos para a instrução da causa da freira por questão de praticidade. Pelas regras do Vaticano, um milagre precisa ser instantâneo, imediato e perfeito, isto é, definitivo. E pacientes de câncer precisam esperar vários anos após o fim do tratamento para serem declarados cientificamente curados.[5]

***

Quando chegou em casa num bairro de classe média de Aracaju, após celebrar a missa da noite de 11 de janeiro de 2001, Padre Almi ouviu o telefone tocar. Ao puxar a extensão, pegou pelo meio a conversa de duas de suas irmãs. Elas falavam sobre a morte iminente de uma amiga da família que morava na pequena cidade de Malhador, terra natal do padre. Claudinha, como chamavam a mulher que conheciam desde a infância, fora internada na noite anterior no hospital de Itabaiana para dar à luz o seu segundo filho, já havia passado por duas cirurgias inúteis para conter a brutal hemorragia que se seguira ao parto.

Padre Almi interrompeu a conversa das duas pela extensão e pediu à sua irmã Maria Leoneides que fizesse chegar à família de Cláudia uma imagem de Irmã Dulce. Ao desligar o telefone, o padre teclou o número do hospital de Itabaiana e conseguiu falar com um dos médicos na sala de descanso, ao lado do centro cirúrgico, para perguntar o que estava acontecendo. Experiente capelão de hospital, Almi estranhou que um parto normal degringolasse daquela maneira.

"Olha, padre, isso que está acontecendo só acontece uma vez em mais de mil partos normais. Ela teve o nenê. Quando o parto é normal, o útero se fecha sozinho e se cura. No caso dela, o útero não fechou, mas o cérebro continua mandando o sangue como se a criança ainda estivesse lá", explicou o médico da maneira mais didática possível.

Como um bombeiro que sabe exatamente o que fazer ao ouvir o alarme de incêndio, o metódico sacerdote ajoelhou-se, entrelaçou as mãos e fechou os olhos. Sua prece dirigia-se a Irmã Dulce para que ela intercedesse a Deus em favor de Cláudia, que naquele momento sangrava selvagemente no hospital.

CAPÍTULO 35

CLÁUDIA

Acreditar que Deus interrompe o curso da natureza por um determinado lapso de tempo para salvar a vida de alguém é um ato que depende de fé individual, inalcançável para agnósticos ou que está além da dúvida razoável para os céticos. Mas é precisamente isso que muita gente de índole religiosa acredita que tenha acontecido há alguns anos em um hospital de Itabaiana, no interior de Sergipe.

A paciente Cláudia Cristiane dos Santos deu à luz o seu segundo filho, um bebê de 3,1 quilos e 51 centímetros, pouco depois das 3h da madrugada de 11 de janeiro de 2001. Ela tinha 33 anos no momento em que chegou ao hospital São José, em Itabaiana, na 38ª semana de gravidez.

Correu tudo bem no nascimento do menino, mas o caos se instaurou depois da retirada da placenta. A paciente começou a sangrar bastante, a pressão desabou e suas mucosas empalideceram rápido. Os médicos usaram toda a medicação disponível para coibir o sangramento, mas nada funcionou. Como a mulher continuava a sangrar copiosamente, o obstetra Antônio Cardoso Moura decidiu realizar uma histerectomia, procedimento para retirar o útero. A histerectomia é uma providência corriqueira em caso de hemorragia obstétrica. Se a medicação não for eficaz, a primeira coisa a fazer é a retirar a fonte de sangramento e esperar que o sangue coagule, estabilizando a paciente. O útero foi retirado às 5h20 da manhã.[1] Mas Cláudia não parou de sangrar.

Cardoso era um veterano que sempre viveu mais em hospitais e maternidades do que na própria casa. Naquela época, ele costumava fazer entre

70 e 80 partos por mês. Por causa da experiência, o quadro de Cláudia o intrigou. No interior do Nordeste, o quadro grave mais comum que poderia levar a um sangramento como aquele era o de descolamento prematuro da placenta, que mata rápido se não for enfrentado imediatamente porque o útero é invadido por coágulos e perde a capacidade de se contrair. Mas esse não era o caso de Cláudia.

Às vezes, o problema está em algum vaso milimétrico, que é estancado logo depois da histerectomia. As horas seguintes foram cruciais para a equipe médica compreender que estava diante de algo muito pior: pouco antes do meio-dia, Cláudia voltou a se esvair em sangue não só na região da cirurgia, mas em toda a cavidade abdominal. A situação era tão crítica que Cardoso resolveu chamar às pressas para auxiliá-lo o médico Janisson Pereira dos Anjos, um cirurgião de sua confiança para discutir o que estava acontecendo.

Liderando a equipe, Cardoso decidiu operar a paciente novamente. Cláudia foi levada para a sala 3, que, em 2001, era a única equipada para procedimentos mais complexos no Hospital São José. Quando a incisão foi aberta pela segunda vez, às 14h15, a esperança do médico de encontrar a origem do sangramento desapareceu. A cavidade abdominal estava cheia de sangue, o que havia provocado o inchaço e o endurecimento da barriga.

"Não tinha um sangramento de um vaso ou alguns. Era uma coisa imensa, como se tivesse minando o sangue. Não tinha sequer onde pegar. Tudo que era de vaso estava sangrando", relembrou Cardoso.[2]

A técnica em enfermagem Maria Hosana de Andrade, que deveria ter ido embora às 13h mas dobrou o turno por causa de Cláudia naquele dia, achou que os médicos iriam perder a paciente na mesa de cirurgia. Hosana foi a "circulante" da sala, a auxiliar encarregada de abrir pacotes, fios e atender os pedidos da equipe. "Teve uma hora que eu achei que ela morreria. Nessa segunda cirurgia, os médicos faziam, faziam e não parava o sangramento", disse ela, repassando os acontecimentos daquele dia.

"Tanto trabalho e não vai adiantar nada", resignou-se Hosana.[3]

Depois de uma hora e quarenta e cinco minutos, a cirurgia terminou sem ter resolvido coisa alguma: assim que a incisão foi fechada, o sangue encharcou os pontos, vazando pela incisão costurada. Como consequência da perda de sangue, a paciente teve um choque hipovolêmico – a pressão caiu para quase zero. Cláudia foi entubada de novo. Não havia o que fazer a não ser continuar injetando sangue novo e esperar.

A imagem do abdome cheio de sangue, dilatando-se, fez os 3 médicos perceberem que o problema era sistêmico – isto é, tudo indicava que Cláudia era vítima de uma síndrome hemorrágica causada por fatores de coagulação. Era um diagnóstico tão impreciso quanto inútil na prática: os fatores conhecidos de coagulação somam cerca de 12, mas fatores genéticos, subfatores e substâncias envolvidas, como cálcio e fibrinogênio, ofereciam combinações de milhares de possibilidades que tornariam impossível de compreender exatamente a causa do que estava acontecendo.

"Foi mais ou menos como voar às cegas. Você conhece o procedimento, mas não o quadro todo, não sabe as coordenadas nem o que tem lá embaixo, onde pousar. Se nós tivéssemos o diagnóstico e a perspectiva do tratamento correto, seria outra coisa. Não tínhamos nada disso", comparou o anestesista Raimundo Saturnino.[4]

O tempo da paciente escasseava. Administrado pelas Irmãs Missionárias da Imaculada Conceição, a mesma ordem de Irmã Dulce, o hospital São José não dispunha de UTI, e a transferência para um hospital melhor equipado na capital Aracaju estava fora de questão. O quadro de Cláudia era gravíssimo. Embarcá-la em uma ambulância significava a morte certa em algum ponto dos 58 quilômetros de estrada que ligam Itabaiana à capital.

A única coisa a fazer era continuar mantendo-a viva com transfusões de sangue para tentar repor uma parte do que vinha sendo perdido. Aí começava outro problema: estoques de sangue e plaquetas são praticamente inexistentes no interior de Sergipe e tradicionalmente baixos mesmo no hemocentro da capital. Outro integrante da equipe, o anestesista Valmir Pinheiro Campos tinha conhecimento no Hemocentro de Sergipe e garantiu o suprimento. Valmir foi um dos médicos que tentavam manter Cláudia viva.

A corrida passou a ser para obter reposição de sangue e garantir que o cérebro de Cláudia continuasse a receber o suprimento vital de oxigênio a fim de ganhar tempo e tentar combater a causa do quadro.

Parentes e amigos passaram o dia indo e voltando de Itabaiana a Aracaju para levar bolsas. Um sobrinho e uma tia de Cláudia foram parados por policiais por excesso de velocidade. O policial rodoviário mandou seguir viagem sem multar depois que viu as bolsas de sangue.

De acordo com o prontuário médico nº 23.318, nas vinte e quatro horas que se seguiram ao parto, a paciente recebeu 8,6 litros de sangue e hemoderivados. Para alguém com compleição física miúda como Cláudia, era como se todo o seu corpo tivesse sido esvaziado de sangue e novamente preenchido duas vezes em um único dia.

As horas seguintes correram e a hemorragia, ainda que um pouco mais moderada, não arrefecia. Por volta das 21h30, Cláudia teve vômitos, um suor intenso e sua pressão sanguínea baixou a 6 por 3. Era um quadro desesperador, nas palavras de Janisson: "Quando a pressão cai a zero ou perto disso, você fica desorientado. Botava sangue e saía, botava sangue e saía. Entrava por cima e saía por baixo".[5]

Cardoso resolveu submeter Cláudia a uma nova cirurgia. Vendo o quadro da paciente, Raimundo se opôs.

"Rapaz, ela está tão grave que ela não vai aguentar."

"Pior do que isso é assistir a uma paciente dessas chegar a óbito e não fazer nada."[6]

Mesmo sem nenhum motivo claro para isso, Cardoso ainda tinha esperança de encontrar algum vaso ou qualquer coisa para parar o sangramento. Raimundo foi preparar a nova anestesia. Por causa do estado da paciente, ele usou uma dose muito baixa de um derivado de ketamina e apenas oxigênio.

A nova cirurgia começou quando faltavam 15 para a meia-noite e durou mais noventa minutos. Cardoso novamente tirou o excesso de sangue acumulado no abdome. Primeiro, foi feita uma punção na subclávia. É uma veia de grande calibre que fica embaixo da clavícula e próxima do pulmão para fazer uma infusão de líquido rápido. Paciente com pressão perto de zero precisa de uma hidratação de soro e sangue para aguentar o tranco.

Como faltava um meio de deter o sangue que minava, os médicos decidiram aplicar compressas no abdome e fechar a paciente depois de noventa minutos de operação. Exausta, a equipe instalou tubo de oxigênio em Cláudia, que continuava pálida e sangrando.

O uso de compressas é uma norma do serviço de urgências. A esperança era que as compressas ajudassem a estabilizar a paciente nas 72 horas seguintes. O resultado era incerto. Foi a "última cartada", nas palavras de Cardoso. Ou, conforme Raimundo, "aquele chute de fora da área aos 44 do segundo tempo".

Morto de cansaço, Raimundo sentou-se no chão do centro cirúrgico e voltou-se a Cardoso e Janisson: "Agora não tem mais o que fazer. O que estava ao nosso alcance, nós fizemos". Os colegas aquiesceram e então seguiram, esgotados, para a sala de descanso contígua ao centro cirúrgico. Para Cardoso, era a primeira oportunidade de dormir em quase vinte e quatro horas de trabalho ininterrupto. O sono de Cardoso foi interrompido às 5h da manhã do dia 12 pela enfermeira Valquíria.

"É para assinar o óbito, não é?", respondeu, ainda sonolento. "Já estou indo."

"Não, doutor. Ela acordou brigando com os tubos e quer falar com o senhor", disse a enfermeira.

Sobressaltado, o médico correu até a paciente.

"Doutor, eu queria saber como é que está o meu filho..."[7]

A bola entrara no ângulo.

***

Em 2005, exames mais detalhados em um laboratório do Rio identificaram que Cláudia sofria da doença de Von Willebrand, um distúrbio hemorrágico resultante principalmente de uma alteração de um gene que está localizado no cromossomo 12. Embora possa ser adquirida depois de alguma doença linfática ou autoimune, a imensa maioria dos casos dessa enfermidade é congênita, isto é, de origem genética.[8] Há vários fatores que explicam a trajetória de Cláudia até aquela situação desesperadora.

O "voo às cegas" descrito pelo anestesista Raimundo Pereira poderia ter sido evitado com um exame de sangue que buscasse identificar fatores genéticos de risco ou síndromes hemorrágicas durante o acompanhamento pré-natal da gestante. No seu primeiro parto, Cláudia também havia tido um quadro de sangramento, não tão grave, que ela pensava ser uma intercorrência normal do parto. Cardoso só tomara conhecimento disso depois da histerectomia.

Inicialmente, a gestante foi acompanhada durante o pré-natal por uma médica de Aracaju. O plano era ela ter a criança numa clínica privada da capital sergipana, mas ela desistiu diante de notícias de que havia um problema de infecção na clínica. Como não quis que o parto fosse feito em hospital público da capital, Cláudia chegou ao hospital de Itabaiana e ao obstetra Cardoso, sem que ele tivesse acesso a todo o seu histórico. Quando ela chegou em trabalho de parto, o obstetra só a conhecia havia três dias.

Olhando em retrospectiva, há um outro fator importante que precedeu o caos que os médicos tiveram de enfrentar: em janeiro de 2001, diagnósticos de Von Willebrand não eram comuns no Brasil. Embora estudiosos calculem que a doença tenha uma prevalência similar à da hemofilia, mais conhecida, esse distúrbio era (e continua) subnotificado no Brasil. Exames capazes de identificar a doença de Von Willebrand só passaram a ser feitos pelo Sistema Único de Saúde em meados da década de 2000.

Se tivessem o diagnóstico correto quando Cláudia chegou ao hospital, as hemorragias provavelmente teriam sido evitadas com a administração de anticoagulantes. É recomendado, nesses casos, que a substância desmopressina seja administrada no momento do parto e até dois dias depois. A substância poderia ter sido, inclusive, administrada com segurança durante a gestação para minimizar os riscos durante a cirurgia obstétrica.

Quando o quadro se estabilizou, Cláudia foi levada para a Clínica Renascença, em Aracaju. Três dias depois, ela foi submetida a uma nova cirurgia, muito mais tranquila, pela mesma equipe para a retirada das compressas. Ela chegou a ter um problema de mau funcionamento dos rins, algo não surpreendente após ter perdido tanto sangue. Como não houve lesões severas aos órgãos, a medicação funcionou e ela não teve sequelas.

Cláudia estava salva.

***

O Vaticano reconheceu a sobrevivência de Cláudia como milagre e anunciou isso ao mundo quase dez anos depois dos fatos ocorridos naquela noite dramática de janeiro de 2001. A Santa Sé estabeleceu a cura com as orações dirigidas a Irmã Dulce antes da terceira cirurgia.

Foi a advogada Ana Lúcia Aguiar que reuniu os documentos médicos e os primeiros relatos que foram a matéria-prima para instruir a causa de Irmã Dulce no Vaticano. Mais tarde, foram tomados depoimentos de todos os envolvidos no parto e nas desesperadoras horas seguintes. Pelo relato oficial, a Santa Sé estabeleceu que a cura da paciente foi consequência das orações que antecederam a terceira cirurgia a que foi submetida a paciente.

Padre Almi pediu pela intervenção de Irmã Dulce junto a Deus entre 20h e 21h daquela noite, após conversar com um dos médicos que cuidavam de Cláudia. No momento em que ele começou a rezar em Aracaju, o quadro da paciente se deteriorava rapidamente no hospital de Itabaiana. Entre as 19h30 e as 21h30, a pressão de Cláudia caiu de 9 por 6 para 6 por 3 e seguia em direção ao zero do choque hipovolêmico. Ela começou a vomitar, e o sangramento continuava, o que provocou a tentativa desesperada da equipe liderada por Cardoso de submetê-la à nova cirurgia.

As preces dirigidas a Irmã Dulce se sucediam também em Itabaiana e em Malhador, cidade onde Cláudia é moradora e funcionária da prefeitura.

"Tinha a corrente de oração, nós irmãs pedindo, a família inteira, independente de religião, mas a intercessão de Irmã Dulce se deu pelo Padre Almi, não há dúvida. Cláudia merecia, tinha fé e esperança de sair daquela situação. Os médicos puderam sentir de perto a vontade de viver", acredita a diretora do hospital São José, Agostinha Ferreira Santos, freira da mesma congregação de Irmã Dulce.[9]

A equipe que estava na sala de cirurgia naquela noite é muito mais cautelosa do que os religiosos. Quando perguntei se acreditava que um fato sobrenatural salvara sua paciente, Cardoso esquivou-se: "A nossa condição é fazer tudo pelo paciente até o limite. É isso que foi feito. Além disso, eu não posso falar nada".

O anestesista Raimundo, que se diz "muito católico", também é comedido ao se lembrar de tudo o que aconteceu quando começaram a aventar a ocorrência do sobrenatural.

"Há vários casos que a gente já pegou e perdeu, até sendo bem mais simples. Ali, a gente não tinha mais o que fazer, não tinha mais sangue, tinha acabado, ela continuava grave e não havia mais nenhum recurso. Eu não tinha mais o que fazer quando sentei no chão e disse que entregava os pontos. Ali eu não tinha mais esperança médica", ponderou.

"Houve algo inexplicável para mim, quer seja algo mais que a ciência, quer seja da fisiologia dela ter compensado e produzido o fator [de coagulação], que não era normal", contou.

Repassando os fatos daquela noite, o cirurgião Janisson foi mais assertivo: "Há certas coisas na medicina que, pela tecnicidade envolvida, nós não vemos que foi milagre. Mesmo com a própria crença. Mas já tive muitos pacientes graves na vida para acreditar que tinha que ter uma mão superior para a gente ter um resultado positivo. Cláudia foi um desses casos. Você pode usar a técnica que você quiser, mas quando o Homem lá em cima não quer, meu amigo...".

O médico Sandro Barral, perito contratado pela causa de Irmã Dulce para elaborar um laudo, procurou os médicos para verificar o que aconteceu em Itabaiana. Seu foco seriam os aspectos técnicos e as conclusões seriam anexadas ao processo canônico.

"Cardoso, eu estou aqui para conversar com você, não pra falar de problema de milagre, que isso aí não é a minha parte. Lá em Roma mandaram que eu fizesse um levantamento do que de fato aconteceu", disse o homem, segundo a memória do obstetra. Anos depois, um novo emissário da Santa Sé foi a Sergipe para verificar novamente as informações médicas.

De fato, impressionava a qualquer um o fato de Cláudia ter sobrevivido naquele quadro gravíssimo e com recursos médicos limitados, incluindo aí a notória falta de hemoderivados em Sergipe. O prognóstico mais provável era a morte da paciente, mesmo que estivesse em um hospital dotado de UTI. Essa foi a base do laudo. Considerações de ordem teológica só viriam posteriormente.

***

Nascida em 1967, Cláudia Cristiane dos Santos é uma mulher simpática, de temperamento afável e voz doce, que parece um pouco acanhada quando conversa com estranhos pela primeira vez. Pelo menos essa foi a impressão que tive ao conhecê-la em sua casa, na simpática cidadezinha de Malhador em maio de 2011, quando veio a público que ela havia sido a pessoa no centro da cura catalogada como milagre pelo Vaticano. Durante a década seguinte ao episódio em que esteve à beira da morte no hospital, ela era uma completa anônima e quase ninguém sabia que o seu caso estava sendo analisado no Vaticano. Foi como se nada estivesse acontecendo ao longo daqueles anos, segundo ela.

A personalidade tímida provavelmente reflete uma infância difícil, não em termos de privações materiais, mas por ter crescido longe dos seus pais biológicos, que se separaram depois que ela nasceu. Cláudia foi levada ainda bebê do Rio para Malhador, origem de sua família. Foi criada pelos avós paternos.

"Nunca me senti abandonada ou rejeitada, mas eu sempre tive muita vontade de ser criada junto com a minha mãe e meu pai. Não fiquei me martirizando, mas essa falta eu sempre senti. Não sei se é destino, mas eles se desuniram e se separaram, e quem sofre são os filhos", me disse numa longa conversa que tivemos no alpendre de sua casa em Malhador, no final de 2012.[10]

A trajetória dela é a de muitas mulheres brasileiras de sua geração que cresceram longe dos grandes centros. Ela casou-se aos 20 anos e teve o primeiro filho aos 24, em 1991, antes de completar o ensino superior.

Formou-se em Pedagogia dois anos depois e nunca mais deixou de morar em Malhador. Enquanto ela trabalhava na prefeitura, o marido foi progredindo, aos poucos, até comprar o primeiro caminhão e ganhar a vida enfrentando a Rio-Bahia.

Ao contrário da esposa, o marido nunca quis sair da cidadezinha em Sergipe. Cláudia se concentrou então na família: "Eu pensava: já que eu tenho um filho, agora eu quero uma menina. Demorou e eu engravidei de novo, quando vi que não era uma menina, pensei no que eu ia fazer, se deveria tentar de novo ou parar por aí. Foi aí que tudo aquilo aconteceu".

"Tudo aquilo", no caso, foi quase ter morrido depois do parto do segundo filho. Estabilizada, Cláudia foi transferida para a Clínica Renascença, em Aracaju. "Eu estava irreconhecível, inchada. Só sabia que era eu quem realmente me conhecia. Me lembro dos médicos de lá elogiando muito o doutor Cardoso por tudo que ele fez. Como é que pode? Foi uma coisa muito bem-feita", disse.

"Meu primeiro parto também foi normal, em Aracaju. Também tive hemorragia, mas não foi como essa, não. Colocaram umas compressas de gelo na minha barriga e nem sei se deram injeção. E aí passou. Pensei que era normal. Só soube desse problema [a doença de Von Willebrand] bem depois do segundo parto. O hematologista que me acompanhou me indicou uma médica e um laboratório no Rio e aí apareceu o diagnóstico."

Depois de ter escapado por pouco, sua vida voltou ao normal e só foi sacudida novamente por causa do batalhão de repórteres do país inteiro que viajaram a Malhador depois do anúncio da beatificação. De uma hora para outra, foi um turbilhão. A advogada Ana Lúcia a escoltava nas entrevistas.

"Nem passou pela minha cabeça que teria essa repercussão. Repórteres mesmo vieram muitos. As pessoas nem sabiam e ficaram se perguntando o que tinha acontecido. Eu nem imaginava que fosse desse jeito, parecia que eu estava dopada."

No meio do *frisson*, um jornalista teve a ideia de enfeitar a narrativa, reconstituindo o "momento" do alegado milagre por conta própria, no lugar errado e na hora errada. A interrupção temporária da realidade para fins de relato "jornalístico" correu o país na imagem de um santinho de Irmã Dulce pendurado num tubo de soro. Isso nunca aconteceu. A primeira imagem da freira Cláudia só recebeu do padre Almi, amigo da família, quando já estava em plena recuperação. Ele foi à clínica e perguntou se ela acreditava em milagres. Fraquinha, ela assentiu.[11]

Mulher de fé, Cláudia sempre foi católica praticante. Em 2010, ela, inclusive, frequentou 3 ou 4 cultos de uma igreja pentecostal na vizinha Itabaiana, com uma tia, mas não mudou de religião. Para sorte das relações públicas do Vaticano, a mulher que teria recebido o milagre nunca deixou de ser católica. Os maus momentos reforçaram nela a fé na religião e, aos poucos, a devoção em Irmã Dulce.

"Eu não consigo ter nenhuma explicação para o que aconteceu comigo. Só posso acreditar mesmo que foi um milagre de Deus. Alguma coisa aconteceu, passar por uma situação dessas e sobreviver, quando eu não tinha a menor chance. O que mudou é uma responsabilidade muito grande de saber que existe amor a Deus e ao próximo", disse.

Em dado momento daquela conversa, interrompo Cláudia para contrastá-la com um pensamento. Acreditar que um fato sobrenatural a tenha salvo é uma questão da fé de cada um, mas insisto que talvez a ciência algum dia explique o seu caso de maneira convincente. Depois de uma breve pausa, Cláudia me ofereceu uma definição não canônica, mais ampla e poética do que seria um milagre.

"Quando eu penso em Irmã Dulce, não sei se existe alguém que fez o que ela fez, entregar a vida para cuidar do pobre. Poucos fazem isso porque quase ninguém se importa. As pessoas boas, as que fazem o bem, estão fazendo milagres também."

Desde então, essa passou a ser minha definição favorita de milagre.

CAPÍTULO 36

A NUVEM DE FUMAÇA COMEÇOU A DISSIPAR

Em outubro de 1999, uma espécie de nuvem de fumaça começou a turvar a vista de José Maurício Bragança Moreira, um técnico em informática de Salvador. A fumaça acinzentada, similar à de um cigarro, primeiro veio fraquinha e foi se adensando dia após dia. No curso de três meses, os nervos óticos dos dois olhos, tubinhos milimétricos que conduzem as imagens captadas pela retina até o cérebro, estavam destruídos e José Maurício, completamente cego.

Vítima do que acredita ter sido uma negligência dos oftalmologistas com quem se tratou, José Maurício recebeu o primeiro diagnóstico de glaucoma em 1991, quando tinha 23 anos. O rapaz passou os anos seguintes tratando a doença com colírios e comprimidos para tentar controlar o aumento da pressão sobre os globos oculares. Ao perceber o adensamento da fumaça, ele procurou novos médicos em Belo Horizonte e tomou um choque quando lhe disseram que o quadro irreversível de cegueira talvez pudesse ter sido retardado, ou mesmo evitado, com uma cirurgia logo depois da descoberta da doença.

"Imagine que alguém sopra a fumaça de um cigarro num copo de vidro. Várias vezes. Depois você pega o copo e põe num olho, nos dois olhos. Ou então que uma bomba explode e enche a casa de fumaça. A fumaça toma a casa toda e você não consegue enxergar. Foi assim a cegueira para mim", relembrou José Maurício, em uma manhã de julho de 2019.[1]

Em momentos diferentes da vida, outros parentes dele, um tio e um irmão, também foram diagnosticados com a doença, o que indica que a condição pode ter uma origem genética. Mas ter uma pista sobre a causa não ofereceu muito alívio à situação desesperadora. A incredulidade inicial cedeu lugar ao questionamento e, depois, à depressão. "No começo, eu tive uma conversa muito franca com Deus. Fiz uma oração perguntando por que aquilo estava acontecendo justamente logo comigo, que nunca tinha feito mal a ninguém", contou-me, antes de interromper o relato por causa do choro.

Alguns segundos depois, retomou com a voz ainda embargada: "E, se Ele estava me fechando uma porta, Ele precisava abrir outra".

Assim como ocorre com muitas pessoas que se tornam deficientes, ele teve que passar por um lento processo de aprendizado para conseguir fazer as coisas mais simples, como se movimentar dentro de casa, aprender a se locomover de bengala e ser novamente alfabetizado em braile. Levou mais de um ano para sair à rua sozinho novamente. No curso dessa nova existência, ele trocou de profissão, abandonando a informática. Violonista amador desde a adolescência, José Maurício abraçou a música, passou a escrever arranjos em braile e dar aulas de violão e canto. Tocou em bares na noite e começou a liderar corais. Renascido sob a nova condição, José Maurício ganhou alguma proeminência como o "maestro cego" de Salvador.

***

Em dezembro de 2014, José Maurício contraiu uma conjuntivite. Ele já havia trocado Salvador por Recife havia três anos e estava casado. A doença causada por um vírus provocou dor forte nos dois olhos. O estado do direito era significativamente pior. O globo havia se tornado uma bola de sangue e as pálpebras nem abriam. Sua mulher vinha aplicando compressas com gelo fazia semanas para tentar aliviar a dor. A sensação tornara-se lancinante na madrugada do dia 10 daquele mês e José Maurício não conseguiu dormir. Por volta das 4h30, segundo sua memória, ele se valeu de uma imagem de Irmã Dulce que estava no seu criado-mudo, encostou-a no olho direito e começou a rezar para a beata baiana.

"Eu não pedi para voltar a enxergar porque sabia que isso era impossível. Só pedi para que diminuísse a dor para que eu pudesse dormir. Só queria que a dor passasse. Aí acabei caindo no sono", relatou.

Embora jamais tivesse sido um católico muito fervoroso, José Maurício tinha uma relação longa de admiração com Irmã Dulce e chegou a cruzar com a freira três vezes durante a adolescência: em 1982, visitou-a numa excursão escolar ao seu hospital; no ano seguinte, viu-a visitando lojas de material de construção no bairro do Comércio, em Salvador, onde trabalhava como *office boy* na loja gerenciada pelo pai. Na terceira vez, no fim de 1984 ou no início de 1985, quando trabalhava como menor aprendiz no Banco do Brasil. Nesta última, Irmã Dulce estava na agência bancária para vender exemplares autografados da biografia escrita pela sobrinha Maria Rita Pontes. Como os demais funcionários da agência, José Maurício comprou um exemplar e fez fila. Ao ter com a freira, apresentou-se e falou do avô e do pai. Irmã Dulce conhecia a família. Num "gesto de ousadia", como relembra, o rapaz beijou a mão da freira e ela beijou de volta.

"Eu disse para ela: 'Irmã, agora vou ficar três dias sem lavar a mão'. Ela deu uma risada. Foi a última vez que a vi."

A imagem de Irmã Dulce que estava em seu criado-mudo em 2014 havia pertencido à sua mãe – ela, sim, católica muito devota. José Maurício narra ter acordado por volta das 8h30, umas quatro horas depois da oração. Sua mulher havia saído de casa para pagar uns boletos e ele foi tirando, ainda na cama, as compressas que estavam nos olhos. Tomou um susto. "Eu estava tirando a compressa do olho [direito] e vi o vulto da minha mão pela primeira vez. Quando chegava a mão perto do olho, a fumaça se dissipava um pouquinho e via o vulto. Fiz isso algumas vezes até ter certeza. Era um vulto bem fraquinho. Era difícil de acreditar", contou.

A primeira coisa que se lembra de ter feito na sequência foi orar novamente para Irmã Dulce. Agradeceu pela visão do vulto esfumaçado da mão e suplicou para que não fosse só um flash. Na oração silenciosa, segundo relatou, ousou pedir o que considerava impossível horas antes: que voltasse a enxergar.

***

Segundo o seu relato, a nuvem de fumaça cinzenta foi se dissipando, paulatinamente, nos meses seguintes até desaparecer em fevereiro de 2015. Pela versão de José Maurício, a reversão do quadro cegueira intrigou o médico Roberto Galvão, que tratou de sua conjuntivite em dezembro.

"Com essas migalhas de nervos óticos que você tem, não era para você estar enxergando", teria lhe dito o médico, conforme sua lembrança, depois que os testes confirmaram que ele voltara a identificar cores e formas pela primeira vez.

Hoje, José Maurício é capaz de ler (letras grandes) e continua com miopia. Na conversa que teve com este autor, o músico diz que partiu de si e de sua mulher a iniciativa de enviar o relato da cura para as Obras Sociais Irmã Dulce, preenchendo um formulário no site da instituição. Alguns dias mais tarde, Maria Rita Pontes, a sobrinha da freira, telefonou para verificar a história contada e pediu autorização para pedir a especialistas investigarem o caso a fim de instruir o processo canônico.

O médico Sandro Cassal, o mesmo perito que instruíra o caso de Cláudia em Sergipe, examinou os documentos médicos que provavam a cegueira anterior e a melhoria improvável. O quadro de José Maurício passou a ser dissecado em minúcias. O roteiro praticamente se repetiu: após exame dos laudos, uma nova rodada de depoimentos foi tomada em Salvador e Recife, e, mais tarde, uma comissão de cientistas examinou a alegação de cura, concluindo que não havia uma explicação científica plausível.

A etapa seguinte foi a teológica, concluída em 13 de maio de 2019, quando o papa declarou que a Igreja reconhecia oficialmente que um novo milagre havia sido consequência de preces dirigidas a Irmã Dulce. Com isso, ela cumpre os requisitos canônicos para ser declarada a primeira santa nascida no Brasil.

Naturalmente, acreditar que Deus tenha operado um milagre para devolver a visão do músico baiano depende inteiramente da fé individual. Espíritos mais céticos podem, não sem razão, argumentar que a reversão do quadro seja fruto de fatores fisiológicos não devidamente elucidados e que o avanço do conhecimento científico sobre a doença possa oferecer, no futuro, respostas mais conclusivas para casos similares. Essas considerações não comovem José Maurício, feliz com a sua transição de "maestro cego" para a insólita condição de "maestro miraculado".

Bastante devoto depois de tudo o que lhe aconteceu, José Maurício atribui a reversão de sua cegueira a uma graça celestial. Ao repassar todos os acontecimentos, ele acredita ter encontrado sua própria explicação para o questionamento sobre a razão da sua cegueira em 2000.

"Hoje eu sei a resposta para aquela pergunta que fiz a Deus: era para ter o segundo milagre de Irmã Dulce."

EPÍLOGO

Quando este livro estava sendo finalizado, a Santa Sé anunciou que atribuiu à intercessão de Irmã Dulce um segundo milagre. Trata-se, nos termos do direito canônico, da confirmação de que a freira baiana cumpriu os requisitos para ser canonizada e que o Papa Francisco vai inscrevê-la no Catálogo de Santos. Na prática, isso significa que Santa Dulce dos Pobres, como passará a ser chamada a partir de 13 de outubro de 2019, data de sua canonização, merecerá o culto universal dos católicos e que igrejas dedicadas a ela vão surgir. Mas o fato de essa excepcional mulher baiana receber tal honra merece celebração, mesmo entre fiéis de outras religiões e pessoas que não têm fé religiosa.

Santidade é a mais alta forma de honra destinada pela Igreja Católica a seus mártires ou a pessoas que praticaram, num grau heroico, as virtudes da fé, da caridade e da humildade. Em essência, beatos e santos merecem a veneração litúrgica porque servem de exemplo a todos os demais católicos. Com seu passado impregnado de fé, a cultura ocidental foi fortemente moldada pela vida e obra de seres humanos de exceção que a Igreja declarou santos. Foram educadores, criaram as primeiras universidades e institutos científicos, foram pioneiros no atendimento aos pobres ou se dedicaram ao tratamento de doentes. A vida dos santos contém uma mensagem de beleza e esperança.

Embora o número seja incerto, estima-se que existam cerca de 3 mil santos católicos. Quanto à origem, há para todos os gostos: santos que foram guerreiros, pacifistas, nobres, mendigos, ativistas, ascetas. Há santos que se destacam pelo misticismo, como Santo Antônio, cujo relato hagiográfico inclui o milagre de atrair até peixes para as suas pregações, ou pelo talento empreendedor, como Santo Inácio de Loyola, fundador da

Universidade Gregoriana e líder de uma profícua linhagem de diplomatas da Santa Sé.[1] Alguns tiveram a vida obsessivamente documentada e há outros cuja existência é duvidosa. De São Jorge, famoso santo guerreiro, por exemplo, não há provas concretas de que sequer tenha vivido um dia.

Ao reconhecer o segundo milagre atribuído a orações dirigidas a Irmã Dulce, o Papa Francisco indica, em termos teológicos, que a freira baiana se encontra perto de Deus a ponto de intervir junto a Ele para realizar graças a quem pede em oração. A importância que a Igreja Católica confere aos milagres remonta aos tempos de Jesus Cristo, que teria supostamente se valido de poderes inexplicáveis para curar, ressuscitar, multiplicar e ainda dominar a natureza, como no célebre relato de que ele caminhou sobre a água.

Além do aspecto místico, a declaração de santidade também tem um componente político. Canonizações refletem a visão de cada papa sobre o lugar que deve ser ocupado pela Igreja no mundo. Quando declara um santo ou um beato, o papa está afirmando diretamente que a vida daquela pessoa carrega as virtudes que devem inspirar todos os demais fiéis. A dedicação de Irmã Dulce aos pobres é muito coerente com o forte caráter social que a Igreja assumiu sob a liderança do atual pontífice.

Ao reconhecê-la santa, o Papa Francisco também homenageia os grandes valores humanistas que nortearam a vida de Irmã Dulce: a devoção aos deserdados, a força da convicção, a capacidade de concretizar ideias e a resiliência diante da desventura.

A figura de Irmã Dulce transcende a religião católica porque seu exemplo e seu legado tocam profundamente os corações humanos, independentemente de crença.

AGRADECIMENTOS

Este livro conta a história de Irmã Dulce e do tempo dela. Quais foram as circunstâncias desta mulher de exceção e o que ela fez com elas. A trajetória de uma única pessoa que carrega as marcas da história de uma cidade e um país. Para entender a primeira, foi necessário mergulhar nas outras. Foi a isso que me dediquei nos últimos oito anos.

Consultei documentos espalhados pelo Brasil, Estados Unidos e Itália/Vaticano. Para interpretá-los, foi necessário entrevistar cerca de 100 pessoas - muitas delas, mais de uma vez. Erros e imprecisões são de minha inteira responsabilidade.

Os familiares de Irmã Dulce tiveram um comportamento generoso e franco comigo. Franquearam documentos e informações sem tentar interferir na direção do meu trabalho. A jornalista Maria Rita Lopes Pontes, sobrinha da freira e sua sucessora à frente das Obras Sociais Irmã Dulce (OSID), foi exemplar em todos os aspectos do relacionamento repórter-fonte. À Ana Maria Lopes Pontes, irmã caçula da religiosa, serei sempre grato pelos relatos sobre a família.

Sou imensamente agradecido a Osvaldo Gouveia, da OSID e presidente da comissão histórica que instruiu o processo canônico. Pesquisador metódico, ele preservou um conjunto de documentos valiosíssimos que abrangem parte da história de Irmã Dulce entre a ditadura do Estado Novo e os anos 1950. Socorri-me do conhecimento dele mais vezes do que sou capaz de lembrar.

Colegas de Irmã Dulce na Congregação em Sergipe e na Bahia foram generosas ao me explicar em detalhes como é a vida de uma freira. Norberto Odebrecht, que faleceu antes de este livro ficar pronto, e Ângelo Calmon de Sá, amigos de Irmã Dulce, compartilharam comigo segredos que guardaram sobre episódios fundamentais da vida da protagonista.

Nos campos do jornalismo e da história, este livro foi influenciado por notáveis intelectuais a quem presto tributo aqui. O primeiro é o historiador britânico Tony Judt, autor de *Pós-Guerra - Uma História da Europa desde 1945*. Como foi escrita depois do colapso do comunismo, ele me ensinou que a marcha da História não influencia somente o que pensamos do presente e o que esperamos do futuro, mas sobretudo altera o nosso próprio passado ao passo que avança o conhecimento sobre ele.

O polonês Tad Szulc (pronuncia-se Schutz) foi um dos grandes repórteres do século XX. Ele é o autor de biografias monumentais sobre Fidel Castro e o Papa João Paulo II - esta última conta a história da Igreja no século passado a partir da vida de Karol Wojtila.

Autor da biografia *Marighella - O guerrilheiro que incendiou o mundo*, o jornalista Mário Magalhães foi meu guia rumo a um conjunto de obras sobre a história da Bahia, sem as quais este livro não poderia existir. Ao Mário devo muito mais do que isso.

Erudito e disponível, o historiador Cândido da Costa e Silva, da Universidade Católica de Salvador, me tirou do caminho errado em interpretações de fatos relacionados à Igreja na Bahia e me sugeriu obras que melhoraram o meu entendimento do Vaticano Segundo, esse terremoto que sacudiu a Igreja. O historiador franciscano Hugo Fragoso me ajudou a entender a vida e a obra de Frei Hildebrando Kruthaup, este personagem fascinante e pouco conhecido sem o qual a Irmã Dulce tal como a conhecemos jamais teria existido.

No Vaticano, tive guias e pessoas que me abriram portas para ter acesso a um mundo fechado. Federico Lombardi, porta-voz da Santa Sé, quem conheci no dia seguinte à renúncia do Papa Bento XVI em Roma foi uma delas.

Em uma obra fundamental sobre a vida dos santos, o historiador austríaco Rene Fülöp-Miller chamou Inácio de Loyola de "Santo da força de vontade". O jesuíta brasileiro César Augusto dos Santos faz jus à tradição do fundador da Companhia de Jesus. Quando o padre César foi encarregado de ser o postulador da causa de José de Anchieta no Vaticano, o processo canônico já tinha completado 400 anos. Em 2014, o Papa Francisco declarou santo este homem excepcional.

O padre César e a irmã Célia Cadorin, já falecida, me ensinaram muito sobre as cascas de banana que existem no trajeto burocrático rumo à adoração nos altares da Igreja.

A exemplo de tantos autores, também sou grato a Cassiano Elek Machado e Aida Carvalho Veiga, da Editora Planeta, pela confiança e orientação. Quando lida com texto, Aída é elegante e precisa como Rafael Nadal jogando no saibro. Eles lideram uma equipe de craques.

Também sou grato a Raquel de Julián Artajo, por ter me obrigado a abandonar a relutância e mergulhar neste projeto. Meus amigos Mário Camera, Daniela Fetzner, Antônio Ribeiro, Ana Manfrinatto, Boris Reith, Fernando Eichenberg, Gabriel Brust, Leandro Demori e Rodrigo Vizeu foram importantes nestes últimos oito anos, oferecendo-me tempo e ideias.

A comunidade de Torrita Tiberina, na Itália, me acolheu com generosidade durante os meses de retiro para escrever a primeira versão deste livro. Sou particularmente agradecido por tudo que Sonia Cerasa fez por mim neste período.

Por fim, eu, o autor, também reconheço minha dívida com Graça e Gabriela Rocha da Silveira, essas duas mulheres que não se vergam às intempéries. Minha mãe e minha irmã são grandes dádivas na minha vida.

Este livro é dedicado à memória do repórter Clóvis Rossi (1943-2019), meu companheiro de cobertura da renúncia do Papa Bento XVI. Seu talento e sua integridade inspiram o presente e iluminam o futuro.

NOTAS AOS CAPÍTULOS

Parte 1 – Maria Rita

1 – ORIGENS E TRAGÉDIA

1 – Sobre o currículo e inclinações políticas do avô de Irmã Dulce, ficha biográfica do deputado Manoel Lopes Pontes. Arquivo da Assembleia Legislativa da Bahia. Quanto ao Monumento Dois de Julho, ele foi tesoureiro da obra. Sobre os monarquistas que aderiram à República na "última hora", *História da Bahia,* de Luís Henrique Dias Tavares, 11ª edição, Editora Unesp, 2001 (pp. 302 e 303).

2 – Um dos discursos proferidos na cerimônia em homenagem ao centenário do nascimento de Manoel Lopes Pontes, no Instituto Histórico e Geográfico da Bahia, em 1945, o descreve como veterano de Canudos. Arquivo do Instituto Histórico e Geográfico da Bahia.

3 – Relatório do governador Luiz Viana encaminhado à Presidência da República em 1897 menciona a nomeação de Manoel Lopes Pontes para chefiar o batalhão da Guarda Nacional. Arquivo Nacional.

4 – Livro de atas da Câmara Estadual dos Deputados, ano 1899. Arquivo Histórico da Bahia.

5 – Testamento de Augusto Lopes Pontes, de 15 de agosto de 1899. Arquivo Histórico da Bahia. Para a comparação do patrimônio com outros testamentos, Jeferson Bacelar, em *A hierarquia das raças: negros e brancos em Salvador*, Editora Pallas, 2001.

6 – *Bahia de Todos-os-Santos*, Jorge Amado, Publicações Europa-América, 1970 (pp. 81 e 82). Para as descrições do comércio e do *glamour* da rua Chile, ver *Salvador era assim*, volume 2, vários autores, Instituto Geográfico e Histórico da Bahia, Salvador, 2001 (pp. 175 a 197).

7 – Para a descrição de Dulce Maria Lopes Pontes, entrevista com Ana Maria Lopes Pontes ao autor em 10 de dezembro de 2012. Fotos de família.

8 – Sobre a Igreja de Santo Antônio Além do Carmo: Entre 1594 e 1595, Cristóvão de Aguiar Daltro ergueu uma capela na encosta do Carmo. Por sua localização privilegiada, a capelinha serviu de trincheira para tentar repelir a segunda invasão holandesa, comandada por Maurício de Nassau em pessoa, em 1638. A matriz de Santo Antônio Além do Carmo começou a ser erguida dez anos mais tarde e, por causa da resistência aos invasores, a praça na frente do templo foi batizada Barão do Triunfo. A matriz foi ampliada, passando a ter a atual configuração a partir de 1813. "Basílicas e capelinhas – um estudo sobre a história, arquitetura e arte de 42 igrejas de Salvador", de Biaggio Talento e Helenita Hollanda, Assembleia Legislativa da Bahia, Salvador, 2006. *Breviário da Bahia*, Afrânio Peixoto, MEC, 1980.

10 – Para o "estalo de Vieira", *Breviário da Bahia*, de Afrânio Peixoto, MEC, 1980 (pp. 27 a 37), *Bahia de Todos os Santos*, Jorge Amado, obra citada (pp. 43 a 49). Descrição da igreja, nos livros *Sé* e *Salvador era assim*. Para as suspeitas de suborno, Jorge Amado, obra citada.

11 – *Brasil, um país do futuro*, de Stefan Zweig, LP&M, 2006.

12 – O título da palestra consta no currículo oficial de Augusto Lopes Pontes, fornecido ao autor pela filha caçula do dentista, Ana Maria Lopes Pontes. Padre Gaspar Sadoc, entrevista ao autor.

13 – Escreve o arcebispo ao clero em abril de 1935: "O dia 2 de fevereiro, em que com tanta pompa e fulgor se solenizam as festas da purificação, em S. Amaro, está assinalado nos arredores da Capital com uma das mais ridículas e injuriosas destas superstições antimariaes". O documento está na *Revista Eclesiástica da Bahia*, março e abril de 1935, números 3 e 4 (p. 19). Arquivo da Universidade Católica de Salvador.

14 – Sobre a Igreja de Nossa Senhora do Rosário dos Homens Pretos, ler *Breviário da Bahia*, obra citada.

15 – Gaspar Sadoc foi o primeiro negro a ser ordenado padre na Bahia.

16 – Questionário respondido de próprio punho por Maria Rita de Souza Brito Lopes Pontes em 13 de janeiro de 1933, cerca de um mês antes de ir para o convento da Congregação das Irmãs Missionárias da Imaculada Conceição. Arquivo da Congregação, cópia consultada no convento Amando Bahlmann, em Salvador.

17 – *Irmã Dulce dos pobres*, de Maria Rita Pontes, 13ª edição, 1987 (p. 23).

18 – Depoimento de Dulce Maria Lopes Pontes a Dulcinha, em 28 de janeiro de 2000, que consta nos autos do processo canônico de Irmã Dulce.

19 – Entrevista de Irmã Dulce ao padre Antônio Maria, sem data.

20 – Para a vizinhança entre os Lopes Pontes e a família de Antonio Carlos Magalhães, depoimento de Antonio Carlos Magalhães, em 1º de dezembro de 2000, que consta nos autos do processo canônico de Irmã Dulce.

2 – O DESPERTAR DE MARIA RITA

1 – O apelido de "machão" foi dado pelo tio materno Raimundo Brito, o Mundinho, que achava que Maria Rita deveria ter nascido homem pelo gênero das brincadeiras que a atraíam. *Irmã Dulce*

dos pobres, de Maria Rita Pontes, 13ª edição (p. 24). "Eu era uma menina muito terrível, eu só gostava de brinquedo de rapaz. De menino, bola, guerra. Eu gostava de boneca, mas não brincava de boneca", disse ela em entrevista ao Padre Antônio Maria, já citada.

2 – Para os primórdios do futebol baiano, *Uma história da Cidade da Bahia*, de Antonio Risério, Versal Editores, Rio de Janeiro, 2004 (pp. 504 a 509). Para a devoção de Maria Rita ao artilheiro do Ypiranga, depoimento de Dulce Maria Lopes Pontes a Dulcinha, em 28 de janeiro de 2000, que consta nos autos do processo de Irmã Dulce no Vaticano. Para o hábito da família de frequentar o Campo da Graça aos domingos, *Irmã Dulce dos pobres*, de Maria Rita Pontes, 13ª edição (p. 24).

3 – Entrevista ao Padre Antônio Maria, data desconhecida, já citada.

4 – Antonio Risério, obra citada (p. 509).

5 – Sobre as características do culto ao Coração de Jesus, a participação das mulheres, *História da Igreja no Brasil – Tomo II – Terceira Época – 1930-1964*, de Riolando Azzi e Klaus van der Grijp, Editora Vozes, 2008 (pp. 411 a 413). Sobre a devoção de Maria Madalena ao Apostolado e as visitas ao Tororó, entrevista de Irmã Dulce ao suplemento Programe, 2 de outubro de 1981 (pp. 6 e 7). Arquivo do convento Amando Bahlmann, da Congregação das Irmãs Missionárias da Imaculada Conceição, Salvador (BA).

6 – Entrevista de Irmã Dulce ao padre Antônio Maria, já citada.

7 – Sobre receber e distribuir donativos em casa, entrevista de Irmã Dulce ao Padre Antônio Maria, já citada. Citação de Augusto sobre a portaria do Convento de São Francisco, Maria Rita Pontes, obra citada (p. 26).

8 – Carta de Maria Rita Lopes Pontes em que faz um breve resumo de sua vida. Sem data, foi provavelmente escrita entre fevereiro e agosto de 1933, quando ela era postulante (primeira etapa da formação religiosa) no Convento do Carmo, em São Cristóvão. A estimativa de data se baseia no fato de levar a assinatura de Maria Rita

de Souza Brito Lopes Pontes, seu nome civil, que deixou de usar a partir de 13 de agosto de 1933. Cópia do documento consta nos autos do processo canônico.

9 – Depoimento de José Augusto Bebert de Castro, primo de Irmã Dulce e filho de Epaminondas Bebert, em 19 de junho de 2000, que consta nos autos do processo canônico.

3 – UM CERTO FREI ALEMÃO

1 – Entrevista de Norberto Odebrecht ao autor, em 29 de novembro de 2012.

2 – Para as origens de Hildebrando e a história de arregimentar viúvas para pedir dinheiro, "Frei Hildebrando: uma vida a serviço dos pobres", artigo escrito pelo historiador franciscano frei Hugo Fragoso, cedido ao autor. "O frei humanista", de Ciro Brigham, especial publicado no jornal *Correio da Bahia* em 29 de abril de 2007 (pp. 3 a 7); *Audácia e fé*, biografia de Hildebrando de autoria das professoras Stella Fróes e Olga Batalha.

3 – Para a experiência de Maria Rita na Ordem Terceira, carta de Irmã Dulce, sem data, anexada aos autos do processo canônico. Para a proximidade entre confessor e confidente, carta de frei Hildebrando à Congregação das Irmãs Missionárias da Imaculada Conceição, 19 de janeiro de 1933, Arquivo da Congregação das Irmãs Missionárias da Imaculada Conceição, Salvador.

4 – Para o discurso do arcebispo em Roma, *Revista Eclesiástica da Arquidiocese da Bahia*, ano XXI, número 12, de dezembro de 1929 (pp. 378 a 380). Para os detalhes da recepção no porto de Salvador, lista de autoridades e personalidades presentes e até a contagem do número de carros, a mesma publicação (pp. 390 e 391).

5 – Para o presente do arcebispo ao dentista, Ana Maria Lopes Pontes, entrevista ao autor, em 10 de dezembro de 2012. Sobre a rispidez de dom Augusto Álvaro da Silva, o Padre Afonso Godinho certa vez fez uma comparação engraçada: "Se ele fosse um vegetal, seria um

mandacaru. Se fosse animal, seria um jegue. Ou seja, quem encosta nele ou espeta a mão ou leva coice". A boutade foi contada ao autor pelo historiador Cândido da Costa e Silva, em entrevista em 4 de dezembro de 2012.

6 – Para a atuação do pai de Irmã Dulce como filantropo, *Irmã Dulce dos pobres*, de Maria Rita Pontes, obra citada (p. 27), e entrevista de Ana Maria Lopes Pontes ao autor, em 10 de dezembro de 2012.

7 – Para as inquietações de Augusto com o pendor artístico de Augustinho e a vontade de ser freira de Maria Rita, entrevista de Ana Maria Lopes Pontes ao autor.

8 – Para o episódio do Quebra-Bondes e a Revolução de 1930 em Salvador, *História da Bahia*, de Luís Henrique Dias Tavares, obra citada (pp. 380 a 388).

9 – Para os argumentos de dom Augusto Álvaro da Silva para defender o tenente forasteiro, *Minhas memórias provisórias*, depoimento de Juracy Magalhães prestado ao CPDOC da Fundação Getulio Vargas/Coordenação Alzira Alves de Abreu, Eduardo Raposo e Paulo César Farah, Editora Civilização Brasileira, 1982 (p. 74).

10 – Para os eventos de agosto de 1932, a resposta de Juracy Magalhães ao protesto dos estudantes, prisão de 514 deles e a participação do secundarista Carlos Marighella, *Marighella – o guerrilheiro que incendiou o mundo*, de Mário Magalhães, Companhia das Letras, 2012.

11 – Cópias dos boletins de Maria Rita na Escola Normal foram consultadas no arquivo das Obras Sociais Irmã Dulce. Para os dados sobre a Ordem Terceira e a crisma na capela do arcebispo, documentos consultados no Arquivo da Congregação das Irmãs Missionárias da Imaculada Conceição, convento Dom Amando Bahlmann, em Salvador.

12 – Carta de frei Hildebrando à Congregação das Irmãs Missionárias da Imaculada Conceição, 19 de janeiro de 1933, Arquivo da Congregação, Salvador.

13 – Para a despedida na estação de trem, *Irmã Dulce dos pobres*, de Maria Rita Pontes, obra citada (pp. 29 a 31).

4 – MERGULHO NO SILÊNCIO

1 – A reconstituição da noite de 13 de agosto de 1933 foi feita a partir do termo de vestição, arquivo da Congregação, Convento Dom Amando Bahlmann, Salvador.

2 – Conceito pertence a Clifford Longley, está na página 185 do livro *Madre Teresa – a imagem e os fatos*.

3 – Sobre retomada do nome civil. Quando se tornou noviça na mesma congregação em 1946, Maria Letícia Almeida Fontes recebeu o nome religioso de Maria do Rosário, mas voltou ao nome civil assim que foi permitido. Em entrevista ao autor em 21 de novembro de 2012, Irmã Letícia relembrou: "Me deram o nome de Maria do Rosário. Eu não gostei, não. A gente mandava três nomes e aí vinha um. Botei Maria do Rosário [nas opções] porque minha mestra pediu. Maria Piedade e Maria Lúcia eram os outros. Aí veio Maria do Rosário. Quando deram licença para a gente voltar, eu imediatamente voltei".

4 – Documentos pessoais de Irmã Dulce estão no arquivo das Obras Sociais Irmã Dulce, em Salvador.

5 – Bento XVI assinou o decreto de beatificação em 10 de dezembro de 2010. A cerimônia de beatificação ocorreu em maio do ano seguinte, em Salvador.

6 – Para a história de São Cristóvão, *Aspectos históricos, artísticos, culturais e sociais da Cidade de São Cristóvão*, de Iêda Maria Leal Vieira e Maria José Tenório da Silva, Secretaria da Cultura de Sergipe, 1989.

7 – Para a descrição da romaria de Senhor dos Passos, o artigo "Em busca da sagrada face: a romaria do Senhor dos Passos em São Cristóvão" – *SE*, de Magno Francisco de Jesus Santos, publicado na revista *Angelus Novus*, nº 3, maio de 2012 (pp. 192 a 207).

8 – Para o confisco da boneca, depoimento da freira Maria das Neves (nome civil: Maria Antonieta de Alencar Neves), em 25 de janeiro de 2000, anexado aos autos do processo canônico. E *Irmã Dulce dos pobres*, de Maria Rita Pontes, obra citada (pp. 30 a 31).

9 – O convento onde morou Irmã Dulce foi fundado em 1699, mas a data de término da obra é incerta: ou 1745 ou 1766, segundo o historiador da arte Germain Bazin, em *L'Architeture Religieuse Baroque au Brésil*, Éditions d'Histoire et d'Art, Librairie Plon, Paris (p. 170). O livro de Bazin, um dos mais proeminentes curadores de pintura do Museu do Louvre no século XX, é um inventário detalhado das construções religiosas do barroco brasileiro.

10 – Para a rouquidão de Maria Rita e o coral, depoimento da freira Maria das Neves (nome civil: Maria Antonieta de Alencar Neves), em 25 de janeiro de 2000, anexado aos autos do processo canônico. Maria Rita foi examinada por um médico na semana anterior à sua partida para São Cristóvão. O médico detectou o problema das amídalas e recomendou que ela fosse encaminhada para tratamento com um especialista – isso só ocorreria anos mais tarde. Atestado médico firmado por um médico que assina dr. José Paulo, datado de 30 de janeiro de 1933, anexado aos autos do processo canônico.

11 – *História da Igreja no Brasil – Tomo II – Terceira Época – 1930--1964*, de Riolando Azzi e Klaus van der Grijp, obra citada (pp. 533 a 535).

12 – Para a reconstrução do cotidiano do convento, depoimento da freira Maria das Neves, em 25 de janeiro de 2000, anexado aos autos do processo canônico. Entrevistas ao autor das freiras Maria Letícia, Auxiliadora (nome civil: Maria das Dores Graça Leite) e Benigna (nascida Maria Cabral) em 21 de novembro de 2012.

13 – Justificativa teológica para a eliminação da "conversa supérflua" está no capítulo 10 de *A imitação de Cristo*, de Tomás de Kempis, Editora Martin Claret, 2003.

14 – Olga Braga dos Santos, entrevista ao autor, em 20 de novembro de 2012.

5 – CRIANÇA ESPIRITUAL

1 – A menção à vida de Santa Teresa de Lisieux está em carta escrita pela postulante Maria Rita em 19 de março de 1933.

2 – *A imitação de Cristo*, de Tomás de Kempis, obra citada. Capítulo 11, "Quão poucos são os que amam a cruz de Jesus".

3 – Entrevista de Irmã Dulce ao padre Antônio Maria, sem data, já citada.

4 – Carta escrita por Irmã Dulce, ainda noviça, a Dulcinha, datada de 26 de novembro de 1933. Arquivo das Obras Sociais Irmã Dulce, Salvador.

5 – Carta escrita por Maria Rita, ainda postulante, à madre Maria Imaculada, datada de 19 de março de 1933, anexada aos autos do processo canônico.

6 – Depoimento da freira Maria das Neves (nome civil: Maria Antonieta de Alencar Neves), em 25 de janeiro de 2000, anexado aos autos do processo canônico.

7 – Carta de Irmã Dulce a Maria Imaculada, datada de 18 de agosto de 1934, anexada aos autos do processo canônico.

Parte 2 – Irmã Dulce

6 – OS OPERÁRIOS

1 – Entrevista de Ana Maria Lopes Pontes ao autor, em 10 de dezembro de 2012. Em diversas entrevistas ao autor, freiras que décadas mais tarde ocuparam posições de liderança e cargos de decisão na Congregação das Irmãs Missionárias da Imaculada Conceição explicaram que, embora não devessem obediência direta aos bispos das cidades em que trabalhassem, as religiosas sempre trabalhavam em sintonia com a autoridade eclesiástica. Um pedido banal como a transferência de uma freira, especialmente se partido do arcebispo primaz, não deixaria de ser atendido.

2 – Para as disciplinas lecionadas pela freira no Santa Bernadete, a fonte é uma carta escrita por Irmã Dulce à superiora da Congregação das Irmãs Missionárias da Imaculada Conceição, em 1940. Para as demais funções e datas de atividades exercidas por Irmã Dulce em Salvador, ficha pessoal da religiosa na Congregação. Documentos anexados aos autos do processo canônico.

3 – *Irmã Dulce dos pobres*, de Maria Rita Pontes, obra citada (p. 33). Sobre a falta de "inclinação e competência", carta de Irmã Dulce à superiora-geral da Congregação das Irmãs Missionárias da Imaculada Conceição, Pacífica Boening, datada de 9 de junho de 1940.

4 – O primeiro filme a ser exibido na sala de projeção da Casa de Santo Antônio foi uma açucarada comédia chamada *Mary Ann*, que conta uma história de amor entre uma jovem órfã vivida por Janet Gaynor – ganhadora do Oscar de Melhor Atriz (1927) – e um compositor interpretado pelo galã Charles Farrell. Era uma dupla bastante badalada de Hollywood na era do cinema mudo. Em agosto, a tela exibiu *Nada de Novo no front*, um dos maiores filmes de guerra já realizados em todos os tempos. Dirigido por Lewis Milestone a partir da obra homônima de Erich Maria Remarque, o filme retrata o horror das trincheiras na Primeira Guerra Mundial. Fonte: *Um cinema chamado saudade,* de Geraldo da Costa Leal e Luis Leal Filho, 1997 (pp. 194 e 195).

5 – Para a comparação com os outros cinemas existentes e os preços da entrada e o programa que dava cupons para os filmes em troca de presença na missa, *Um cinema chamado saudade*, de Geraldo Leal e Luis Leal Filho, obra citada (pp. 194 e 195). Para o lucro dos cinemas financiarem as obras sociais de Hildebrando, "Frei Hildebrando: uma vida a serviço dos pobres", artigo escrito pelo historiador franciscano frei Hugo Fragoso, cedido ao autor. "O frei humanista", de Ciro Brigham, especial publicado no jornal *Correio da Bahia* em 29 de abril de 2007 (pp. 3 a 7).

6 – A proibição saiu na Revista Eclesiástica, o órgão oficial da Arquidiocese de Salvador, na edição de janeiro de 1936 (p. 24). Na edição de maio e junho de 1937, o edital saiu nos seguintes termos: "Por mais uma vez e para recordar matéria já do conhecimento do Clero em avisos publicados, de ordem superior venho ainda declarar que aos sacerdotes desta capital bem como aos do interior é proibido ir a cinemas. Cessa a proibição quando houver convite feito pela Cúria, por um motivo especial. Câmara Eclesiástica da Bahia, 12 de abril de 1937. Mons. Clodoaldo Barbosa dos Santos, Secretário do Arcebispado". Arquivo da Universidade Católica de Salvador.

7 – Depoimento da freira Querubina da Silva, em 26 de janeiro de 2000, que integra os autos do processo canônico.

8 – Para a descrição dos serviços oferecidos pela União Operária São Francisco, jornal *O Imparcial*, 12 de janeiro de 1937 e 13 de janeiro de 1937 citado em *Entre o religioso e o político: uma história do Círculo Operário da Bahia*, de George Evergton Sales Souza, Dissertação de mestrado em História da Universidade Federal da Bahia. Salvador, 1996 (pp. 49 a 51). Para o discurso de José Bastos, anexo da dissertação de George Evergton Sales Souza (pp. 139 a 146).

9 – Tecelagens eram as fábricas mais importantes de Itapagipe e o foco das visitas de Irmã Dulce em 1935 e 1936. Mas o conceito de indústria baiana, naquele período, englobava pequenos negócios, quase artesanais, como padarias, fábricas de bebidas e de alimentos, vidros e cristais, sapatarias, entre outros diversos ramos. Para o

conceito de operário incluir todo trabalhador pobre, *Uma história da cidade da Bahia*, de Antonio Risério, obra citada (p. 470).

10 – *Entre o religioso e o político: uma história do Círculo Operário da Bahia*, de George Evergton Sales Souza, obra citada (p. 52).

7 – A DITADURA, UM GOLPE DE SORTE

1 – Encíclica *Quadragesimo Anno*, 1931.

2 – *Getúlio – Do governo provisório à ditadura do Estado Novo*, de Lira Neto, Companhia das Letras, 2013 (pp. 312 e 313).

3 – O primeiro círculo operário do Brasil foi fundado em Pelotas (RS) em 1932, no ano seguinte ao chamamento da Quadragesimo Anno, pelo padre jesuíta Leopoldo Brentano. *Círculos Operários – a Igreja Católica e o mundo do trabalho no Brasil*, de Jessie Jane Vieira de Souza, Faperj, 2002 (pp. 186 e 187). No auge, os círculos operários chegaram a reunir 300 mil trabalhadores.

4 – *Entre o religioso e o político: uma história do Círculo Operário da Bahia*, de George Evergton Sales Souza, dissertação de mestrado em História da Universidade Federal da Bahia. Salvador, 1996 (pp. 43 a 46).

5 – *História da Igreja no Brasil – Tomo II – Terceira Época – 1930-1964*, de Riolando Azzi e Klaus van der Grijp, obra citada (pp. 21 a 23).

6 – Encíclica *Rerum Novarum*, 1891.

7 – Entrevista de Irmã Dulce ao suplemento Programe, 2 de outubro de 1981 (pp. 6 e 7). Arquivo do Convento Amando Bahlmann, da Congregação das Irmãs Missionárias da Imaculada Conceição, Salvador (BA).

8 – O trecho integra a conclusão do terceiro dos 9 dos teólogos reunidos para discutir as virtudes de Irmã Dulce em 15 de abril de 2008. Todos eles votaram a favor e o processo seguiu seu curso. A votação

dos teólogos é secreta: é possível conhecer o teor do voto, mas a identidade permanece em sigilo. Este autor acredita que o voto em que é exaltado o fato de a freira jamais ter estimulado a luta de classes tenha sido o do monsenhor José Luis Gutiérrez, proeminente teólogo ligado à Opus Dei.

9 – Para a declaração sobre o "partido do pobre", entrevista de Irmã Dulce à repórter Daisy Prétola, "Irmã Dulce – um anjo pousou na Bahia", revista *Manchete*, 3 de novembro de 1984.

10 – *Entre o religioso e o político: uma história do Círculo Operário da Bahia*, de George Evergton Sales Souza, dissertação de mestrado em História da Universidade Federal da Bahia. Salvador, 1996 (p. 53). Ainda que os números sejam passíveis de desconfiança, porque vieram de entrevistas de diretores do próprio COB aos jornais de Salvador, como salienta o historiador, o fato é que houve um crescimento significativo do número de associados no período.

11 – *Entre o religioso e o político: uma história do Círculo Operário da Bahia*, de George Evergton Sales Souza, dissertação de mestrado em História da Universidade Federal da Bahia. Salvador, 1996 (pp. 57 a 59).

12 – Para a histórica greve de 1919, *Uma história da cidade da Bahia*, de Antonio Risério, obra citada (pp. 470 a 472).

13 – Para o valor do salário mínimo, *Getúlio – Do governo provisório à ditadura do Estado Novo*, de Lira Neto, obra citada (pp. 342 e 343).

14 – Sobre Colégio Santo Antônio. Pontes, Maria Rita. *Irmã Dulce dos pobres*, 13ª edição, 1991 (p. 33).

15 – Para a descrição do Cine Pax e data de fundação, *Um cinema chamado saudade*, de Geraldo da Costa Leal e Luis Leal Filho, obra citada (pp. 209 e 211).

16 – Para os presentes da primeira-dama, ata de 15 de dezembro de 1941 da comissão executiva do Círculo Operário da Bahia, núcleo

de Itapagipe. Livro que reúne atas do período 1941/1947 (pp. 4 e 5). Para as homenagens a Getúlio e Landulfo Alves e as flores do túmulo de Luiz Tarquínio, ata de 29 de dezembro de 1941, da comissão executiva do Círculo Operário da Bahia, núcleo de Itapagipe. Livro que reúne atas do período 1941/1947 (p. 6).

17 – Entrevista de Norberto Odebrecht ao autor, 29 de novembro de 2012.

8 – "IRMÃ, NÃO ME DEIXE MORRER NA RUA"

1 – Irmã Dulce situava o episódio em 1939, mas há a possibilidade de que o jornaleiro tenha procurado Irmã Dulce em 1940 porque, em uma entrevista ao padre Antônio Maria nos anos 1980, ela dizia que estava manipulando medicamentos na hora da chegada. A freira só concluiu o curso de técnica de farmácia em janeiro de 1941. Tanto a identidade do jornaleiro quanto a do dono das casas invadidas não são conhecidas. A história era contada repetidamente por Irmã Dulce e tem a confirmação de testemunhas. A freira Hilária Rodrigues Lopes esteve nas casas invadidas para cuidar dos doentes, segundo depoimento que concedeu no dia 17 de abril de 2000 para o processo canônico. Uma descrição do episódio está no livro *Irmã Dulce dos pobres*, de Maria Rita Pontes.

2 – A descrição da cena do encontro com o jornaleiro tem ao menos 4 versões. A mais confiável é a narrada pela própria Irmã Dulce ao padre Antônio Maria de que ela estava na farmácia do COB. Todos os diálogos constantes neste capítulo foram transcritos literalmente das reproduções feitas pela própria Irmã Dulce durante entrevista ao padre Antônio Maria.

3 – Anuário estatístico do Brasil 1941/1945. Rio de Janeiro: IBGE, v. 6, 1946.

4 – Vasconcelos, Pedro Almeida. *Salvador: transformações e permanências* (1549-1999). Ilhéus-BA: Editus, 2002. SIMAS, 1954, p. 276.

5 – Padre Gaspar Sadoc, entrevista ao autor.

6 – A mortalidade infantil em Salvador em 1940 era de 206 óbitos para cada mil nascidos vivos. Fonte: IBGE, Laboratório de Estatística, *Pesquisas sobre a mortalidade no Brasil*, 1954. Tabela extraída de: *Anuário estatístico do Brasil*, 1955. Rio de Janeiro: IBGE, v. 16.

7 – O outro elemento que deixou perplexo o consultor teológico do Vaticano foi o tempo de duração da exclaustração de Irmã Dulce. Ela passou dez anos afastada da Congregação das Irmãs Missionárias da Imaculada Conceição – o que será tema dos capítulos futuros desta obra. O Congresso Especial da Congregação para as Causas dos Santos, onde as virtudes e a vida de Irmã Dulce foram julgadas no âmbito do processo canônico, reuniu-se no dia 15 de abril de 2008, no Vaticano. Os teólogos que votaram foram unânimes pela continuidade do processo de beatificação. O teor dos votos é conhecido, mas as identidades de cada eleitor são mantidas em sigilo pela Santa Sé.

8 – Para as cirurgias e o sentimento de felicidade, carta de Irmã Dulce à Superiora-Geral da Congregação das Irmãs Missionárias da Imaculada Conceição, Pacífica Boening, datada de 9 de junho de 1940. Arquivo da Congregação, Convento Dom Amando Bahlmann, Salvador (BA).

9 – A GUERRA CHEGA À BAHIA

1 – Jorge Amado acusou frei Hildebrando de ser nazista em *Bahia de Todos-os-Santos* (1945), atribuindo aos franciscanos a operação de estação clandestina de rádio para repassar informações aos nazistas. Na tese de doutorado intitulada Vivendo com o outro: *os alemães na Bahia no período da II Guerra Mundial*, Universidade Federal da Bahia, 2007, que esmiuçou a perseguição aos alemães na Bahia no período, a historiadora Maria Helena Chaves Silva apresentou citações a Hildebrando em dois depoimentos de cidadãos alemães nos autos do Tribunal de Segurança Nacional, um tribunal de exceção que funcionou entre 1937 e 1945. Um deles afirmou ao DOPS que não conhecia Hildebrando, mas "ouvira falar" que o frei era nazista. O outro apresentou uma versão delirante de que o frei tomara parte, como oficial do Reich, na anexação da Áustria, em 1938. A existência da tal estação de rádio nunca foi provada. A

acusação de Hildebrando ser nazista foi suprimida nas edições da obra de Jorge Amado posteriores a 1970. *Bahia de Todos-os-Santos*, de Jorge Amado, Salvador, 1945. Cf. ed. 1961, Salvador, p. 200. Citado no artigo "Frei Hildebrando Kruthaup – Uma vida a serviço dos pobres", do historiador frei Hugo Fragoso, cedido ao autor. Hildebrando anteviu problemas que a guerra poderia lhe causar, mesmo quando o Brasil ainda era mais simpático às potências do Eixo. Em 2 de março de 1940, ele apresentou requerimento de folha corrida (atestado de bons antecedentes) ao juiz da Primeira Vara Criminal da Comarca de Salvador, em 2 de março de 1940, para instruir o pedido da naturalização brasileira, mas só receberia a cidadania brasileira em 1949, quatro anos depois do fim da guerra. Arquivo Público do Estado da Bahia.

2 – Sobre o rompimento das relações diplomáticas com Berlim e Roma durante a conferência no Rio e a oposição de Dutra, e Góes Monteiro pelo Brasil não estar preparado para a guerra contra Hitler e Mussolini, *Getúlio – 1930-1945 – do governo provisório à ditadura do Estado Novo*, de Lira Neto, obra citada (p. 404). Para a ambiguidade da política externa de Vargas, *Brasil – uma biografia*, de Lilia Moritz Schwarcz e Heloisa Starling, São Paulo, Companhia das Letras, 2015 (p. 384).

3 – Para todas as menções a torpedeamentos de navios na costa brasileira neste capítulo, a fonte é *U-507 – o submarino que afundou o Brasil na Segunda Guerra Mundial*, de Marcelo Monteiro, Publicato Editora, 2ª edição, Porto Alegre, 2013.

4 – O substituto de Hildebrando como assistente eclesiástico do COB foi o brasileiro Joaquim da Silva, também franciscano. Para a reunião às escuras quando foi anunciado o afastamento de Hildebrando, ata da sessão de 6 de setembro de 1943. Livro de atas da comissão executiva do núcleo de Itapagipe do COB (p. 20). Arquivo das Obras Sociais Irmã Dulce.

5 – Comunicação da Superiora Provincial com as restrições à participação de Irmã Dulce no COB, datada de 8 de novembro de 1943. Arquivo da Congregação das Irmãs Missionárias da Imaculada Conceição, Salvador.

6 – Ata da sessão de 14 de agosto de 1944. Livro de atas da comissão executiva do núcleo de Itapagipe do COB (p. 56). Arquivo das Obras Sociais Irmã Dulce.

7 – Para o cotidiano da freira durante a guerra, depoimento da freira Querubina da Silva, em 26 de janeiro de 2000, que integra os autos do processo canônico de Irmã Dulce. Para o incômodo com os jogadores de futebol sem camisa, ata da sessão de 5 de março de 1945. Livro de atas da comissão executiva do núcleo de Itapagipe do COB (pp. 54 e 67). Arquivo das Obras Sociais Irmã Dulce.

8 – Para a doação da primeira-dama Ruth Aleixo, ata da sessão de 5 de fevereiro de 1945 da comissão executiva do núcleo de Itapagipe do COB. Arquivo das Obra Sociais Irmã Dulce.

9 – Para os gastos de Irmã Dulce socorrendo os pobres, ata da sessão de 11 de março de 1946 da comissão executiva do núcleo de Itapagipe do COB. Livro de atas da comissão executiva do núcleo de Itapagipe do COB (p. 82). Para a doação do governador Bulcão Viana e os empresários financiando a obra, ata da sessão de 11 de março de 1946. Para a arrecadação de CR$ 18 mil e início da obra, ata da sessão de 22 de abril de 1946. Livro de atas da comissão executiva do núcleo de Itapagipe do COB (pp. 65, 82 e 83). Arquivo das Obras Sociais Irmã Dulce.

10 – A briga de diretores sobre as despesas de Irmã Dulce está registrada na ata de 28 de outubro de 1946. Livro de atas da comissão executiva do núcleo de Itapagipe do COB (p. 96). Arquivo das Obras Sociais Irmã Dulce.

10 – EMPAPELANDO O BANCO DO BRASIL

1 – Norberto Odebrecht, entrevista ao autor em 27 de novembro de 2012. A fonte é a mesma de todos os diálogos reproduzidos neste capítulo em que o empreiteiro tenha participado ou testemunhado.

2 – Para a frequência de encontros, Norberto Odebrecht em entrevista ao autor.

3 – Para a história dos Odebrecht e de Emílio, Odebrecht Informa Online, edição de novembro de 2004 consultado em 30 de agosto de 2014). Para o recomeço na Bahia com os velhos mestres de obra pernambucanos e proximidade com católicos proeminentes em Salvador, entrevista de Norberto Odebrecht ao autor.

4 – Para o valor juntado por Irmã Dulce e o orçamento da obra, atas das sessões de 5 de fevereiro de 1945, 19 de fevereiro de 1945, 4 de novembro de 1945, 19 de novembro de 1945, 11 de março de 1946 e 22 de abril de 1946, da comissão executiva do núcleo de Itapagipe do COB. Livro de atas da comissão executiva do núcleo de Itapagipe do COB (pp. 50 a 83). Arquivo das Obras Sociais Irmã Dulce. Na dissertação de mestrado, *Entre o religioso e o político: uma história do Círculo Operário da Bahia*, o historiador George Evergton Sales Souza estimou em 15 milhões de cruzeiros o orçamento do novo prédio; cerca de 20% desse valor teria sido obtido nas campanhas de arrecadação, obra citada (p. 89).

5 – Para a volta de frei Hildebrando, ata da sessão de 15 de julho de 1946; para a caderneta de poupança em seu nome, atas das sessões de 4 de novembro de 1945 e 19 de novembro de 1945. Livro de atas da comissão executiva do núcleo de Itapagipe do COB (pp. 77, 78, 89 e 90). Arquivo das Obras Sociais Irmã Dulce.

6 – Para os detalhes da operação financeira para conseguir o empréstimo, Norberto Odebrecht em entrevista ao autor.

7 – Atas das sessões de 15 de julho de 1946, 28 de outubro de 1946, 20 de janeiro de 1947 e 8 de maio de 1949. Primeiro livro de atas da comissão executiva do núcleo de Itapagipe do COB, 1941 a 1949 (pp. 77, 78, 89, 90), e segundo livro de atas, 1949 a 1958 (pp. 6 e 7). Arquivo das Obras Sociais Irmã Dulce.

8 – Trata-se de lenda de que Irmã Dulce teria feito parar a comitiva presidencial com as crianças, mas a visita de Dutra ao largo de Roma estava programada. O próprio COB publicou convites da imprensa baiana chamando para a visita presidencial ao Cine Roma. Jornais *A Tarde* e *Diário de Notícias*, de 19 de novembro de 1948, citados

em *Entre o religioso e o político: uma história do Círculo Operário da Bahia*, de George Evergton Sales Souza, obra citada (p. 89).

9 – Jornal *A Tarde*, 29 de novembro de 1948, citado em *Entre o religioso e o político: uma história do Círculo Operário da Bahia*, de George Evergton Sales Souza, obra citada (p. 90).

11 – MOEDA ELEITORAL

1 – A menção à viagem e à "missão espinhosa" de Irmã Dulce no Rio está registrada da ata da sessão de 8 de maio de 1949. Livro de atas da comissão executiva do núcleo de Itapagipe do COB, 1949 a 1958 (p. 6). Arquivo das Obras Sociais Irmã Dulce.

2 – Entrevista de Norberto Odebrecht ao autor em 27 de novembro de 2012.

3 – Para os 270 pobres que ela atendia, Livro de atas da comissão executiva do núcleo de Itapagipe do COB, 1949 a 1958 (p. 14). Arquivo das Obras Sociais Irmã Dulce.

4 – Entrevista do médico Taciano de Paula Campos ao autor em 6 de dezembro de 2012.

5 – A menção à viagem ao Ceará por causa da doença, as orações dos diretores do COB e a volta de Irmã Dulce restabelecida foram registradas nas atas das sessões de 14 de agosto de 1949, 11 de setembro de 1949 e 9 de outubro de 1949. Livro de atas da comissão executiva do núcleo de Itapagipe do COB, 1949 a 1958 (pp. 12 a 16). Arquivo das Obras Sociais Irmã Dulce.

6 – Ata da sessão de 11 de setembro de 1949. Livro de atas da comissão executiva do núcleo de Itapagipe do COB, 1949 a 1958 (p. 14). Arquivo das Obras Sociais Irmã Dulce.

7 – Ata da sessão de 9 de abril de 1949. Livro de atas da comissão executiva do núcleo de Itapagipe do COB, 1949 a 1958 (p. 14). Arquivo das Obras Sociais Irmã Dulce.

8 – Para o cheque escondido nas roupas de Dulcinha e o fato de ela ter viajado rezando, depoimento da freira Querubina da Silva, em 26 de janeiro de 2000, que integra os autos do processo canônico. A discussão de viagem da freira ao Rio e o seu cancelamento em virtude do estado de saúde aconteceram na sessão de 11 de junho de 1950. Livro de atas da comissão executiva do núcleo de Itapagipe do COB, 1949 a 1958 (p. 27). Arquivo das Obras Sociais Irmã Dulce.

9 – Para as atividades do COB, o funcionamento da escola e o pedido de Irmã Dulce ao secretário de Educação, ata de 12 de março de 1950. O valor do aluguel de três salas convertidas em restaurante popular do SAPS foi acertado por frei Hildebrando em viagem ao Rio, segundo ata de 13 de novembro de 1949. Livro de atas da comissão executiva do núcleo de Itapagipe do COB, 1949 a 1958 (pp. 18 a 21). Arquivo das Obras Sociais Irmã Dulce.

10 – O discurso de Hildebrando está registrado na ata de 14 de maio de 1950. Livro de atas da comissão executiva do núcleo de Itapagipe do COB, 1949 a 1958 (p. 26). Arquivo das Obras Sociais Irmã Dulce.

11 – Entrevista de Norberto Odebrecht ao autor em 27 de novembro de 2012.

12 – O presidente do COB, Jacinto Manuel dos Santos, considerou "descabido" o abismo entre o número de associados e a quantidade de participantes nas reuniões mensais, segundo registra a ata de 12 de março de 1950 (p. 21). Arquivo das Obras Sociais Irmã Dulce.

13 – *Minhas memórias provisórias*, depoimento de Juracy Magalhães, prestado aos pesquisadores Alzira Alves de Abreu, Eduardo Raposo e Paulo César Farah, do CPDOC da Fundação Getulio Vargas. Coleção Retratos do Brasil, volume 157. Rio de Janeiro, Civilização Brasileira, 1982 (pp. 124 e 125).

12 – O GALINHEIRO DO CONVENTO

1 – Para o trajeto os doentes em locais invadidos na Ilha dos Ratos, mercado abandonado e arcos do Bonfim, depoimentos da freira

Hilária Rodrigues Lopes, em 10 de maio de 2000, de Dulce Maria Lopes Pontes, a Dulcinha, irmã da freira, em 28 de janeiro de 2000, anexados aos autos do processo canônico de Irmã Dulce.

2 – O diálogo com o prefeito Wanderley Pinho foi reconstituído por Irmã Dulce em entrevista ao Padre Antônio Maria, sem data.

3 – O diálogo entre Irmã Dulce e a superiora sobre as galinhas foi reproduzido pela freira Eufrásia Ferreira Costa (nome civil: Francisca Ailza), que conheceu Irmã Dulce no Ceará em 1949, em depoimento concedido em 24 de janeiro de 2000, anexado aos autos do processo canônico.

4 – A descrição dos estrados sobre cavaletes de madeira foi possível graças a uma das fotos que integram o dossiê do processo canônico. Na imagem, sem data, aparecem Irmã Dulce e cinco pacientes que estavam abrigadas no Albergue Santo Antônio. As quatro freiras eram as irmãs Paráclita, Anacleta, Hilária e Helenice e as leigas eram Dalva e Iraci Lordelo. Para os nomes das ajudantes e o mau estado dos pacientes, depoimento de freira Eufrásia Ferreira Costa anexado aos autos do processo canônico.

5 – Para a preparação do galinheiro e o nome do médico que colaborava, entrevista de Irmã Dulce ao padre Antônio Maria, sem data. Para a compra de remédios sem dinheiro, reportagem Freira recolhe doentes e vive sua via-crúcis, *Jornal do Commercio*, Rio de Janeiro, 14 de julho de 1963. Arquivo das Obras Sociais Irmã Dulce.

6 – Depoimento de Iraci Vaz Lordelo, em 7 de fevereiro de 2000, que faz parte dos autos do processo de Irmã Dulce no Vaticano. E entrevista de Iraci Lordelo ao autor em 2 de dezembro de 2012.

7 – Depoimento da freira Querubina da Silva, em 26 de janeiro de 2000, que faz parte dos autos do processo de Irmã Dulce no Vaticano.

8 – Entrevista de Iraci Lordelo ao autor em 2 de dezembro de 2012.

9 – Sobre o hábito de Irmã Dulce de recitar o rosário todos os dias, entrevista de Irmã Olívia ao autor, em 4 de dezembro de 2012, e

depoimento do então bispo de São Luís de Montes Belos (GO), Washington Cruz, em 20 de setembro de 2000, anexado aos autos do processo que resultou na beatificação. Quando padre, Washington dava assistência religiosa ao Hospital Santo Antônio, de Irmã Dulce, no final dos anos 1970.

10 – Entrevista de Irmã Dulce ao Padre Antônio Maria, sem data.

13 – ESMOLA E HUMILHAÇÃO

1 – Para o apelido de "freira pidona", Iraci Lordelo, entrevista ao autor em 2 de dezembro de 2012.

2 – Iraci Lordelo afirmou ter testemunhado a cena do cuspe. Em um depoimento que integra os autos do processo canônico de Irmã Dulce, a freira Hilária Rodrigues Lopes também relatou o episódio. Irmã Hilária morou com Irmã Dulce entre 1939, quando chegou ao Convento da Penha aos 23 anos, e 1952, quando a Congregação das Irmãs Missionárias da Imaculada Conceição a transferiu para Pernambuco. A própria Irmã Dulce contou esse episódio em ao menos três entrevistas.

3 – O episódio foi contado pelo próprio Mamede Paes Mendonça a Taciano de Paula Campos, que foi médico pessoal de Irmã Dulce, diretor do hospital e também integrou o conselho das Obras Sociais Irmã Dulce. Taciano Campos, entrevista ao autor em 5 de dezembro de 2012.

4 – Depoimento da freira Hilária Rodrigues Lopes, em 10 de maio de 2000, anexada aos autos do processo canônico de Irmã Dulce que está no Vaticano.

5 – *Retratos da Bahia: 1946-1952*, de Pierre Verger, Corrupio Edições, Salvador, 2005 (pp. 150 a 163).

6 – Otacílio França Cerqueira e Edmilson Neves de Carvalho, comerciantes na feira de São Joaquim. Entrevistas ao autor em 10 e 17 de março de 2012. Além deles, para reconstituir as visitas de Irmã Dulce a Água de Meninos e, depois, a São Joaquim, o autor

entrevistou ainda outros 3 feirantes que conheceram pessoalmente a freira: Ubaldino Salustiano dos Santos, Josué Calixto Pinto e Antônio de Oliveira.

7 – Depoimento de Elizabeth Fernandes da Silva, em 8 de setembro de 2000, que integra os autos do processo canônico.

8 – Edmilson Neves de Carvalho, entrevista ao autor em 10 de março de 2012.

9 – Raimundo dos Santos, o Escuro, morreu nos anos 1990. Fonte: Edmilson Neves de Carvalho, entrevista ao autor.

14 – NOS ALAGADOS

1 – *Diário de Notícias,* 6 de janeiro de 1952. "16 mortos na tragédia dos Dendezeiros" (pp. 1 e 5).

2 – Depoimento de Juvenal Falcão Coutinho em 2 de março de 2000, que consta nos autos do processo canônico de Irmã Dulce. Por causa do ato de bravura no socorro às vítimas, os dois soldados foram promovidos a cabo.

3 – Depoimento de Hilária Rodrigues Lopes em 17 de março de 2000, que consta nos autos do processo canônico de Irmã Dulce.

4 – A descrição do corpo da mulher foi feita a partir de foto publicada na primeira página do jornal *Diário da Bahia*, de 6 de janeiro de 1952.

5 – Depoimento de Maria Luiza Viana Fernandes, sem data, que consta nos autos do processo canônico de Irmã Dulce.

6 – *La Population de Bahia*, de Jacqueline Beaujeu-Garnier e Milton Santos, extraído do volume M.A. Lefevre, Paris, 1964 (pp. 203 a 226).

7 – *Bahia de Todos-os-Santos*, Jorge Amado, obra citada (pp. 78 e 79).

8 – Para a origem descrição de Alagados, "Políticas públicas e ações populares: caso dos Alagados – Salvador/BA", de Jânio Santos, *Revista Estudos Geográficos*, janeiro-junho/2005, Rio Claro (pp. 93-110). www.rc.unesp.br/igce/grad/geografia/revista.htm, consultado em 10 de dezembro de 2013; *Das palafitas aos novos conjuntos habitacionais*, de Antonio Mateus de Carvalho Soares e Carlos Geraldo D'Andréa (Gey), disponível em: http://www.contatosociologico.crh.ufba.br/site_artigos_pdf/Das%20Palafitas%20aos%20 Conjuntos%20Habitacionais.pdf

9 – Para a descrição, fotos do Arquivo das Obras Sociais Irmã Dulce e o filme *Oásis da esperança*, produzido pela Aliança para o Progresso em 1963.

10 – Para a proposta de transformação de Itapagipe em zona industrial que constava no Plano Urbanístico de Salvador (1943), *Políticas públicas e ações populares: o caso dos Alagados – Salvador/BA*, de Jânio Santos, obra citada (p. 96).

11 – *La Population de Bahia*, de Jacqueline Beaujeu-Garnier e Milton Santos, extraído do volume M.A. Lefevre, Paris, 1964 (p. 211).

12 – Jornal *A Tarde*, 14 de setembro de 1965, citado nos anexos do processo que resultou na beatificação.

13 – Para número de empregos industriais criados entre 1950 e 1960 em Salvador, *La Population de Bahia*, de Jacqueline Beaujeu-Garnier e Milton Santos, obra citada (p. 219).

14 – Para o "enigma baiano", *Uma história da cidade da Bahia*, de Antonio Risério, obra citada (pp. 462 a 464).

15 – Foto que integra o anexo do dossiê que instruiu o processo canônico de Irmã Dulce. Sem data.

16 – Depoimento da freira Querubina da Silva, em 26 de janeiro de 2000, anexado aos autos do processo que resultou na canonização de Irmã Dulce.

17 – Documentário *Oásis da esperança*, obra citada.

18 – Depoimento de Renato Batista dos Santos, em 25 de setembro de 2000, em depoimento que integra os autos do processo que resultou na beatificação.

19 – *História da Igreja no Brasil*, de Riolando Azzi e Klaus van der Grijp, obra citada (pp. 176 a 178).

20 – Para o apostolado de Irmã Dulce ao exemplo de São Francisco de Assis, depoimentos de freira Eufrásia Ferreira Costa (nome civil: Francisca Ailza), 24 de janeiro de 2000, anexado aos autos do processo canônico.

21 – Para a história de São Francisco de Assis, *Les saints qui bouleversèrent le monde*, de René Fulop-Miller, Ed. Albin Michel, Paris, 1948 (pp. 195 a 197).

15 – A CADEIRA

1 – Entrevista de Ana Maria Lopes Pontes ao autor, em 10 de dezembro de 2012. Ana Maria, filha do segundo casamento de Augusto Lopes Pontes, situava a data em 1954. Há uma divergência importante de datas sobre o início da penitência. Em depoimento concedido em 28 de janeiro de 2000, que integra os autos do processo canônico, Dulce Maria Lopes Pontes diz que a penitência começou em 1955 – o que é improvável, por ser o ano de nascimento de Maria Rita. Já Maria Rita Lopes Pontes, filha de Dulcinha e sobrinha de Irmã Dulce, afirma que isso ocorreu após a gravidez ectópica em 1956. Adotei a versão de Ana Maria por considerá-la a mais factível, uma vez que a irmã mais jovem de Irmã Dulce já tinha 14 anos em 1954, diferentemente de Dulcinha que não estava em Salvador e de Maria Rita que tinha apenas nascido no período.

2 – Entrevista da freira Dilecta, nome civil Celina Francisca da Silva, em 21 de novembro de 2012, ao autor.

3 – *João Paulo II – biografia*, de Tad Szulc, Editora Francisco Alves, Rio de Janeiro, 1995 (pp. 23 e 24).

4 – Para operação à faca e número de pacientes e óbitos no ano de 1958, entrevista de Irmã Dulce ao jornal *A Tarde*, 3 de maio de 1959. Arquivo das Obras Sociais Irmã Dulce.

5 – Depoimento de Dulcinha, em 28 de janeiro de 2000, que integra os autos do processo que resultou na beatificação.

6 – Entrevista de Ana Maria Lopes Pontes ao autor, em 10 de dezembro de 2012.

7 – Sobre o jejum de três dias por semana, entrevistas das freiras Dilecta, em 21 de novembro de 2012, Olívia Lucinda Silva, em 28 de novembro de 2012. Depoimento da freira Célia Maria Soeiro, em 27 de março de 2000, que integra os autos do processo canônico.

8 – Para as fatias de pão "finas como hóstias", entrevista de Ana Maria Lopes Pontes ao autor, em 10/12/2012. Para a parcimônia no restante das refeições e o gosto por Coca-Cola e doce, depoimento de Dulcinha, em 28/1/2000, que integra os autos do processo canônico. Para quiabada ser o prato predileto, entrevistas de Iraci Lordelo, em 2/12/2012, e da freira Olívia Lucinda da Silva, em 28/11/2012, ao autor.

9 – Entrevista da freira Olívia Lucinda da Silva, em 28 de novembro de 2012, ao autor.

10 – Entrevistas de Ana Maria Lopes Pontes ao autor, em 10 de dezembro de 2012, e de Taciano Campos, em 7 de dezembro de 2012, ao autor.

11 – Entrevista de Taciano Campos, em 7 de dezembro de 2012, ao autor.

16 – VOO SOLO

1 – Livro de atas da associação Obras Sociais Irmã Dulce, 26 de maio de 1959 (pp. 1 e 2). Arquivo das Obras Sociais Irmã Dulce.

2 – *Irmã Dulce dos pobres*, de Maria Rita Pontes, obra citada (pp. 46 a 48).

3 – Para o prefeito de Salvador dirigindo a sessão, livro de atas das Obras Sociais Irmã Dulce, 15 de agosto de 1959 (pp. 3 e 4). Arquivo das Obras Sociais Irmã Dulce. Para a entrega do estatuto pela primeira-dama da Bahia, *Irmã Dulce dos pobres*, de Maria Rita Pontes, obra citada (p. 48).

4 – Livro de atas do Núcleo de Itapagipe do Círculo Operário da Bahia, 16 de agosto de 1959. Página 9.

5 – Jornal *A Tarde*, 3 de maio de 1959. Arquivo das Obras Sociais Irmã Dulce.

6 – Ofício do embaixador brasileiro em Washington, Juracy Magalhães, ao diretor de assuntos brasileiros do Departamento de Estado, Jack Kubisch, datada de 7/6/1965 e ofício de resposta de Kubisch a Juracy, datado de 10/6/1965. CPDOC/FGV

7 – Ata da reunião mensal do COB, 13 de fevereiro de 1956. Livro de atas do Núcleo Central do Círculo Operário da Bahia (p. 108). Arquivo das Obras Sociais Irmã Dulce.

8 – Livro de atas do Núcleo Central do Círculo Operário da Bahia, 13 de fevereiro de 1955 (p. 108).

9 – Ata da reunião mensal do COB, 12 de agosto de 1956. Livro de atas do Núcleo Central do Círculo Operário da Bahia (p. 131). Arquivo das Obras Sociais Irmã Dulce.

10 – Entrevista ao autor de Norberto Odebrecht em 29 de novembro de 2012.

11 – Para Hildebrando acusar Augusto Lopes Pontes de ser espírita, depoimento da freira Ana Maria (nome civil: Jeorja Raposo Maia), em 29 de abril de 2000, que integra os autos do processo canônico.

12 – Entrevista de Hugo Fragoso ao autor em 2 de dezembro de 2012.

13 – Entrevista ao autor de Norberto Odebrecht em 29 de novembro de 2012.

14 – Para a "consulta ao cardeal", livro de atas das Obras Sociais Irmã Dulce, 26 de maio de 1959 (p. 2). Arquivo das Obras Sociais Irmã Dulce. Para o cardeal e o pai de Irmã Dulce redigindo juntos o estatuto da entidade, entrevista ao autor de Ana Maria Lopes Pontes ao autor, em 10 de dezembro de 2012.

17 – OS DÓLARES DE KENNEDY

1 – Para a abordagem da freira agarrando os meninos de rua, *Irmã Dulce dos pobres*, de Maria Rita Pontes, obra citada (pp. 60 a 62).

2 – Para o governo João Goulart e a deterioração da relação com Washington, *O Brasil – de Getúlio a Castelo*, de Thomas Skidmore. Em 1963, ano que conseguiu nas urnas o fim da gambiarra do parlamentarismo, Jango prometeu e depois recuou de indenizar a American and Foreign Power Company, subsidiária da *International Telephone and Telegraph*, confiscada por Brizola no Rio Grande do Sul. Pouco depois, anunciou a possibilidade de decretar unilateralmente uma moratória para a dívida externa. Do ponto de vista de Washington, a gota d'água foi o decreto presidencial que regulamentou a Lei de Remessa de Lucros para conter a fuga de capitais para o exterior – o que afetava diretamente os interesses de empresas americanas que operavam no Brasil.

3 – Para a conversa entre JFK e o embaixador, que foi captada pelo sistema de gravação no Salão Oval, *Legacy of Ashes*, de Tim Weiner, (pp. 189 e 190). O dinheiro irrigou as contas do American Institute for Free Labor Development (um braço da poderosa organização sindical americana AFL-CIO) e do Ipes (Instituto de Pesquisa e Estudos Sociais), entidade dirigida pelo então coronel Golbery do Couto e Silva, que conspirava pela deposição do presidente. Para as entidades que receberam dinheiro para desestabilizar Jango, *The Mighty Wurlitzer: how CIA Played America*, de Hugh Wilford, Harvard University Press, 2008 (p. 187), e *1964 visto e comentado pela Casa Branca*, de Marcos Sá Corrêa.

4 – *The Mightly Wurlitzer: How the CIA Played America*, de Hugh Wilford, obra citada (pp.190 e 191).

5 – A pregação do cardeal contra o PTB de Jango: jornal *A Semana Católica,* 16 de setembro de 1962, citado no artigo "Campanha de desestabilização de Jango: as 'donas' saem às ruas", Ediane Lopes de Santana, que está no livro *Ditadura militar na Bahia – novos olhares, novos objetos, novos horizontes,* organizado por Grimaldo Carneiro Zachariadhes, Edufba (p. 16). Por ironia, o PTB baiano apoiava o udenista Lomanto Júnior, candidato de dom Augusto.

6 – Para o conteúdo das cartas de dom Augusto Álvaro da Silva ao clero e aos fiéis de Salvador, *Padres conciliares brasileiros no Vaticano II: Participação e prosopografia – 1959-1965,* tese de doutorado de José Oscar Beozzo, Faculdade de Filosofia, Letras e Ciências Humanas, da Universidade de São Paulo, 2001 (p. 290).

7 – "Food for Peace: creative use of America's abundance in international development", US Aid (Agency for International Development), março de 1963. Disponível em http://pdf.usaid.gov/pdf_docs/pdacu439.pdf

8 – *Los Angeles Times,* 23 de setembro de 1962.

9 – *Oásis da esperança*, documentário de seis minutos de duração sobre Irmã Dulce, produzido pela Aliança para o Progresso, em 1962.

10 – Entrevista de Iraci Lordelo ao autor em 3 de dezembro de 2012.

11 – Sessão de homenagem ao médico Frank Raila no Congresso dos Estados Unidos em 26 de julho de 2012. A participação dele na Segunda Guerra Mundial foi objeto do discurso da deputada democrata Jan Schakowsky. A íntegra pode ser lida aqui: https://www.govinfo.gov/content/pkg/CREC-2012-07-26/pdf/CREC-2012-07-26.pdf. Nascido em 1925, Raila morreu em 2014, aos 89 anos. Depois da Bahia, ele voltou aos EUA e fez residência em radiologia. Foi reservista do corpo médico do Exército americano e morreu com a patente de tenente-coronel. "Obituary: Dr. Frank A. Raila",

Chicago Tribune, 10 de setembro de 2014, disponível em: https://www.legacy.com/obituaries/clarionledger/obituary.aspx?n=frank-a-raila&pid=172410477&fhid=17537

12 – Os outros dois médicos americanos que trabalharam no Hospital Santo Antônio foram John Curns, um clínico geral de Waukegan (Illinois), e Joseph Bachman, de Detroit (Michigan), que clinicou no local até janeiro de 1964.

13 – Documentário *Oásis da esperança*, obra citada.

14 – *Los Angeles Times*, 23 de setembro de 1962.

18 – NO CORAÇÃO DA AMÉRICA

1 – Para a participação de Eileen Egan em agenda idêntica para Madre Teresa de Calcutá, em 1960, *Madre Teresa – a imagem e os fatos*, de Anne Sebba, Editora Vozes, Petrópolis, 1997 (pp. 91 e 92).

2 – Cartas da madre Veneranda Bohlen, superiora das Congregação das Irmãs Missionárias da Imaculada Conceição, a Eileen Egan, do CRS, sem data, e ao reverendo MacCarthy, do CRS, em 13 de dezembro de 1962.

3 – Cartas de Carl de Suze à madre superiora Veneranda Bohlen, datada de 13 de outubro de 1961 e de 9 de abril de 1962. Entre os donativos arrecadados pelo comunicador, estava um refrigerador doado pela Westinghouse. Arquivo das Obras Sociais Irmã Dulce.

4 – Para a publicação do "Denver Register", carta de Madre Veneranda Bohlen a Eileen Egan, de 12 de outubro de 1962. Arquivo das Obras Sociais Irmã Dulce.

5 – Além de sair no *Chicago Daily News*, a reportagem de Al Burt foi reproduzida com grande destaque em jornais regionais de Wisconsin, o Estado vizinho, como o *The Post-Crescent*, de Appleton (Wisconsin), em 5 de julho de 1962, e *The Milwaukee Journal*, dez dias mais tarde.

6 – Bem-relacionada na cidade, Crawford trabalhava com Ellie Walker, que conhecia a Irmã Dulce da Bahia, onde o marido, um engenheiro da Lockheed, vivera até o ano anterior. Outra colaboradora da freira em Los Angeles foi uma mulher chamada Mercedes Foster.

7 – O valor das doações provenientes do jantar em Los Angeles e das doações após a entrevista de Irmã Dulce no show de Art Linkletter foi reportado pela madre Veneranda Bohlen em carta a Eileen Egan, em 11 de janeiro de 1963. Na carta, a madre também fala da partida dos aviões com donativos para a obra da freira em Salvador. Arquivo das Obras Sociais Irmã Dulce. Não foi possível encontrar o registro em vídeo.

19 – TERREMOTO NA IGREJA

1 – *Cahiers du Cinéma*, número 132, junho de 1962 (p. 28).

2 – Embora a peça homônima de Dias Gomes situe a trama na Igreja de Santa Bárbara, a que aparece na locação do filme de Anselmo Duarte é a Igreja do Santíssimo Sacramento do Passo, no centro histórico de Salvador, com sua magnífica escadaria de 55 degraus.

3 – Primeira carta pastoral do arcebispo Augusto Álvaro da Silva, de 2 de fevereiro de 1925. Arquivo do Instituto Histórico e Geográfico da Bahia. A posição contra as festas mundanas foi reafirmada em sucessivas manifestações no futuro. Sobre a festa de Iemanjá, o primaz escreveu que se tratava de "uma das mais ridículas e injuriosas destas superstições" da Bahia. *Revista Eclesiástica da Bahia*, março e abril de 1935, números 3 e 4 (p. 19). Arquivo da Universidade Católica de Salvador.

4 – Entrevista do monsenhor Gaspar Sadoc, em 8 de junho de 2012, ao autor.

5 – Entrevista de Irmã Dulce ao suplemento Programe, 2 de outubro de 1981, (pp. 6 e 7). Arquivo do Convento Amando Bahlmann, da Congregação das Irmãs Missionárias da Imaculada Conceição, Salvador (BA).

6 – *The Catholic Church and Politics in Brazil – 1916-1985*, de Scott Mainwaring, Stanford University Press, 1986 (p. 43).

7 – *Padres conciliares brasileiros no Vaticano II: participação e prosopografia,* de José Oscar Beozzo, tese de doutorado apresentada à Faculdade de Filosofia, Letras e Ciências Humanas da Universidade de São Paulo, São Paulo, 2001 (pp. 71, 72 e 384). Para a interpretação do significado geral do Vaticano Segundo, situando a Igreja no mundo moderno, *Pós-guerra – uma história da Europa desde 1945*, de Tony Judt, Editora Objetiva, 2007 (pp. 380 e 381).

8 – *Vaticano II: correspondência conciliar. Circulares à família do São Joaquim*, de dom Helder Câmara, volume I, tomo I, 1962-1964, Editora Universitária da Universidade Federal de Pernambuco, 2004, pp. 49 e 50. *Le Journal du Concile*, de Henry Fesquet, Le Jas du Revest-St-Martin: R. Morel, 1966. P. 44. Fesquet cobriu o Vaticano Segundo como repórter do jornal francês *Le Monde*. A obra referida é o conjunto de todas as reportagens de Fesquet sobre o concílio.

9 – Para a questão da enculturação, *Le Journal du Concile*, de Henry Fesquet, obra citada (pp. 70 e 71). Para a participação do Bispo Wojtyla, *João Paulo II – biografia*. De Tad Szulc, obra citada. O conceito do "maior encontro de homens de batina da história" também pertence a Szulc (p. 209).

10 – Para a interpretação da não participação do cardeal Augusto Álvaro da Silva como oposição aos rumos do concílio, entrevista do historiador Cândido Costa e Silva ao autor, em 4 de dezembro de 2012.

Parte 3 – O poder e a agonia

20 – "GENERAL, EU PRECISO DESTE MÉDICO"

1 – *Revista Eclesiástica da Bahia*, ano LV, número 1, janeiro a junho de 1964, pp. 7 e 12.

2 – Para a descrição da marcha, artigo "Campanha de desestabilização de Jango: as 'donas' saem às ruas", de Ediane Lopes de Santana, que está no livro *Ditadura militar na Bahia – Novos Olhares, Novos Objetos, novos horizontes* obra citada (pp. 24 a 27). A manchete do *Jornal da Bahia* de 16 de abril de 1964 foi "Marcha: Impressionante demonstração de civismo"; no mesmo dia, o jornal *A Tarde* estampou a manchete "Marcha foi apoteose da vitória". Para os integrantes do desfile: *Jornal da Bahia*, 16 de setembro de 1964, pp. 5 e 16. Referências dos jornais foram extraídas do artigo de Santana. E *História da Bahia*, de Luís Henrique Dias Tavares, obra citada (p. 477).

3 – *Revista Eclesiástica da Bahia*, ano LV, número 1, janeiro a junho de 1964, pp. 13 e 14.

4 – Entrevista do médico Taciano Francisco de Paula Campos ao autor, em 7 de dezembro de 2012. O diretor do Hospital Santo Antônio no final da vida de Irmã Dulce foi ainda no cargo um pupilo de Gerson Mascarenhas.

5 – Para a trajetória profissional e política de Gerson Mascarenhas, *Gerson Mascarenhas – biografia*, livro editado pela sua filha Consuelo Mascarenhas em 2008. E Consuelo Mascarenhas, entrevista ao autor em 8 de dezembro de 2012.

6 – Sobre o Movimento pela Paz ter sido instrumentalizado por Stálin como veículo de propaganda política da União Soviética, *Pós-guerra – uma história da Europa desde 1945*, de Tony Judt, obra citada (pp. 232 e 233).

7 – Para a troca de consultas médicas por assinatura, *Gerson Mascarenhas – biografia,* livro editado pela sua filha Consuelo Mascarenhas, obra

citada (pp. 28 e 29). E Consuelo Mascarenhas, entrevista ao autor em 8 de dezembro de 2012.

8 – Para a queima dos livros, Consuelo Mascarenhas, entrevista ao autor em 8 de dezembro de 2012.

9 – Para o argumento de Irmã Dulce ao general, depoimento de Gerson Mascarenhas em *Gerson Mascarenhas – biografia*, livro editado pela sua filha Consuelo Mascarenhas, obra citada (p. 18).

10 – Consuelo Mascarenhas, entrevista ao autor em 8 de dezembro de 2012.

11 – Maria Angélica Bahia Koellreutter, entrevista ao autor em 20 de novembro de 2013.

12 – *Gerson Mascarenhas – biografia*, obra citada.

21 – A GRANDE SOLIDÃO

1 – Sobre a lista de benfeitores e os empréstimos, depoimento de dom Eugênio Sales, em 21 de agosto de 2000, que integra os autos do processo canônico de Irmã Dulce.

2 – Entrevista do historiador Cândido Costa e Silva ao autor, em 4 de dezembro de 2012.

3 – Carta de Scholastica Himmer à superiora provincial Emília Rosa de Seixas Barros em 12 de novembro de 1964. Arquivo Provincial.

4 – A carta de 19 de novembro de 1964, dirigida a dom Eugênio Sales, foi assinada pela madre superiora Veneranda Bohlen e por outras três religiosas que integravam o generalato da Congregação nos Estados Unidos: a secretária-geral Mary Grace Eisinger e as assistentes-gerais Maria Caríssima Rocha e Bernadete de Castro.

5 – Em trecho de seu depoimento ao processo de beatificação de Irmã Dulce, em 21 de agosto de 2000, dom Eugênio Sales afirmou: "Ela

se doava totalmente aos doentes, crianças e pobres (...) A serva de Deus tinha uma confiança extrema na Providência Divina e sempre agia com uma caridade sem limites".

6 – Carta de Irmã Dulce à superiora provincial Emília Rosa de Seixas Barros em 20 de dezembro de 1964. Arquivo Provincial. Os termos do acordo – o tempo de afastamento, obrigação de Irmã Dulce comparecer mensalmente à arquidiocese e o direito de continuar a trajar a vestimenta da Congregação – estão detalhados em uma carta de Scholastica Himmer a dom Eugênio Sales, datada de 9 de janeiro de 1965. Arquivo Provincial.

7 – A transferência do terreno e dos prédios do convento Santo Antônio e do hospital para as Obras Sociais Irmã Dulce foi realizada pela Congregação em 12 de outubro de 1965. A transferência está registrada no livro 425, folhas 147 a 149, do cartório do 4º Ofício de Salvador.

8 – Carta de Veneranda Bohlen a dom Eugenio Sales de 25 de agosto de 1965. Arquivo provincial.

9 – *Madre Teresa – a imagem e os fatos*, de Anne Sebba, obra citada (pp. 67, 68 e 69).

10 – Depoimento da freira Maria das Neves em 16 de abril de 2000 que integra o processo canônico de Irmã Dulce.

11 – O valor consta na ata da sessão do conselho das Obras Sociais Irmã Dulce de 19 de março de 1969. Arquivo das Obras Sociais Irmã Dulce.

12 – Sobre o abatimento de 20 mil cruzeiros feito pela Odebrecht, ata da associação Obras Sociais Irmã Dulce de 19 de março de 1969. Arquivo das Obras Sociais Irmã Dulce.

13 – Carta de Irmã Dulce a Veneranda Bohlen datada de 8 de maio de 1969. Arquivo Provincial.

14 – Entrevista de Ângelo Calmon de Sá ao autor, em 28 de novembro de 2012.

15 – Sobre Irmã Dulce dizer que era Deus quem provia o dinheiro da esmola, entrevista ao autor de Irmã Dilecta, nome religioso da cidadã Celina Francisca da Silva, em 21/11/2012. Irmã Dilecta trabalhou no hospital Santo Antônio nos anos 1970, depois que a freira foi readmitida na Congregação.

16 – Cartas de dom Eugênio Sales a madre Veneranda Bohlen em 1º de março de 1967 e 16 de novembro de 1969. Arquivo Provincial.

17 – Carta de Irmã Dulce a Veneranda Bohlen datada de 8 de maio de 1969. Arquivo Provincial.

22 – FOME E FILHO PRODÍGIO

1 – Para as internações de Paulo Coelho, o tratamento de eletrochoques, percurso da fuga e a companhia de Luís Carlos, *O Mago – A incrível história de Paulo Coelho*, de Fernando Morais. Editora Novo Conceito, 2015 (pp. 176, 177, 202, 204, 205).

2 – Todas as demais lembranças de Paulo Coelho sobre o seu encontro com Irmã Dulce vêm de um relato do autor, enviado por escrito, para este livro.

23 – HOSPITAL DE GUERRA

1 – Maria Rita Pontes, entrevistas ao autor em 25 de novembro de 2012 e 19 de novembro de 2013.

2 – Depoimento de Antônia Maria Bispo dos Santos, em 2 de outubro de 2000, que integra os autos do processo que resultou na beatificação de Irmã Dulce.

3 – Consuelo Mascarenhas, entrevista ao autor em 8 de dezembro de 2012 e *Gerson Mascarenhas – Biografia*, obra citada.

4 – Texto integral do Ato Institucional no. 5, consultado em http://www.planalto.gov.br/ccivil_03/AIT/ait-05-68.htm em 8/9/2014.

5 – Taciano Francisco de Paula Campos, entrevista ao autor em 7 de dezembro de 2012.

6 – Para a presença do governador Luís Viana Filho e do cardeal Eugenio Sales na inauguração, carta de Irmã Dulce à superiora da Congregação, Veneranda Bohlen, em 20 de fevereiro de 1970; para os números de doentes e médicos, carta de Irmã Dulce à nova superiora da Congregação, Maria Pia Nienhaus, em 3 de janeiro de 1971.

7 – IBGE, estatística de mortalidade infantil de Salvador, 1968/1970.

8 – Depoimento de Manoel Ventin Orge, em 11 de agosto de 2000, que integra os autos do processo canônico de Irmã Dulce.

9 – Depoimento de José Américo Silva Fontes, em 14 de setembro de 2000, que integra os autos do processo canônico de Irmã Dulce.

10 – Depoimento de Luiz Alberto von Sohsten, em 26 de setembro de 2000, que integra os autos do processo canônico de Irmã Dulce.

11 – Para a irritação de Irmã Dulce com sujeira no hospital, depoimento de Antônia Maria Bispo dos Santos, em 2 de outubro de 2000, que integra os autos do processo canônico de Irmã Dulce. Para a voz da freira, depoimento de Manoel Ventin Orge, em 11 de agosto de 2000.

12 – Depoimento de Luiz Alberto von Sohsten, em 26 de setembro de 2000.

13 – Depoimento de José Américo Silva Fontes, em 14 de setembro de 2000.

14 – Depoimento de Antônio Lomanto Júnior, em 15 de maio de 2000, que integra os autos do processo canônico de Irmã Dulce.

24 – O CARDEAL ENSABOADO

1 – Sobre as ambiguidades políticas de dom Avelar, "'Entre Deus e o Diabo': O arcebispado de D. Avelar Brandão Vilela durante a Ditadura Militar", do historiador Grimaldo Carneiro Zachariadhes ao XVII Simpósio Nacional de História, Natal (RN), 22 a 26 de julho de 2013. (pp. 1 a 9). No artigo, Zachariadhes narra um episódio que ajuda a compreender a habilidade política de dom Avelar. Em setembro de 1971, cerca de quatro meses após sua chegada a Salvador, ele proferiu uma conferência na Escola Superior de Guerra. A portas fechadas com a oficialidade, fustigou a doutrina de Segurança Nacional por "criar um clima de medo perigoso" e a censura que cassara o direito de a imprensa "criticar honestamente" o regime. "Deve-se registrar que, tanto na parte ligada aos poderes de repressão, como nos setores inconformados com o Regime brasileiro, há comportamentos que excedem a própria orientação das instituições", cravou, aludindo à tortura que se institucionalizara sob a tirania do AI-5. O texto da conferência foi vazado pelo próprio arcebispo para a imprensa e sua repercussão causou o afastamento do general Rodrigo Octávio da ESG. Numa carta, dom Avelar se desculpou com o general por ser causa de "decepção", mas sintomaticamente não se retratou pelo conteúdo. Para se preservar, enviou uma cópia do discurso a Médici dizendo não compreender a razão da celeuma. Era um campeão.

2 – Carta de Irmã Dulce à madre provincial da Congregação, 16 de maio de 1975. Arquivo Provincial da Congregação das Irmãs Missionárias da Imaculada Conceição.

3 – Parecer do advogado Barachísio Lisboa, datado de 29 de agosto de 1975, enviado ao arcebispo de Salvador. Anexado aos autos do processo canônico de Irmã Dulce.

4 – Carta de dom Avelar Brandão Vilela a Maria Pia Nienhaus, de 5 de setembro de 1975. A resposta da superiora da Congregação, informando a readmissão de Irmã Dulce, datava de 29 de setembro de 1975. Arquivo Provincial da Congregação das Irmãs Missionárias da Imaculada Conceição.

5 – Entrevista ao autor da freira Irmã Sílvia Corado do Amaral em 20 de novembro de 2012. Irmã Sílvia fez sua profissão religiosa em 1982: "Na minha época de formação, as congregações não apontavam muito a Irmã Dulce como exemplo de vida religiosa, não, justo por causa da obediência. Hoje, a gente vendo Irmã Dulce no altar, a gente percebe que a santidade é construída no cotidiano com todas as suas imperfeições. Não se fixou nessa lei que foi quebrada, mas na essência do trabalho, na reta intenção da vida e no amor que ela demonstrou. Isso é superior a qualquer desobediência formal, ela desobedeceu [à Congregação] para obedecer profundamente [a Deus]". Irmã Sílvia foi responsável pela formação das freiras da Congregação na Bahia nos anos 1990.

6 – Depoimento de dom Eugenio Sales em 21 de agosto de 2000 que integra o processo canônico de Irmã Dulce.

7 – Depoimento de Karl Josef Romer que integra o processo canônico de Irmã Dulce.

8 – Para a descrição do funeral do dentista Augusto Lopes Pontes, entrevista de Ana Maria Lopes Pontes concedida ao autor em 10 de dezembro de 2012. A informação de que a morte do pai foi o dia mais triste de sua vida foi repetida por Irmã Dulce em sucessivas entrevistas nos anos 1970 e 1980.

9 – Entrevista de Olívia Lucinda da Silva ao autor em 28 de novembro de 2012.

10 – Em entrevista ao autor, irmã Olívia calculava que não havia dia em que pelo menos 30 pessoas faziam fila em busca de pequenos donativos. José Augusto Bebert, primo de Irmã Dulce, estimou que ela atendesse diariamente uma média de "60 a 70 pessoas". Jornal *A Tarde*, 31 de julho de 1979.

11 – Entrevista ao autor de Irmã Dilecta (nome civil: Celina Francisca da Silva), 21 de novembro de 2012.

25 – ANTONIO CARLOS NA TERRA

1 – Entrevista de Ângelo Calmon de Sá ao autor em 28 de novembro de 2012.

2 – Depoimento de Antonio Carlos Magalhães, em 1º de dezembro de 2000, que integra os autos do processo que resultou na beatificação de Irmã Dulce.

3 – Entrevista de Norberto Odebrecht ao autor em 29 de novembro de 2012.

4 – Para a maquiagem da favela dos Alagados para receber Figueiredo, *Jornal do Brasil*, 26 de setembro de 1979.

5 – Para as faixas, jornal *A Tarde*, 29 de setembro de 1979.

6 – Para a descrição da solenidade, jornal *A Tarde*, 29 de setembro de 1979

7 – *Irmã Dulce dos pobres*, de Maria Rita Pontes, obra citada (p. 100).

8 – *Irmã Dulce dos pobres*, de Maria Rita Pontes, obra citada (pp. 157 e 158).

9 – Entrevistas ao autor de Ângelo Calmon de Sá, em 28 de novembro de 2012, e de Phídias Martins Júnior, em 13 de janeiro de 2014. Calmon de Sá havia revelado na entrevista a este autor que partira de ACM a sugestão da invasão do terreno – o que foi confirmado por Phídias Martins, presente àquela reunião com o governador e a freira, em uma entrevista telefônica e, por escrito, em um texto de sua autoria intitulado "O milagre jurídico de Irmã Dulce", que ele gentilmente cedeu durante a pesquisa deste livro.

10 – "O Milagre Jurídico de Irmã Dulce", de Phídias Martins, cedido ao autor.

11 – "O Milagre Jurídico de Irmã Dulce", de Phídias Martins, cedido ao autor.

12 – Para o valor da doação do Banco do Nordeste do Brasil, *Irmã Dulce dos pobres*, de Maria Rita Pontes, obra citada (p. 148).

13 – "O Milagre Jurídico de Irmã Dulce", de Phídias Martins, cedido ao autor.

26 – A CONTROVÉRSIA COM TERESA DE CALCUTÁ

1 – Madre Teresa de Calcutá esteve em Salvador entre os dias 12 e 18 de julho de 1979.

2 – Entrevista de Olívia Lucinda da Silva ao autor em 28 de novembro de 2012. Irmã Olívia acompanhou Irmã Dulce no encontro com Madre Teresa de Calcutá. Para a convicção de Madre Teresa de que suas Irmãs Missionárias não deveriam se envolver com hospitais, *Madre Teresa – A imagem e os fatos*, de Anne Sebba, obra citada (p. 154).

3 – "Irmã Dulce como S. Francisco de Assis, ela é a própria caridade", de José Augusto Bebert. Jornal *A Tarde*, 31 de julho de 1979.

4 – "Madre Teresa e Irmã Dulce", artigo de autoria de Tamires Cordeiro. Jornal *A Tarde*, 4 de agosto de 1979.

5 – "Oração Dominical", de dom Avelar Brandão Vilela. Jornal *A Tarde*, 5 de agosto de 1979.

6 – Votos dos teólogos no Congresso Especial da Congregação para as Causas dos Santos, reunido em 15 de abril de 2008, que integram os autos do processo canônico de Irmã Dulce.

7 – Quando Madre Teresa nasceu em Skopjie, em 1910, a cidade integrava o Império Otomano. Mais tarde, ficou no mapa iugoslavo e atualmente pertence à República da Macedônia. Ela vinha de uma família albanesa.

8 – Entrevista de Madre Teresa de Calcutá à revista *Veja*, 25 de julho de 1979.

9 – Reportagem "Em defesa dos necessitados de Salvador; Irmã Dulce: uma obra social feita de fé e trabalho", jornal *O Globo*, 2 de agosto de 1979.

10 – *Madre Teresa – A imagem e os fatos*, de Anne Sebba, obra citada, (p. 131).

11 – "Plague in India: time to forget the symptoms and tackle the disease", de Robin Cox, *The Lancet*, volume 344, 15 de outubro de 1994 (pp. 1033 a 1035), disponível em http://www.sciencedirect.com/science/article/pii/S0140673694917019. O episódio também está citado em *Madre Teresa – A imagem e os fatos*, de Anne Sebba, obra citada. (pp. 156 e 157).

12 – "Hell's Angel – Mother Teresa of Calcutta" (1994), disponível em: https://www.youtube.com/watch?v=NJG-lgmPvYA

27 – A MULTIDÃO ACLAMA IRMÃ DULCE NA FRENTE DO PAPA

1 – Juízo Sintético nº 003/116/76, Serviço Nacional de Informações, 20 de abril de 1976. Arquivo Nacional, Brasília.

2 – Informe "Religiosos ou leigos que podem cooperar com o governo", 011/116/ASV/SNI, Serviço Nacional de Informações, 22 de janeiro de 1981. Arquivo Nacional, Brasília.

3 – Para o bom relacionamento de Irmã Dulce com os militares no final dos anos 1970 e começo dos 1980, entrevistas de Norberto Odebrecht, 29 de novembro de 2012, e de Ângelo Calmon de Sá, 27 de novembro de 2012, ao autor. Para a proximidade do general Moraes Rego com Geisel, Elio Gaspari *A ditadura derrotada* (pp. 222, 224, 229, 230, 304, 307, 418, 419, 424), Companhia das Letras, 2003. Para Irmã Dulce se referir ao general Moraes Rego como "padrinho", *Irmã Dulce dos pobres*, de Maria Rita Pontes, Graphos, 1991, 13ª edição.

4 – Carta da Secretaria de Estado do Vaticano, nº 35.399, de 7 de fevereiro de 1980, assinada por E. Martínez, que integra os autos do processo canônico de Irmã Dulce.

5 – Para o estado emocional de Irmã Dulce ao cumprimentar o papa pela primeira vez, no aeroporto de Salvador, *Irmã Dulce dos pobres*, de Maria Rita Pontes, obra citada.

6 – Para a descrição das ruas de Salvador durante a passagem do papa, jornal *A Tarde*, 7 de julho de 1980.

7 – Para o contexto do pontificado de João Paulo II no fim da Guerra Fria, Tony Judt, *Pós-guerra – uma história da Europa desde 1945* (pp. 583 a 585).

8 – Discorso di Giovanni Paolo II alle autorità e ai cittadini di Salvador da Bahia, discurso do Papa João Paulo II durante viagem apostólica ao Brasil, 6 de julho de 1980. Optou-se pelo original em italiano, com tradução do próprio autor, em vez da versão em português disponibilizada pelo Vaticano, que continha erros de tradução. Disponível em: http://w2.vatican.va/content/john-paul-ii/it/speeches/1980/july/documents/hf_jp-ii_spe_19800706_popolo-salvador.html

9 – Visita di Giovanni Paolo II alla Favela dos Alagados, discurso do Papa João Paulo II durante viagem apostólica ao Brasil, 7 de julho de 1980. Novamente optou-se pelo original em italiano. Disponível em: http://w2.vatican.va/content/john-paul-ii/it/speeches/1980/july/documents/hf_jp-ii_spe_19800707_favela-bahia.html

10 – Para estimativa de público e descrições da espera pelo papa, jornal *A Tarde*, 8 de julho de 1980, e *Irmã Dulce dos Pobres*, de Maria Rita Pontes, obra citada.

11 – Entrevista da freira Olívia Lucinda da Silva ao autor em 28 de novembro de 2012.

12 – Omelia di Giovani Paolo II, texto do discurso da missa do papa João Paulo II no Centro Administrativo da Bahia, 7 de julho de

1980. Novamente, optou-se pelo texto em italiano em virtude dos erros da versão em português.

13 – Para o número de degraus e a descrição da multidão gritando o nome de Irmã Dulce na missa do papa, *Irmã Dulce dos Pobres*, de Maria Rita Pontes, obra citada, e entrevista da freira Olívia Lucinda da Silva ao autor em 28 de novembro de 2012. Jornais de Salvador também registraram a ovação da multidão.

14 – Para a despedida e a pneumonia, *Irmã Dulce dos Pobres*, de Maria Rita Pontes, obra citada.

28 – OS FILHOS DA FREIRA

1 – Para a aglomeração na chegada da freira e para ela conhecer cada um pelo nome, depoimento do bispo Washington Cruz, em 20 de setembro de 2000, e padre Antônio Moreira Borges, em 17 de março de 2000, que integram os autos do processo canônico de Irmã Dulce. Os dois sacerdotes costumavam acompanhar a freira aos sábados até Simões Filho para celebrar uma missa para as crianças.

2 – Entrevista de Irmã Dulce à repórter Daisy Prétola, "Irmã Dulce – um anjo pousou na Bahia", Revista *manchete*, 3 de novembro de 1984.

3 – Depoimento de Hildemário Antônio Lauria, em 29 de agosto de 2000, que integra os autos do processo canônico.

4 – Depoimentos do diretor da escola João Batista Dias, em 1º de setembro de 2000, e do administrador do orfanato, Adalício de Almeida Santos, em 9 de outubro de 2000, que integram os autos do processo canônico de Irmã Dulce.

5 – Depoimento de Maria Gorette da Silva, em 24 de julho de 2000, que integra os autos do processo canônico de Irmã Dulce.

6 – Entrevista de Raimundo José Araújo Santos ao autor em 7 de dezembro de 2012.

7 – Para a brincadeira de puxar o véu da freira, depoimento de Hildemário Antônio Lauria, em 29 de agosto de 2000; para a bolada que derrubou Irmã Dulce, depoimentos de Raimundo José Araújo Santos, em 28 de setembro de 2000, e de Gerson Silva Barbosa, em 3 de agosto de 2000, que integram os autos do processo canônico.

8 – Revista *manchete*, 3 de novembro de 1984.

9 – Para a moqueca de ovo e festas de São João, entrevista de Raimundo José Araújo Santos ao autor em 7 de dezembro de 2012; para Irmã Dulce tocando sanfona, depoimento de Renato Batista dos Santos, em 25 de setembro de 2000, anexado aos autos do processo canônico.

10 – Depoimento de Renato Batista dos Santos, em 25 de setembro de 2000, anexado aos autos do processo canônico de Irmã Dulce.

29 – AS SEMENTES DE MOSTARDA

1 – *Irmã Dulce dos pobres*, de Maria Rita Pontes, obra citada (p. 118).

2 – Carta de Irmã Dulce à superiora-geral da Congregação das Irmãs Missionárias da Imaculada Conceição, Ruth Steiner, datada de 19 de agosto de 1985.

3 – Carta de Irmã Dulce às integrantes da Associação Filhas de Maria Servas dos Pobres, datada de 18 de janeiro de 1984.

4 – Carta de Irmã Dulce às integrantes da Associação Filhas de Maria Servas dos Pobres, sem data.

5 – Depoimento de Maria Gorette da Silva, em 24 de julho de 2000, que integra os autos do processo que resultaram na beatificação de Irmã Dulce.

6 – O vigário da Igreja de Boa Viagem, Washington Cruz, e um bispo salesiano, dom Campelo, davam assistência às Servas dos Pobres.

7 – Carta de Irmã Dulce à superiora-geral da Congregação das Irmãs Missionárias da Imaculada Conceição, Ruth Steiner, datada de 19 de agosto de 1985.

8 – Carta de Irmã Dulce às integrantes da Associação Filhas de Maria Servas dos Pobres, datada de 27 de julho de 1986.

9 – Carta de Irmã Dulce às integrantes da Associação Filhas de Maria Servas dos Pobres, escrita no ano de 1989, mas sem data precisa.

10 – Carta de Irmã Dulce às integrantes da Associação Filhas de Maria Servas dos Pobres, datada de 2 de setembro de 1985.

11 – Carta de Irmã Dulce às integrantes da Associação Filhas de Maria Servas dos Pobres, datada de 14 de dezembro de 1985.

12 – Carta de Irmã Dulce às integrantes da Associação Filhas de Maria Servas dos Pobres, escrita no ano de 1989, mas sem data precisa.

13 – Carta de Irmã Dulce a Josefa Dulce dos Santos, datada de 18 de janeiro de 1987.

30 – O TELEFONE VERMELHO DO PLANALTO

1 – Carta de Irmã Dulce a Tancredo Neves, datada de 28 de fevereiro de 1985, anexada aos autos do processo canônico.

2 – Discurso de José Sarney em sessão solene do Congresso Nacional para celebrar o centenário de nascimento de Irmã Dulce, em 27 de maio de 2014.

3 – Entrevista de José Sarney ao autor em 4 de junho de 2019.

4 – Para quem tinha o número do telefone vermelho e para o número de vezes que Irmã Dulce acionou diretamente o presidente, entrevista de José Sarney ao autor em 4 de junho de 2019. Normalmente, a liberação de dinheiro do governo Sarney a Irmã Dulce ocorriam por meio da LBA (Legião Brasileira de Assistência), conforme

entrevistas ao autor do diretor do hospital, o médico Taciano de Paula Campos, em 6 de dezembro de 2012, e do presidente do conselho das Obras Sociais Irmã Dulce, Ângelo Calmon de Sá, em 28 de novembro de 2012.

5 – Entrevista de Norberto Odebrecht ao autor em 29 de novembro de 2012.

6 – Entrevista do médico Taciano de Paula Campos ao autor, em 6 de dezembro de 2012.

7 – Para o relato da epifania da rampa do Palácio do Planalto e para o fato de Sarney considerar que a missão de Irmã Dulce "não era adquirida na Terra", a fonte é a entrevista do ex-presidente José Sarney ao autor em 4 de junho de 2019.

31 – DEUS E O RAIO X

1 – Para as causas desconhecidas da bronquiectasia pulmonar, depoimento do médico Taciano de Campos, em 31 de março de 2000, nos autos que integram o processo canônico. Para a osteoporose e a artrose, ficha de observação clínica de Irmã Dulce, assinada pelo pneumologista Almério Machado, datada de 11 de julho de 1989. Arquivo das Obras Sociais Irmã Dulce.

2 – Depoimento de irmã Célia Maria Soeiro, em 27 de março de 2000, que integra os autos do processo que resultaram na beatificação de Irmã Dulce.

3 – Depoimento do fisioterapeuta de Irmã Dulce, Carlos José de Carvalho, em 21 de setembro de 2000, que integra os autos do processo que resultaram na beatificação de Irmã Dulce.

4 – Entrevista do médico Taciano de Campos ao autor em 6 de dezembro de 2012. Artigo "Um anjo que volta ao céu", de autoria do médico, publicado no jornal *A Tarde*, em 17 de março de 1992.

5 – Depoimento de irmã Célia Maria Soeiro, em 27 de março de 2000, que integra os autos do processo que resultaram na beatificação de Irmã Dulce.

6 – Depoimento de Walkíria Oliveira Cardoso Maciel, em 10 de agosto de 2000, que integra os autos do processo canônico. Para a afeição de Irmã Dulce por Esqueleto, certa vez, a freira perguntou o que ela gostaria de ganhar no Dia das Mães, Walkíria disse que seu sonho era ter uma lavadora de roupas, mas que era um presente muito caro. A freira deu o presente.

7 – Para "Santo Antônio, o tesoureiro da Obra", depoimento de Walkíria Oliveira Cardoso Maciel, em 10 de agosto de 2000, que integra os autos do processo canônico. Para a "poupança no céu", entrevistas das freiras Sílvia Corado do Amaral, em 20 de novembro de 2012, e Olívia Lucinda da Silva, em 28 de novembro de 2012, ao autor e depoimento do médico Taciano de Campos, em 31 de março de 2000, que integra os autos do processo que resultou na beatificação de Irmã Dulce.

8 – Entrevista de Ângelo Calmon de Sá ao autor em 28 de novembro de 2012.

9 – Para a dispensa da funcionária que estava roubando, entrevista de Ângelo Calmon de Sá ao autor em 28 de novembro de 2012.

10 – Para a história das uvas, depoimento de irmã Célia Maria Soeiro, em 27 de março de 2000, que integra os autos do processo canônico.

11 – Carta de Irmã Dulce aos conselheiros das Obras Sociais Irmã Dulce, datada de 28 de abril de 1979, que integra os autos do processo que resultou na beatificação de Irmã Dulce.

12 – Carta de Irmã Dulce a Ângelo Calmon de Sá, datada de 15 de fevereiro de 1984. Calmon de Sá gentilmente cedeu uma cópia ao autor. O documento também se encontra nos autos do processo canônico.

13 – Para a oferta do ministro Waldir Pires, entrevista de Ângelo Calmon de Sá ao autor em 28 de novembro de 2000. Para Irmã Dulce deixar a reunião para ir "perguntar" para Santo Antônio,

depoimento de Irmã Célia Maria Soeiro, em 27 de março de 2000, que integra os autos do processo canônico.

14 – Para o empréstimo de Tourinho, entrevista de Ângelo Calmon de Sá ao autor em 28 de novembro de 2012. Para o episódio do confisco das contas durante o Plano Collor, depoimento de Almério Machado, em 17 de agosto de 2000, que integra o processo que resultou na beatificação de Irmã Dulce.

15 – Para a bactéria, ficha de observação clínica de Irmã Dulce, assinada pelo pneumologista Almério Machado, datada de 11 de julho de 1989. Arquivo das Obras Sociais Irmã Dulce, e entrevista do médico Taciano de Campos ao autor em 6 de dezembro de 2012.

16 – Entrevista de Norberto Odebrecht ao autor em 29 de novembro de 2012.

17 – Para a capacidade pulmonar e o peso de Irmã Dulce, depoimento do médico Almério Machado, em 17 de agosto de 2000, que integra o processo canônico. Para as dores que Irmã Dulce sentia após a traqueostomia, entrevista de Ana Maria Lopes Pontes ao autor em 10 de dezembro de 2012.

18 – Entrevista de Norberto Odebrecht ao autor em 29 de novembro de 2012.

19 – Entrevista de Ângelo Calmon de Sá ao autor em 28 de novembro de 2012.

32 – O SOFRIMENTO DOS INOCENTES

1 – Entrevista de Maria Rita Pontes ao autor, em 14 de junho de 2012. Os aparelhos foram enviados por Mercedes Foster, uma antiga colaboradora de Irmã Dulce em Los Angeles.

2 – Depoimento de Walkíria Oliveira Cardoso Maciel, em 10 de agosto de 2000, que integra os autos do processo canônico.

3 – Entrevista de Ana Maria Lopes Pontes ao autor, em 10 de dezembro de 2012.

4 – Prontuários da paciente Irmã Dulce Lopes Pontes, datados de 31 de dezembro de 1990 e 1º de janeiro de 1991. Arquivo das Obras Sociais Irmã Dulce.

5 – Para o recorde de duas horas sem a respiração por aparelhos, prontuário do dia 6 de janeiro de 1991. Arquivo das Obras Sociais Irmã Dulce.

6 – Para a declaração de Almério Machado, jornal *Correio da Bahia*, 23 de janeiro de 1991.

7 – Para a descrição da procissão, *Jornal do Brasil*, 4 de março de 1991. Para a companhia das freiras Helena e Olívia na janela, entrevista de Olívia Lucinda da Silva ao autor, em 28 de novembro de 2012.

8 – Prontuários da paciente Irmã Dulce Lopes Pontes, datados de 1º a 17 de maio de 1991. Arquivo das Obras Sociais Irmã Dulce.

9 – Prontuários da paciente Irmã Dulce Lopes Pontes, datados de 16 e 17 de maio de 1991. Arquivo das Obras Sociais Irmã Dulce. Boletim médico informado por Almério Machado aos jornalistas no dia 16 de maio de 1991, citados em jornal *A Tarde*, 17 de maio de 1991.

10 – Jornal *A Tarde*, 17 de maio de 1991.

11 – Artigo "Deixem-na morrer", de autoria de Lauro Barreto Fontes, publicado pelo jornal *A Tarde*, em 9 de fevereiro de 1992

12 – Para a posição do bispo de Barra, *Jornal do Brasil*, 8 de dezembro de 1991.

13 – Para a manifestação de Carybé e a resposta do médico Taciano de Campos, jornal *A Tarde*, 17 de junho de 1991.

14 – Para a alteração da opinião da sobrinha Maria Rita no debate sobre a manutenção da vida de Irmã Dulce à custa de muito sofrimento, *Jornal do Brasil*, 8 de dezembro de 1991. Para a mudança dela a

Salvador e o seu papel à frente das Obras Sociais Irmã Dulce com a doença da tia, entrevista de Maria Rita Pontes ao autor, em 14 de junho de 2012.

15 – Os padres que davam assistência espiritual à paciente eram Roque Lé de Almeida Santos e o jesuíta italiano Ippolito Chemello.

16 – Para o "desconcerto" do médico Almério Machado, jornal *A Tarde*, 10 de setembro de 1991.

17 – Os pedidos para a visita do papa à Irmã Dulce partiram primeiro da comissão da Arquidiocese de Salvador encarregada da visita, sob ordem do cardeal Lucas Moreira Sales. O próprio primaz recebeu uma resposta oficial no início de outubro que a visita só seria definida quando o papa estivesse em Salvador a depender dos seguintes fatores respectivamente: segurança para a visita ao hospital, a vontade pessoal do papa e tempo da agenda. Jornais *O Globo*, 26 de setembro de 1991, e *A Tarde*, 10 de outubro de 1991.

18 – Para a descrição do hospital na chegada de João Paulo II, do acidente de Dulcinha e do esforço inócuo de Irmã Dulce para pronunciar "papa", entrevista de Maria Rita Pontes ao autor, em 14 de junho de 2012.

19 – Para a frase do papa, mensagem dominical do cardeal Lucas Moreira Neves, em 15 de março de 1992.

20 – Boletins médicos divulgados por Almério Machado entre 29 de novembro de 1991 e 4 de dezembro de 1991, citados pelo jornal *A Tarde* em 30 de novembro de 1991 e 5 de dezembro de 1991.

21 – "Eu sou indigno de fazer outra coisa, senão de lhe beijar os pés", relembrou José Sarney, muitos anos mais tarde, em 27 de maio de 2014, durante sessão solene do Congresso Nacional em homenagem ao centenário de nascimento de Irmã Dulce. O ex-presidente repetiu o episódio em entrevista a este autor em 4 de junho de 2019.

22 – Para todos os dados sobre a pressão, batimentos cardíacos e convulsões dos dias 12 e 13 de março de 1992, a fonte é Almério Machado citado pelo jornal *Correio da Bahia*, 14 de março de 1992.

23 – Jornal *A Tarde*, 14 de março de 1992.

24 – Em depoimento aos autos do processo, em 28 de janeiro de 2000, Dulcinha afirma que Irmã Dulce estava consciente nas horas finais; o médico Almério Machado, em seu depoimento em 17 de agosto de 2000, disse que a paciente estava sedada e inconsciente. Para os momentos finais, depoimentos de Dulcinha e de Walkíria Oliveira Cardoso Maciel, em 10 de agosto de 2000.

Parte 4 – Como se faz um santo

33 – O HOSPITAL PRECISA DE UMA SANTA

1 – Todas as cartas mencionadas aqui encontram-se no Arquivo das Obras Sociais Irmã Dulce. O autor optou por não tornar pública a identidade de cada remetente.

2 – Para o número de 10 mil relatos de graça, entrevista de Osvaldo Gouveia ao autor, em 7 de dezembro de 2012.

3 – Entrevista de Osvaldo Gouveia ao autor, em 7 de dezembro de 2012.

4 – *Jornal do Brasil*, 8 de dezembro de 1991.

5 – Entrevista de Maria Rita Lopes Pontes ao autor em 14 de junho de 2012.

6 – Angelo Calmon de Sé ocupou o cargo de secretário de Desenvolvimento Regional da Presidência da República entre abril e outubro de 1992.

7 – Para a resistência a se mudar para Salvador e para o fim do noivado, entrevista de Maria Rita Lopes Pontes ao autor em 14 de junho de 2012.

8 – Entrevista de Norberto Odebrecht ao autor em 29 de novembro de 2012.

9 – Entrevista de Ângelo Calmon de Sá ao autor em 28 de novembro de 2012.

10 – Depoimento de Norberto Odebrecht, em 3 de julho de 2000, que integra os autos do processo canônico.

11 – Jornal *A Tarde*, 14 de março de 1997.

12 – *Um cinema chamado saudade*, de Geraldo da Costa Leal e Luis Leal Filho, Gráfica Santa Helena, 1997 (pp. 220 e 221).

13 – Entrevistas ao autor de Olívia Lucinda da Silva, em 28 de novembro de 2012, e de Osvaldo Gouveia, em 7 de dezembro de 2012.

14 – *Roberto Carlos em detalhes*, de Paulo Cesar de Araújo, Editora Planeta, 2006 (pp. 543 a 550).

15 – Entrevista de Ângelo Calmon de Sá ao autor em 28 de novembro de 2012.

34 – OS CAÇADORES DE MILAGRES

1 – Entrevistas da Ana Lúcia Aguiar ao autor em 30 de abril de 2011 e 23 de novembro de 2012. Quando cheguei à casa de Cláudia Cristiane dos Santos, em abril de 2011, encontrei a advogada ao lado da mulher a quem o Vaticano reconhecera como beneficiária de um milagre de cura. O fato da "miraculada", uma funcionária pública da pequena cidade de Malhador, atender o repórter ao lado de uma advogada chamou a atenção e está na origem da minha decisão de escrever este livro. Ana Lúcia até hoje nega que tenha blindado Cláudia de perguntas difíceis, mas foi a impressão que tive no nosso primeiro encontro.

2 – Entrevista do Padre José Almi de Menezes ao autor, em 20 de novembro de 2012.

3 – Para o número de santinhos distribuídos, entrevistas da Ana Lúcia Aguiar e de Osvaldo Gouveia, em 23 de novembro de 2012 e 7 de dezembro de 2012.

4 – Entrevista de Suyan Santana ao autor em 30 de abril de 2011.

5 – Para a dificuldade de usar casos de câncer nos processos canônicos, entrevistas dos postuladores Paolo Lombardo e Paolo Vilotta, em Roma, em 3 de julho de 2012. E de Célia Cadorin, em 30 de janeiro de 2013, por telefone.

6 – Para a reconstituição do telefonema do Padre José Almi ao médico na noite de 12 de janeiro de 2001, entrevistas do Padre Almi em

20 de novembro de 2012 e do médico obstetra Antônio Cardoso Moura em 23 de novembro de 2012.

35 – CLÁUDIA

1 – Todos os horários e durações das cirurgias, assim como dados da pressão e batimentos cardíacos e substâncias ministradas e quantidade de sangue das transfusões, foram obtidos a partir dos relatórios associados ao prontuário médico nº 23.318, arquivado no Hospital São José, em Itabaiana (SE). O acesso a esses documentos foi autorizado por Cláudia Cristiane dos Santos Tavares.

2 – Entrevista com o obstetra Antônio Cardoso Moura em 22 de novembro de 2012.

3 – Entrevista com a técnica em enfermagem Maria Hosana de Andrade em 21 de novembro de 2012.

4 – Entrevista com o anestesista Raimundo Saturnino Pereira em 22 de novembro de 2012.

5 – Entrevista com o cirurgião Janisson Pereira dos Anjos em 21 de novembro de 2012.

6 – O diálogo foi reconstituído pelo obstetra Cardoso e confirmado pelo anestesista Raimundo em entrevistas separadas em 22 de novembro de 2012.

7 – Entrevista com o obstetra Antônio Cardoso Moura em 22 de novembro de 2012.

8 – Para dados técnicos relacionados à doença de Von Willebrand, como definição, causas, prevalência e tratamento, *Manual de diagnóstico e tratamento da doença de Von Willebrand*, 1ª edição, Ministério da Saúde, Brasília, 2008. Disponível em: http://bvsms.saude.gov.br/bvs/publicacoes/manual_tratamento_willebrand.pdf

9 – Entrevista com a diretora do Hospital São José, a freira Agostinha Ferreira Santos, em 23 de novembro de 2012.

10 – Entrevista com Cláudia Cristiane dos Santos em 23 de novembro de 2012.

11 – Entrevista com o padre José Almi de Menezes em 24 de novembro de 2012.

36 – A NUVEM DE FUMAÇA COMEÇOU A DISSIPAR

1 – Entrevista de José Maurício Bragança Moreira ao autor em 16 de julho de 2019.

EPÍLOGO – SEGUNDO MILAGRE

1 – *Les saints qui bouleversèrent le monde*, de Rene Fülöp-Miller, Ed. Albin Michel, Paris, 1948.

**Acreditamos
nos livros**

Este livro foi composto em Adobe Garamond Pro
e impresso pela Geográfica para a Editora Planeta
do Brasil em novembro de 2019.